런던에서 온 평양 여자

오혜선 지음

더미라클

그 엄혹한 북한 땅에서도
세상 속의 내가 아니라
나의 세상을 살아갈 수 있도록
지켜주시고 키워주신 부모님께
사랑과 감사의 마음을 담아 이 책을 드립니다.

| 차례 |

언니를 찾습니다 … 8

1부 행운아

빨치산 가문과 아버지 14
"항상 준비!" 22
잊을 수 없는 가족 휴양 30
권력의 세계 37
물과 기름 45
인연 56
축복 63

2부 두 아들의 엄마

시대 생활 70

부족한 엄마 77

주혁이를 살려야 한다 83

새로운 용기 92

아버지의 불행과 맞바꾼 날개 99

금동이 106

조선노동당원이 되다 112

평양의 변화 118

재발 125

3부 자유를 알게 되다

런던 주재 북한 대사관 130

자본주의 복지제도 137

한인 타운 뉴몰든 144

소환장 148

자유주의적 유럽 여행 152

아버지의 마지막 '선물' 161

4부 버림받은 사람들

인생은 사랑이다 167

새 독재자의 출현 175

문제아들 184

가난한 총리 193

한 줄기 빛 200

바람과 함께 사라지다 207

어머니의 후회 213

사는 것이 범죄 219

마지막 겨울 227

작별 238

5부 기적

다시는 헤어지지 말자 243

'작은 공화국' 251

불안한 아이들 260

자유를 향한 갈망 269

선택 277

6부 진정한 자유인

한국에 온 형부 288
보내지 못한 편지 293
고마운 대한민국 300
훨훨 날아라 305
모든 것이 은혜 310

맺는말 … 317

프롤로그

'언니를 찾습니다.'

한국에 온 지 벌써 6년이 되어간다. 며칠 전 남편이 한국에 거주하고 있는 고려인들과 만난다면서 함께 가지 않겠냐고 내게 물었다. 평소 남편의 일에는 거의 관여하지 않는 편인 나는 무작정 거절했다. 그러자 남편은 다시 말을 이었다. "여보, 당신 고려인들을 만나고 싶어 했잖아." 그제야 정신이 번쩍 들었다. "아! 참가할게요."

약속 장소로 가는 내내 그들이 어떤 모습일지 궁금했다. 러시아도 아니고 한국에서 고려인들을 만난다는 사실이 생각할수록 신기하기도 했다. 과거에는 사회주의 체제하에서 살아오다 오늘날 자본주의 사회에 적응해야 하는 그들은, 어쩌면 북한에서 살다 한국에 온 탈북민들의 모습과 닮았을 수도 있겠구나 싶었다.

서울 강남의 어느 자그마한 한식집에서 그들을 만났다. 고려인이라고 하지만 외모는 우리네와 조금도 다르지 않았다. 참 신기했다. 작은 땅덩어리인 한반도에서 같은 핏줄을 타고난 사람들인데 부르는 이름은 정말 많다. 한국인, 북한인, 조선족, 고려인, 재외교포, 탈북민, 이 작은 땅덩어리에서 벌어졌던 수난의 역사가 서로 다른 이름들에 다 함축된 것 같다.

처음에는 서로 인사를 나눈 후에 나는 남편의 일에 방해가 될까 싶어 조용히 식사만 했다. 그러다 어느 순간 그들의 대화가 뜸해지자 나는 궁금했던 질문들을 마구 쏟아냈다. 소련의 문화권 영향을 많이 받아 온 북한에서 살다 왔으니 당연히 그들의 문화를 이해할 수 있으리라는 생각에서였다. 이전에 북한에서 상영했던 소련 영화로 시작해서 러시아에서 먹어 보았던 음식 등 연속해서 질문을 들이댔지만 그들의 반응은 의외로 담담했다. 내 생각만큼 고려인과 북한인과의 유사점은 그리 많지 않은 것 같았다. 한국에 온 고려인이 10만 명이 넘는다고 하니 탈북민보다 많은 셈이다. 그들은 우리와 대화할 때를 제외하면 줄곧 러시아어로 말하곤 했다. 나와 같은 모습을 하고도 한국어 대신 러시아어를 사용하는 게 더 편해 보이는 그들에게 갑자기 연민을 느꼈다.

"한국말을 아는 탈북민들도 한국에 정착하기 어려운데 말이 통하지 않는 고려인들은 더 어렵겠네요?"

"그래도 저희는 탈북민들보다는 처지가 나은 것 같아요." 그들 중 한국말을 제일 잘하는 여성분이 대답했다.

"왜요?"

"탈북민들은 한국에서 정착하지 못하면 돌아갈 곳이 없잖아요. 우리는 그나마 돌아갈 곳이 있으니 다행이지요. 러시아나 카자흐스탄에 두고 온 가족들이 있거든요. 우리는 언제든 돌아갈 곳이 있으니 그나마 낫다는 생각이 드네요."

듣고 보니 지척에 고향을 두고도 부모, 형제를 만날 수 없는 나의 처지보다 그들이 백배, 천 배는 나아 보였다. 다시 그들의 대화에 귀를 기울였으나, 몇 단어 외에는 도무지 무슨 말을 하는지 전혀 알아들을 수 없었다. 그래도 평양외국어대학에서 제2외국어로 러시아어를 선택해 공부했는데. 통역의 도움이 없이는 간단한 대화조차 불가능한 내 모습이 참 한심했다. 좀 더 열심히 공부했으면 좋았을걸. 이런저런 생각을 하며 조용히 식사하고 있는 데 남편이 말문을 뗐다.

"여보, 당신 알고 싶은 거 있으면 이분들께 물어봐. 간단한 설명은 내가 해드렸어."

내가 여느 때와 달리 남편을 한사코 따라나선 데는 이유가 있었다. 언니를 찾고 싶었던 것이다. 나는 조심스럽게 언니에 대한 이야기를 꺼냈다.

"저에게는 아주 어렸을 때 북한에서 러시아로 돌아간 언니가 있어요. 혹시 언니를 찾을 수 있을까요?"

"친언니인가요?"

"아니요. 이복 언니예요."

"갖고 있는 사진이라도 있어요?"

"없어요. 어렸을 때 그의 사진을 한번 본 기억은 있는데 이후에는 보지 못했어요. 사실 우리 집에서 언니의 존재는 거의 비밀이었거든요."

어렸을 때 우리 집 사진첩에는 어린 소녀의 흑백사진이 한 장 있었다. 언니와 비슷하게 생겼는데 그렇다고 언니의 어릴 적 모습은 아니었다. 혹시 언니가 한 명 더 있었냐고 어머니에게 물어본 적이 있었다. 웬일인지 어머니는 대답을 피하셨고 언제부터인가 그 사진은 가족 사진첩에서 사라졌다. 언니와 내가 커가면서 그 여자아이에 관해 물어보기 시작하자 어머니는 어딘가 깊숙한 곳에 사진을 감추셨던 것 같다. 혈육이라는 육감에서였는지 아니면 당시 어머니의 행동에서 이상함을 느꼈기 때문인지 이후에도 사진에서 본 그 여자아이를 잊을 수 없었다. 앞머리를 가지런히 잘라 넓은 이마를 가리고 사과 한 알을 손에 든 네다섯 살 난 소녀의 모습이었다.

"혹시 그 언니의 이름은 알고 있나요?"

"네. 오미옥이에요."

내가 알고 있는 것은 오직 이름 석 자뿐이었다. 다행스럽게도 어린 시절에 보았던 그 사진의 뒷면에 '오미옥'이라는 이름이 적혀 있었다. '오혜선'이라는 내 이름보다 '오미선'이라는 언니 이름과 더 비슷했다. 아버지는 미선언니의 이름을 지을 때까지만 해도 큰 딸을 잊지 않으려는 생각이 강하셨던 것 같다.

"언제 헤어지셨나요?"

"정확하게는 모르지만, 시기적으로 계산해보면 아마 1958년에서 1960년, 그 사이였던 것으로 보여요."

"소개할 만한 자료가 더 있는가요?"

"글쎄요. 우리 일가는 빨치산 집안으로 북한에서는 잘 알려져 있어요. 대표적으로 항일빨치산 오백룡에 대한 자료는 온라인으로도 검색할 수 있으니 참고하시면 좋을 것 같습니다. 이복 언니도 카자흐스탄에서 살고 있는 오백룡의 처가에 대해 알고 있을 겁니다."

이복 언니를 찾자고 나섰지만 정작 이렇다 할 자료가 전혀 없었다. 고려인 신문에 낼 기사가 완성된 다음 다시 만나자고 약속했지만, 집으로 돌아가는 발걸음은 무거웠다. 60여 년 전 북한에서 헤어진 이복 언니를 한국에서 찾는다는 것은 사막에서 바늘 찾기나 마찬가지였다.

하지만 아버지가 평생 그리워하셨던 이복 언니를 꼭 찾아서 아버지의 한을 풀어드리고 싶었다. 아버지가 평생 얼마나 죄스러워하셨는지, 내가 아버지를 대신해서 용서를 구하고 아버지의 마음을 이복 언니에게 전해주고 싶었다. 그리고 어머니와 형제들, 돌아가신 아버지께 진 마음의 빚을 조금이라도 덜고 싶었다. 어쩌면 그것이 자유의 세상을 먼저 찾아 온 나의 사명감이기도 했다.

1부

행운아

14 빨치산 가문과 아버지

22 "항상 준비!"

30 잊을 수 없는 가족 휴양

37 권력의 세계

45 물과 기름

56 인연

63 축복

빨치산 가문과 아버지

북한은 '토대'를 중시하는 사회이다. 토대는 태어날 때부터 운명처럼 정해져 있다. 좋은 토대에는 북한 사회의 핵심 계층이 속한다. 여기에는 혁명가, 혁명가 유가족, 영웅, 김 씨 일가 접견자, 공로자, 영예전상자[1], 제대군인, 전사자 가족[2], 피살자 가족[3] 등이 있다. 복잡한 토대에는 동요계층이라고 하는 군대 기피자, 전쟁 귀환병, 종교인, 의거입북자[4], 해외 연루자[5], 탈북자 가족들이 속한다. 이외 친일파, 지주, 매판자본가, 간첩, 정치범, 반역자 등은 혁명의 적대계급으로 처벌 대상이다. 자유민주주의 사회에서는 재력이나 학력, 열정이 인생의 성공을 결정하는 요인이지만 북한에서는 좋은 토대가 성공의 지름길이다. 삶의 변곡점마다 좋은 토대에 속하는 사람들은 사회와 집단생활에서 우대와 가산점을 받지만, 그렇지 않은 사람들은 사회정치적인 발전이나 생활에서 제약을 받는다.

다행히 우리 집안은 북한에서 핵심계층이라고 하는 빨치산 가문이

1) 군대 복무 중 몸을 심하게 다쳐 장애인이 되어 돌아온 사람
2) 전쟁에서 희생된 군인의 가족
3) 적에게 처형된 사람의 가족
4) 북한 체제를 숭배해 자신의 의지로 북한에 넘어온 사람
5) 외국에서 살고 있는 친척이 있는 사람

었다. 증조할아버지 오봉삼은 독립운동가[6] 였고 아들 여섯 형제도 모두 반일 운동에 참여했다. 그중 둘째인 나의 할아버지 오도현은 농사짓는 형제들의 덕분으로 가문에서 유일하게 중학교를 나왔다고 한다. 하지만 반일운동에 나섰다가 해방된 조선을 보지 못하고 큰형님, 넷째 동생과 함께 만주 광야의 무주고혼이 되고 말았다. 셋째는 오백룡(본명 오수현)이다. 그는 중국 만주에서 김일성과 동북항일연군에 참전했고 해방 후에는 북한 내무성 부상, 김일성의 호위 총국장, 조선노동당 중앙위원회 군사부장을 지냈다.

*

아버지 오기수는 1932년 8월 11일 중국 길림성 왕청현에서 오도현의 둘째 아들로 태어났다. 아버지는 어린 나이에 부친을 잃고 만주에서 고생하다 해방을 맞으며 김일성의 부름을 받고 평양으로 들어와 만경대혁명학원에 입학했다. 만경대혁명학원은 1947년 10월 김일성이 이전 빨치산 시절 희생된 전우들의 유자녀들을 위해 자신의 고향 만경대에 설립한 기숙학교였다. 6.25 전쟁이 발발하자 아버지는 만경대혁명학원 유자녀들로 조직된 최고사령부 친위부대에 입대했고 전쟁이 장기화되면서 모스크바로 유학을 떠났다. 전쟁에서 유자녀들을 보호하고 그들을 전후 복구 건설의 골간으로 키우려는 김일성의 계획에 의한 것이었다고 한다. 실제로 김일성은 항일 빨치산 유자녀들을 자신의 후계 통치에 적극적으로 활용했다. 김일성, 김정일, 김정은 시

6) 2009년 그의 유골은 중국 연길에서 평양의 애국열사릉으로 옮겨 모셨다.

기 북한의 당과 군부에서 요직을 맡았던 강성산, 최영림, 최룡해, 현철해, 오극렬, 김영춘, 이영호, 모두 만경대혁명학원 졸업생들이다. 아버지 또한 2기 졸업생이었다.

소련에서 공부를 마치고 아버지는 유학 시절에 결혼한 고려인 아내와 딸을 데리고 귀국하셨다. 아버지에게 다른 딸이 있다는 이야기는 성인이 된 후 어머니를 통해 듣게 되었다. 언니나 동생들은 언제, 어떻게 알게 되었는지 잘 모른다. 한 번도 이복 언니에 대한 이야기를 아버지나 형제들과 나눠본 적이 없었다. 내가 대학생 때 귀국자[7] 출신의 동창생을 사귀고 있는 것을 알게 되신 어머니는 혹여나 아버지의 전철을 밟을까 걱정하시면서 수십 년 동안 비밀로 간직했던 이복 언니의 존재에 대해 조용히 들려주셨다.

모스크바에서 평양으로 돌아오신 아버지는 큰 고민에 빠지게 되었다. 당시는 김일성이 남로당계, 소련계, 연안계, 갑산계를 종파로 몰아 제거한 후, 온 사회에 유일적 영도체계 수립을 시도하고 있던 때였다.[8] 아버지는 귀국하자마자 외무성 국제기구국 지도원[9]으로 배치되었으나 얼마 지나지 않아 당 조직으로부터 불신을 받게 되었다. 고려인을 아내로 두었다는 이유에서였다. 아버지는 소련과 관련한 회의에

---

7) 1950대 말 60년대에 걸쳐 일본에서 북한으로 이주해 간 교포들을 의미한다.

8) 속칭 8월 종파 사건. 북한 내 연안파와 소련파 계열 세력들이 1956년 8월 당중앙위원회 전원회의 개최를 계기로 김일성 중심의 정치세력을 당에서 축출하고자 하였으나, 실패하고 오히려 숙청 당한 사건을 말한다.

9) 한국의 말단 공무원, 대리와 같은 직급

는 참여할 수 없었다. 결혼 전에는 누구보다 신임 받는, 김일성과 연고가 깊은 항일 빨치산의 아들이었던 아버지는 고려인과 함께 산다는 이유로 믿지 못할 사람이 되었다.

김일성을 생명의 은인으로 여기고 충성을 다짐했던 아버지는 선택의 기로에 놓이게 되었다. 빨치산 가문의 명예를 지켜 김일성께 충성하느냐 아니면 고려인 아내, 딸과 함께 현재의 삶을 포기하느냐 하는 갈림길에서 아버지는 충신의 길을 선택했다. 정부적 차원에서 소련에서 나온 사람들을 돌려보내는 조치를 취할 때, 아버지는 아내와 딸을 다시 소련으로 돌려보냈고 이것이 결국 그들과의 영원한 이별이 되고 말았다. 가족과 헤어진 후 아버지는 그들과 편지 한 장 주고받지 못하셨다. 부모님의 아픈 과거사라 더 이상 구체적으로 물어보지 못했지만, 그 시기 여러 유학생들이 아버지처럼 가족과 생이별한 것으로 알고 있다.

그날, 어머니의 말을 듣고 나서야 우리 가족이 숨겨왔던 미스터리들이 풀리기 시작했다. 아버지는 어린 딸과 헤어지면서 영영 다시 못 보게 될 줄은 꿈에도 생각지 못하셨던 것 같다. 딸에 대한 그리움에서인지, 아버지는 소련을 남달리 사랑하셨다. 소련이나 카자흐스탄, 우즈베키스탄 예술단이 김일성의 생일을 맞으며 평양에서 공연을 펼칠 때면 아버지는 딸의 모습을 찾는 심정으로 TV 속 인물들을 뜯어보곤 하셨다. 소련과 관련한 영화나 생활용품들은 평생 아버지의 애장품이었다. 지금에 와서 생각해 보면 떠나보낸 가족에 대한 아버지의 죄스러움과 그리움의 표현이었던 것 같다. 소련에서 온 무관 대표단을 만날 때면 아버지는 늘 밤늦게 술에 취해 귀가하셨고 그 모습은 어머니를 더 가슴 아프게 했다.

*

고려인 가족을 떠나보낸 후 아버지는 충신의 삶을 살았다. 1956년 종파 여독을 청산하고 인민군대 간부들을 혁명가 유자녀들로 꾸릴 데 대한 김일성의 지시에 따라 아버지는 인민무력부로 옮겨가 평생 군복을 입으셨다.[10] 이후 아버지는 30대의 젊은 장령으로 인민 무력부 총정치국 간부 부장, 라진해군대학 정치부장, 105탱크사단 정치부장, 정찰국 정치부장, 판문점 북측 수석 부대표, 김일성군사종합대학[11] 정치 부총장, 김일성정치대학 총장, 전승기념관 1 부관장의 직을 맡으셨다.

아버지는 일생을 군인으로 살아오셨지만, 정이 많으신 분이셨다. 내가 14살 나던 해 처음으로 농촌지원[12]에 나갔을 때 일이다. 그날도 나는 군인 지원자들과 함께 벼 냉상 모판에서 모뜨는 작업[13]을 진행하고 있었다. 반나절이나 옆에서 함께 일하던 군인 아저씨와 어느 정도 친해지자 아빠의 이름을 슬쩍 올리며 그런 사람을 아는가 하고 물었다.

---

10) 김일성은 1956년 4월 노동당 3차대회에서는 남노당 당수 박헌영과 그의 오른팔이었던 이승엽을 미국의 고용간첩으로 몰아 숙청했고 1956년 8월 당 전원회의에서는 중국의 연안파 리더인 최창익과 소련파 리더 박창옥을 '반당반혁명종파분자'로 몰아 숙청했다.

11) 고급장교 양성을 위한 북한 최고의 종합군사학교

12) 북한의 학생들은 14살이 되면 봄과 가을 한 달 씩 농촌에 나가 농사를 도와야 한다.

13) 농사철을 앞당기는 농법으로 이른 봄, 비닐박막을 덮은 영양모판에 볍씨를 먼저 뿌리고 일정하게 자란 후 벼 모를 논판에 이식하는 작업.

"아, 그 군벌 관료주의자! 넌 그 사람을 어떻게 알지?" 나는 발끈해서 쏘아붙였다. "우리 아버진 좋은 사람이에요!"

집으로 돌아온 후 아버지의 운전기사에게 농촌 지원장에서 있었던 일을 떠올리며 아버지가 어떤 사람이냐고 물었다. 내가 알고 있는 아버지는 세상에서 가장 따뜻하고 정이 많은 사람인데 지원자가 왜 그렇게 부정적으로 생각하는지 이해가 되지 않았다.

"아버지가 일을 하느라 면 사람들을 불러 이것저것 추궁하실 때도 있어. 아버지를 잘 모르는 분들은 아버지가 괜히 추궁한다고 생각할 수도 있겠지만 아버지는 늘 그분들을 다시 불러 마음을 풀어주고 그 분들의 생활에 더 큰 관심을 갖고 돌봐주곤 한다. 오히려 비판받은 것을 다행으로 생각하는 사람들이 더 많아." 아버지를 옆에서 오래 지켜본 분들은 정이 많은 아버지를 이해하고 오히려 더 좋아한다는 것이었다.

아버지는 직업적인 군인이 아니라 '정치일군'이었다. 정치일군은 이전 소련의 10월 혁명 이후 사회주의 나라 군대에만 존재하는 집권당 소속 군관을 뜻한다. 일반적으로 군대를 중시하는 공산권 국가에서 군사력은 사회의 다른 부분에 비해 매우 비대하므로 집권당은 체제 안전의 차원에서 군대를 국가의 군대가 아닌 집권당의 군대로 만들려 한다. 북한의 경우에는 인민군대 안에 당 위원회를 만들고 그 책임자인 총 정치국장을 중앙당에서 파견한다. 이하 군단, 여단, 대대, 중대도 마찬가지로 당 위원회를 설치하고 정치일군을 당 위원회에서 임명한다. 정치일군은 인사권과 처벌권을 갖고 있기에 오히려 행정 책임자보다 더 큰 실권을 가지고 있다. 그 외에도 군인들을 당의 사상과 영도에 충실하도록 교양하는 선동 사업과 군인들의 생활을 돌봐줄 책임이 있다.

*

80년대 초부터 북한의 경제 상황이 더 어려워지면서 어느 군부대에나 군인들의 생활 보장을 위한 물자가 제대로 공급되지 않았다. 군인들의 생활환경은 더 열악해졌고 북한 당국은 대부분 식생활 용품들을 군부대 자체로 해결할 것을 지시했다. 아버지는 새 부대로 배치되어 가는 곳마다 든든한 후방 기지[14]를 먼저 꾸리곤 하셨다. 특히 김일성정치대학의 후방 기지는 아버지의 노력으로 탄탄했다. 돼지, 오리, 양계장을 비롯해 육류 생산기지와 가공공장, 동해 수산기지, 제지공장을 설립해 필요한 물자들을 자체로 해결했고 군관들을 위한 살림집도 대학 주변에 많이 건설했다. 아버지가 품을 들여 만든 김일성정치대학의 계단식 온실 농장은 그 당시로서는 대단한 것이었다. 온실을 5층 계단식으로 만들고 창문을 씌워 군인들은 한겨울에도 신선한 채소를 먹을 수 있었다. 그날의 온실은 현재 계단의 흔적만 남아 있다. 훗날 평양국제비행장[15]을 오가면서 순안 도로 옆에 위치한 김일성정치대학을 지나갈 때면 30년 전 아버지의 열정과 사랑을 다시 느끼곤 했다.

나는 아버지의 딸로 태어난 것을 행운 중의 가장 큰 행운으로 늘 감

14) 부대 군인들의 식재료를 자체로 해결하기 위한 농수산품 생산 기지

15) 평양시 순안구역에 위치한 평양의 유일한 공항

사해하며 살았다. 빨치산 가문 부모님의 그늘 밑에서 편하게 사는 것이 나의 평생 운명인 줄 알았다. 그리고 김일성 일가의 운명이 곧 나의 운명이라고 믿었다.

"항상 준비!"

아주 어렸을 때 나는 다섯 형제 중에 유난히 울보였다. 언젠가 아버지는 울음을 쉽게 그치지 않는 나를 달래다 못해 솥뚜껑 같은 손을 쫙 펴들고 내 눈앞에 손목을 흔들어 보이며 소리쳤다. "아버지도 화가 나면 무섭다!" 내 얼굴보다도 더 큰 손이었지만 나는 그날도 울음을 쉽게 멈추지 않았다. 아직 철부지였지만 아버지는 세상에서 나를 제일 사랑하시는 분이라는 걸 알고 있었던 것이다. 그날도 어쩔 줄 몰라 쩔쩔매시던 아버지는 다시 나를 꼭 안아주셨고 그제야 나는 울음을 뚝 그쳤다. 이후에도 쉽게 삐지는 나를 보며 형제들은 '패뜩쟁이'[16]라고 불렀다. 내가 생각해 봐도 나는 감정 기복의 변화가 심한 아이였다. 그러나 학교에서만은 그 누구보다 모범적인 소년단원이었다.

"항상 준비!"는 조선 소년단 구호다. 조선 소년단은 북한의 어린이라면 누구나 의무적으로 가입해야 하는 소년, 소녀들의 조직이다. 철부지들이었지만 소년단 입단을 거부하는 아이는 없었다. 오히려 먼저 입단하기 위해 서로 경쟁을 했다. 입단이 늦어질수록 낙오자로서의 수치심을 느껴야 했기 때문이었다. 나는 인민학교[17] 2학년으로 진학하면서 열 살이 되는 해에, 조선 소년단에 입단했다. 지금도 해마다

16) 감정기복이 높다고 붙였던 별명

17) 한국의 초등학교

김일성의 생일인 4월 15일에는 김일성의 고향 만경대에서 조선소년단 전국 연합단체 모임이 진행된다. 이날에는 학교에서 추천받은 가장 모범적인 학생들이 조선소년단에 입단하는 입단식이 거행된다. 나도 이날 행사장 주석단에 올랐고 항일의 노 투사가 나의 목에 붉은 넥타이를 매어 주었다.[18)]

북한에서 붉은 넥타이는 당과 조국, 인민을 위하여 싸우다 희생된 혁명 선열들의 붉은 피를 상징한다고 한다. 나도 북한의 모든 어린이와 마찬가지로 붉은 넥타이를 한 손에 높이 들고 조선소년단 입단선서를 따라 읽었다. " … 나는 경애하는 아버지 김일성 원수님께서 세워주시고 이끌어주시는 영광스러운 조선 소년단에 입단하면서 원수님께서 가리키시는 길을 따라 당의 믿음직한 후비대로 억세게 자라날 것을 조선 소년단 깃발 앞에서 엄숙히 맹세합니다. 항상 준비!" 그리고 조선 소년단 행진가에 발을 맞춰 노래를 부르며 행사장을 나섰다.

밝아 오는 조국 땅에 노을 비추러
붉게 타는 넥타이를 펄펄 날려라
우리들은 원수님의 나어린 전사들
공산주의 후비대로 준비해 가자

.

---

18) 항일빨치산의 혁명정신을 이어간다는 의미에서 항일투사들을 연합대회에 초청하곤 했다.

소년단 동무들아, 기발을 높여라
원수님의 길을 따라 힘차게 나가자

조선소년단 행진가의 가사는 10대의 소녀 시절 애국심과 충성심으로 불타던 내 마음속의 외침이기도 했다. 북한인의 삶은 김일성에 대한 맹목적인 충실성을 체질화하는 과정으로부터 시작한다. 탁아소에서 제일 처음 배운 노래는《김일성 원수님 고맙습니다》였다. 인민학교에 들어가면서부터는 행동으로 김일성에 대한 충실성을 검증받아야 했다. 어린 학생들에게 김일성은 신적인 존재였다. 김일성은 일제에게 빼앗겼던 나라를 찾아준, 우리나라를 세상에서 제일 살기 좋은 나라로 만들어 준 은인이며 그에 대한 충성심은 의리이자 의무이고 도덕이라고 배웠다.

*

김일성의 고향 만경대에 위치한 우리 학교 학생들은 새벽 5시가 되면 눈도 채 뜨지 못한 채 빗자루와 걸레를 들고 만경대 혁명사적지로 달려갔다. 김일성이 군사놀이를 했다는 '군함바위'와 무지개를 잡기 위해 올랐었다는 '들메나무'가 우리 분단의 담당 관리구간이었다. 수업이 끝나면 외화벌이 계획을 수행하기 위한 '토끼 기르기 운동'이 진행되었다. 토끼 가죽은 당시 북한 당국의 든든한 외화 원천이었다. 학생들에게 공부가 끝나면 학교 뒷산에 올라 토끼풀을 뜯어 학교 토끼 사에 바칠 것을 요구했다. 개인별 수매계획도 있었다. 매주 파고철, 파병, 파지, 파 비닐을 모아 수매소에 가져가 받은 수매증을 학교에 바치곤 했다. 학생들이 모아 바친 유휴 자재로 만든 '소년단'호 탱크와 포, 기관차와 트랙터, 자동차들이 인민군대로, 아버지, 어머니들이 일하는 사회주의 건설장으로 떠나갔다. 가을이면 협동농장을 도와 이삭줍기에 동원되었다. 학급 전원이 이미 수확이 끝난 논판을 한 줄로 늘어서서 다시 논판을 훑으며 건너편 끝에 도착하면 몇 자루의 이삭은 실히 나왔다. 인민학교[19] 3학년에 진학한 후에는 김일성의 생일 4월 15일을 맞으며 진행하는 집단체조[20]에 참가했다. 수업이 끝나면 열을 짓고 노래에 발을 맞춰 훈련장으로 왕복 이십 리 길을 오가곤 했다. 간식으로 한 개씩 나누어 주던 큼직한 효모 빵의 구수한 냄새와 몇 달 동안 익혔던 율동이 40년 세월이 흐른 오늘까지도 잊히지 않는다.

아이들의 생활수준은 엇비슷했다. 점심 도시락 반찬이라야 나물 몇 쪼가리나 밥 한가운데 박힌 된장이 전부였다. 밀이나 보리, 강냉이 쌀과 같은 잡곡의 종류는 달라도 누구나 잡곡밥은 먹을 수 있는 시절이었다. 당시에는 동태가 정말 흔했다. 겨우내 거의 모든 집에는 말랐는지 얼었는지 분간하기 어려운 꼿꼿한 동태 꿰미가 창턱마다 걸려 있었다. 망치로 두들겨 껍질을 벗기고 잘게 찢어 먹곤 하였는데 이상하게도 집집마다 그 맛이 다 달랐다. 어느 방학 날에는 분단 애들을 집에 불러 얼굴이 새까맣게 타도록 집주변의 야산을 싸다녔고 저녁에

19) 한국의 초등학교와 같음

20) 매스게임

퇴근해 온 어머니는 활짝 열린 김칫독과 벌집을 쑤셔놓은 듯 너저분한 방을 치우면서 야단을 치곤하셨다.

소년단 조직은 어린 학생들에게 개인보다 집단을 귀중히 여기고 조직에 헌신할 것을 요구했다. 당시 큰 인기를 끌었던 예술영화 《독로강반에 핀 꽃》은 지금도 잊을 수 없다. 걷지 못하는 어린 학생을 등에 업고 등하굣길을 수년간 오가면서 나중에는 그 학생이 다시 땅을 짚고 걸을 수 있도록 치료를 도와준 한 여교원의 헌신에 대한 영화였다. 그의 아름다운 소행은 어린 학생들에게 큰 감명을 주었다.

*

4학년이었던가? 우리 학급에 어머니를 잃은 경옥이라는 친구가 있었다. 한쪽 팔을 붕대로 고정하고 다니시던 모습으로 추측하건대 유선암을 앓고 계셨던 것 같다. 아버지와 단둘이 살다 보니 그의 교복은 항상 어지러웠다. 그 해 김일성의 생일을 맞으며 진행된 집단체조에서 우리 학급은 배경대[21]를 맡았다. 선생님과 함께 밤을 새우면서 배경책에 색종이를 오려 붙이고 주먹밥을 한입 두입 나눠 먹곤 했다. 선생님은 배경책을 넣을 주머니는 개별적으로 만들어 오라고 지시했다. 아버지에게 부탁해 엄마 없는 경옥이 것도 내 것과 똑같은 것으로 만들어 주었다. 아침 등교 모임 장소에 찾아와 내 손을 잡아 주시던 경옥의 아버지를 보면서 처음으로 나눔의 기쁨을 느꼈다. 경옥이는 얼

---

21) 많은 사람들이 갖가지 색종이를 붙인 배경책을 펼쳐 그림이나 글자를 미술적으로 표현, 북한의 경우 주로 매스게임의 뒷 배경으로 이용한다.

마 안 있어 시집간 언니가 사는 다른 학교로 전학을 갔다.

자신보다 조직과 집단을, 자유보다 복종과 충성을 우선하는 엄격한 조직 생활에 어린 소녀들은 금방 적응되어갔다. 자그마한 개별행동으로 집단의 이익에 지장을 준다면 그가 누구라도 비판의 대상이 되었다. 지금 생각해 보면 어리고 순진할수록 복종을 더 잘하는 것 같다. 어린아이들은 그 누구도 갑자기 사라진 자유에 대해 의문을 가지거나 반항하지 않았다. 아니, 부모님들의 모습을 닮아갔다고 해야 옳을 것 같다. 조직의 결정은 무조건 옳았고 오직 복종만이 앞으로 훌륭한 혁명가가 되기 위한 조건이라고 믿었다. 어린 학생들은 강한 조직의 통제 속에서 자신의 권리를 잊어가는 훈련을 받았다.

소년단 분단위원장과 학급 반장은 보통 사이가 나쁘다. 어른들로 말하면 당 책임자는 분단위원장이고 행정책임자는 학급 반장이다. 보통 당 책임자와 행정 책임자가 사이가 나쁜 원인은 한 집단에 비슷비슷한 두 권력이 존재하기 때문이다. 분단위원장의 윗선은 학교 소년단 책임자, 학교 당 위원회 비서이고 학급 반장의 윗선은 담임 교원, 학교 교장 선생님이다. 어른들의 세계와 마찬가지로 어린 학생들도 저마다 힘을 자랑하려 들었다.

*

인민학교 시절 가장 친했던 친구는 북한에서 유명한 항일 빨치산 안길의 손녀 안옥화였다. 안길은 빨치산 시절 김일성께 가장 충직했던 전우로, 그의 김일성에 대한 충실성을 주제로 한 영화도 몇 편 나와 있다. 안길의 맏아들인 옥화의 아버지는 70년대 북한 공군 사령관을 지냈으나 당의 유일사상 체계 확립을 반대했다는 이유(나의 기억에 의하면)로 장성에서 대좌급인 김일성군사종합대학 공군 강좌장으로 강직되어 우리 마을로 이사 왔다. 그때도 김일성께 충성하지 않는 사람은 가차 없이 처벌하던 시기였다. 그 정도 죄로 다른 사람이라면 삼수갑산 통제구역으로 추방되었을 법도 하지만 김일성의 충직한 전우였던 친부 안길의 공로 덕분인지 그의 아버지는 관대하게 용서받고 평양에 남게 되었다.

아버지는 그가 장령은 아니지만, 투사의 아들이라는 사실에 동병상련을 느끼셨는지 장령 사택[22] 마을의 차고를 개조하여 옥화네 집을 따로 지어주셨다. 그의 아버지는 그 후 정년 제대되실 때까지 다시 승진하지 못했고 어머니는 남편의 죄를 반성하는 심정으로 평생 김일성의 고향 집 관리원으로 일했다.

내가 처음 본 옥화는 성질이 꽤 사나운 아이였다. 이사 오던 날 집 마당 한가운데 널려 있는 이삿짐 속에 틀고 앉아 과자를 먹고 있던 옥화는 나를 보자 다짜고짜 옆에 있는 벽돌 조각을 집어 들고 달려들었다. 나는 기겁해서 집으로 달려가 엄마에게 일러바쳤다. 그러던 옥화가 1년 후 인민학교 같은 학급에서 공부하게 되었다. 그의 '횡포했던' 성격도 소년단 조직생활에서 금방 길들어져 갔고 이후 나와 둘도 없는 단짝 친구가 되었다. 분단 위원이었던 옥화는 소년단 생활의 '치열한 권력 다툼'에서 늘 분단위원장인 내 편을 들어주었다.

---

22) 장령들이 따로 모여 사는 부락으로 단독 주택으로 구성된다.

10여 년의 세월이 흘러 결혼한 뒤 우연히 길에서 옥화를 만났던 적이 있었다. 너무 반가워 다짜고짜 집으로 잡아끌었다. 어린 시절의 예쁘고 당당했던 모습은 온 데 간 데 사라져 버렸고 아직 20대인 그는 고생을 얼마나 많이 했는지 이가 빠지고 볼 살이 푹 꺼져 중늙은이로 보였다. 옥화는 중학교를 졸업한 후 대학에 진학하지 못했고 철도성에서 사무원으로 일하고 있었다. 이후 옥화에 대한 가슴 아픈 소식을 무역성에서 함께 일하던 친구를 통해 전해 듣게 되었다. 남편과 다툼을 벌이다 옥화는 대동강에 뛰어 들었고 남편마저 옥화를 구하겠다며 강에 뛰어들었지만 둘 다 강에서 나오지 못했다고 한다.

소꿉 시절의 소중한 친구 옥화는 그렇게 가버렸다. 내 인생에 가장 '혁명적으로' 살았던 소년단 시절의 꿈과 열정도 나이가 들어 북한 당국의 이중성과 조직 생활의 허황성을 깨달으며 허무하게 사라져 버렸다. 그 꿈 많던 시절의 다정했던 분단 친구들의 이름을 다시 한번 떠올려 본다. 조직 부위원장 김성옥, 사상 부위원장 박금희, 분단 기수 리춘옥, 분단위원 엄연숙, 소년 반장 리금옥, 방원향, 박경옥, 독고찬금, 로혜경, 리금옥, … 나는 인민학교를 졸업하고 평양외국어학원에 입학하면서 만경대의 소박한 친구들과 헤어졌다.[23)]

---

23) 소년단 조직은 어른들의 당 조직 체계와 꼭 같은 구조로 되어 있다. 한 학급을 분단으로 분단위원장이 있고 그 밑에 조직 부위원장 (주로 학급반장이 맡음), 사상 부위원장, 분단기수, 분단위원, 소년반장이 있는 구조다.

잊을 수 없는 가족 휴양

1976년 8월 초, 아홉 살 되던 해에 난생처음 온 가족이 가족 휴양을 떠났다. 가족 휴양은 연중 한 번씩 장령들에게만 해당되는 특혜였지만 눈치가 보여 그 특혜를 제대로 누리는 사람은 별로 없었다. 게다가 아버지는 늘 바쁘셨고 온 가족이 함께 이동한다는 것도 쉬운 일은 아니었다. 현실적으로 어린 시절 가족과 함께 보낸 가족 휴양은 손에 꼽을 정도였다. 그해 여름에도 장거리 여행을 하기에는 너무 어린 막냇동생을 할머니에게 맡겨두고 우리 가족은 여행길에 올랐다.

목적지는 함경남도 속후였다. 온 가족이 아버지의 관용차인 볼보 승용차에 함께 타고 평양을 출발했다. 8월 초면 북한에서는 장마가 한창이다. 평양에서 출발하면서 내리기 시작한 장맛비는 가는 내내 그칠 줄 몰랐다. 창밖은 장대 같은 빗줄기로 사방은 온통 희부연 안개빛으로 변했고 멀리 그 사이로 산봉우리들만 어렴풋이 보였다. 산길은 돌고 돌아도 끝이 없었고 빗줄기가 굵어지면서 비포장길은 점점 더 험해졌다. 결국 마주 오는 화물트럭을 피하려다 우리 차는 미끄러지면서 차로에서 벗어나게 되었다. 아버지는 우리 모두에게 차에서 조심히 내리라고 했다. 겁에 질려 천천히 차에서 빠져 나온 후 뒤쪽으로 가보니 한쪽 뒷바퀴가 허공에 들려 있었다. 금방이라도 수십 미터 낭떠러지로 떨어질 것만 같았다. 우리 형제들은 가슴을 쓸어내렸다. 그나마 제때 차를 세우고 내릴 수 있었던 것이 천운이었다. 화물트럭의 도움을 받아 차를 겨우 길 위로 끌어올렸다. 여행은 다시 시작되었으나 이번에는 멀미가 심해져 나는 엄마 무릎에서 머리를 뗄 수 없었다. 어머니는 멀미에 좋다는 마른 낙지(남한의 오징어)를 손수건에 감싸서 여행 내내 내 코에 대주었지만 이렇다 할 효과는 없었다.

*

여행길이 길어지면서 우리는 함흥에서 공군부대 연대장을 하시던 아버지 사촌동생[24]네 집에 들러 잠간 휴식을 갖기로 했다. 사촌동생이라고 하지만 부친의 정을 모르고 자란 우리 아버지에게 삼촌은 친부나 다름없었고 사촌동생들과는 친동생마냥 가까웠다. 고급 군관의 집이라고 하지만 착하고 소박한 그의 심성 그대로 여느 일반 농촌집이나 다름없었다. 갓 태어난 육촌 동생이 자그마한 포대기에 꽁꽁 싸인 채 쌔근쌔근 잠들어 있었고 붓기가 아직 빠지지 않은 산모는 어머니를 끌어안고 반가워 어쩔 줄 몰라 했다. 그날 그를 따라 함흥 신흥관에서 함흥냉면을 처음 먹어 보았다. 어머니는 사촌 동서에게 산후조리를 잘하라면서 평양에서 가지고 떠난 먹을거리 절반을 남겨두었다.

오랜만에 떠난 여행이라서 그런지 아버지는 그리웠던 사람들을 다 만나고 가시려는 듯 막역한 친구가 입원해 있는 함경남도 도 병원으로 향했다. 그 당시 그분은 전연 부대 군단 보위부장직을 맡고 있었다. 평양에서 회의를 마치고 부대로 돌아가던 중 6.25 전쟁 당시 방어용으로 해변에 묻었던 지뢰가 터지면서 중상을 입고 병원에 입원 중

---

24) 오백룡의 맏아들로 훗날 북한 공군사령관, 조선인민군 부 총참모장으로 승진.

이었다. 평화로운 시기에 지뢰가 폭발했다는 것이 믿어지지 않았지만 현실적으로 그에게 한쪽 다리만 남아있었다. 다리 없는 사람의 모습을 그때 처음 보았다. 키가 커서 그런지 마주 보기가 더 무서웠다. 몸에 박힌 파편은 수술을 받고 뽑아냈으나 얼굴의 상처는 깊은 흔적을 남겨 놓았다. 그런 모습을 보여주고 싶지 않으셨는지 어머니는 우리 형제들에게 밖에 나가 놀라고 하셨다.

*

우리 가족은 평양에서 출발한 후 이틀 만에 속후의 해안 길에 들어섰다. 우리 차가 달리는 도로 바로 옆으로 검푸른 바다가 출렁거렸다. 어두운 밤이었지만 차창 가로 훈훈한 해풍이 흘러들고 쏴쏴, 파도 소리와 함께 짭짤한 바다 냄새가 폐부를 찔렀다. 우리 형제 모두 탄성을 질렀다. 그날의 모습은 평생 잊지 못할 추억으로 남았다. 훗날 세계적으로 명성이 자자한 아름다운 해변들을 많이 가보았지만 그날 가족과 함께 난생처음 보았던 속후 바닷가의 절경과는 비교가 되지 않는 것 같다.

노송이 우거진 자그마한 야산에 2층짜리 아름다운 별장들이 줄지어 서있었다. 그중 하나가 우리 가족에게 배당되었다. 아래층에는 거실과 식사 실이 있었고 위층에는 침실이 세 개 있었다. 언니와 나는 침실을 함께 썼다. 휴양소 측은 식사에도 정성을 쏟았다. 주로 한식 위주의 식단이었지만 메뉴는 끼니마다 달랐다. 아침 식사로 동그란 롤빵과 함께 나오던 꽃 모양의 작은 버터 조각이 신기했던 기억이 난다. 오후 시간이면 간식으로 나오던 언 사과도 별미였다. 꽁꽁 언 사과를 사각사각 갉아먹고 있노라면 끓어오르던 더위도 금방 가라앉았다.

나는 언니를 그림자처럼 따라다녔다. 나와 두 살 차이밖에 나지 않았지만 언니는 무척 어른스러웠고 엄하면서도 정이 많았다. 언니와 함께 밀려오는 파도에 몸을 맡기고 누가 더 용감한가 겨루기를 하다 난생처음 어머니가 사주셨던 샌들 한 짝을 파도에 잃어버렸다. 속상해하는 나를 달래면서 언니는 당시 어린아이들 사이에 인기 있던 노래를 가르쳐주었다.

어둠을 몰아낸 조국 강산에
햇빛은 찬란히 비쳐옵니다
장군님 계신 곳 멀고 멀어도
우리는 그 품속을 찾아갑니다.

장군님 계신 곳 멀고멀어도
우리는 그 품속을 찾아갑니다.

예술영화 《금돌 소년》의 주제가다. 김일성의 항일 빨치산시기 아동단원[25] 금돌이가 김일성을 그리며 일제를 반대해 용감하게 싸우는 내용을 주제로 한 영화다. 50년의 세월이 흘렀지만, 아직도 그 노랫말이 기억 속에 생생하다. 영화와 노래를 통해 김일성에 대한 그리움은 충

---

25) 항일빨치산 시절 김일성이 유격구에 조직했다는 아이들의 혁명조직

성심으로 승화되었고 철없는 아이들의 마음속에 저절로 새겨졌다.

언니는 나보다 노래를 더 잘 불렀다. 언니는 무엇이든 잘했고 겉보기에는 담차고 드세어 보였지만 사실은 나보다 약골이었다. 통통했던 나와 달리 언니는 가녀리고 비위도 약해 가리는 음식도 많았다. 네 발 가진 짐승 고기는 전혀 입에도 대지 못했고 두발 가진 날 짐승도 살코기만 골라 먹었다. 형제들이 식탁에 둘러앉아 닭고기 국을 먹을 때면 언니는 꼭 물어보곤 했다. “누가 껍질 먹을래? 닭 모가지 먹을 사아람?”

“나!” 내가 늘 제일 큰 소리로 대답하곤 했다. 언니와 남동생들은 생긴 모양이 끔찍하다고 싫어했지만 나는 오히려 닭의 목과 날개, 껍질 부위가 더 고소했다. 그러면 어머니는 음식을 골라 먹으면 안 된다고 언니와 동생들을 나무라곤 했다.

*

휴양지에서의 생활은 다른 부대에서 온 장령 가족들과 어울리면서 유쾌하게 흘러갔다. 초면이었지만 어른들은 물론 아이들도 이내 친구가 되었다. 바다 날씨는 무척 변덕스러웠다. 맑은 날 이틀이면 다음날은 꼭 흐렸고 또 그다음 이틀은 무조건 비가 내리곤 했다. 맑은 날에는 배를 타고 가까운 섬에 나가 아버지들은 낚시를 했고 어머니들과 아이들은 바위틈을 조심스럽게 기어 다니면서 섭조개를 땄다. 점심은 큰 가마를 걸고 어획한 물고기와 홍합으로 어죽을 쑤어먹었다. 나는 학교 친구들에게 주려고 신기하고 예쁜 조가비들을 골라 주머니 한가득 모아 두었다. 이따금 작은 참게가 모래 위를 분주히 기어 다녔다.

그러다가도 내가 잡으려는 순간이면 어느새 사라져 버리곤 했다. 어머니는 휴양소 식당에 가서 우리가 직접 잡은 참게로 간장조림을 만들도록 부탁하기도 했다.

2주쯤 지난 어느 날, 나는 휴게실에서 새로 나온 예술영화 《대지에 뿌리 내린다》를 보고 있었다. 낚시를 나가셨던 아버지가 급하게 방으로 들어오시면서 당장 짐을 싸라고 소리쳤다. 비상소집 명령이 떨어졌으니 당장 평양으로 돌아가야 한다고 하셨다. 아버지의 심각한 얼굴과 어머니의 근심 어린 얼굴을 보면서 불길한 예감이 들었다. 웃음과 즐거움으로 가득했던 휴양소는 순식간에 전쟁터로 떠나기 위해 사랑하는 사람들과 작별 인사를 나누는 영화 속 한 장면처럼 변해버렸고, 그렇게 즐거웠던 휴양 생활은 기한을 다 채우지 못한 채 아쉽게 돌아와야 했다.

훗날에 알게 된 일이지만 그날 그 유명한 판문점 도끼 사건[26]이 일어났다. 어머니는 곧 전쟁이 일어날 수 있다면서 밤을 새워 어린 자식들을 위해 피난용 배낭을 만들었다. 배낭은 쌀 주머니와 말린 식품들, 비상약, 속옷, 식기류들로 채워졌다. 걱정이 가득한 어머니의 얼굴에서 전쟁의 무서움을 떠올려 보려 했지만 철없던 나에게는 불가능한 일이었다. 우리 몸보다 더 컸던 그날의 배낭은 나중에는 내가 성장하

---

26) 1976년 8월 18일 판문점에서 일어난, 남북한 무력 충돌에 이어 전쟁이 일어날 뻔한, 전쟁 일촉즉발의 사건이자 북한의 대남도발사중 역대급 사건. 다행스럽게도 이 사건은 북한 측의 잘못이 확실하고 한국군도 아닌 주한 UN군에 위해를 가한 탓에 중국과 소련도 북한 편을 들어주지 않아 대규모 전쟁으로까지 비화되진 않았다.

면서 내 몸보다 작아졌지만 우리 집에 절대로 없어서는 안 될 평생의 필수품이 되어 버렸다.[27)]

속후에서 보낸 가족들과 즐거웠던 여름날을 추억할 때면 늘 '판문점 도끼사건'이 따라다닌다. 그리고 훗날 얼마나 위험천만한 사건이었는가를 알게 된 후로는 전쟁 없이 흘러간 지난날에 감사할 따름이었다.

---

27) 북한 사람들은 전쟁을 대비하여 집이나 사무실에 비상배낭을 항시적으로 보관하고 있다. 매해 진행하는 군사훈련이나 민간 반항공 훈련 시에는 반드시 착용해야 한다.

권력의 세계

지금도 아름드리 늙은 버드나무 한 그루가 평양외국어학원의 운동장 한가운데 긴 머리를 드리운 채 꿋꿋이 서있다. 운이 좋게도 그 버드나무는 전쟁 후 김일성의 평양외국어학원 방문 시 교직원, 학생들과 함께 찍은 기념사진의 배경이 되었던 나무다. 세월의 흐름 속에 학원의 모습은 여러 번 바뀌었어도 그 버드나무만은 절대 건드릴 수 없는 학원의 '혁명사적 나무'[28] 로 든든히 자리매김했다.

반세기가 넘는 학원의 역사를 묵묵히 간직하고 있는 이 버드나무는 학원을 거쳐 간 수많은 원아들에게도 소중한 추억이 되었다. 버드나무 밑에서 하루도 빠짐없이 원아들의 아침 모임이 진행되곤 했다. 원아들은 모임에 늦지 않으려고 아침마다 정신없이 버드나무 밑으로 모여들었다. 학원의 모든 원아들이 학년별로, 학급별로 한 줄로 열을 지어 자기 자리를 차지하고 원장 선생님의 훈시가 시작되면 그제야 학생들도 마음의 여유를 찾곤 했다. 나는 옆줄 다른 반 학생들의 예쁜 옷을 곁눈질해 보기도 하고 아직 다 외우지 못한 영어 회화 숙제를 머릿속에 떠올려보기도 했다. 나이가 들면서는 운동장으로 마구 흩날리는 버드나무 씨를 보면서 봄날의 정취를 느꼈고 끝없이 떨어지는 나뭇잎을 쓸어 담으면서 가을날의 한산함을 느끼기도 했다.

28) 김일성 일가와 연이 닿은 것으로서 최대의 성의를 갖고 영구보존해야 한다.

*

평양외국어학원은 6.25전쟁 이후 전쟁고아들을 위해 김일성이 세운 기숙학교였다. 그 당시는 유자녀 학원이라고 불렀다. 나라의 방방곡곡 떠돌아다니던 전쟁고아들을 모아 외국어교육을 시작하게 된 것이 오늘날 평양외국어학원의 전신이다. 이후 북한의 외교가 활발해지고 외국어 전문가에 대한 수요가 늘어나면서 전문적인 외국어교육 체계를 갖추게 되었다. 북한에서는 가장 큰 유일한 중앙급 외국어 전문교육기관이기도 하다.

북한에서 외국에 한 번 나가보는 것은 북한인 모두의 꿈이다. 하지만 그 기회는 대외 부문 일군에게만 한정되어 있어 대외 부문 일군이 되기 위한 경쟁의 문은 좁고 치열하다. 대외 부문 일군이 되자면 김일성종합대학 외국어문학부, 국제관계대학, 외국어대학을 졸업해야 하고 그 대학들에 입학하자면 외국어학원을 졸업해야 한다. 외국어학원은 승자전의 방식으로 진행하는 학교, 구역, 시 급 실력시험을 통과해야만 본 시험 자격을 얻을 수 있다. 10대의 어린 초등학교 졸업생들은 그 치열한 경쟁에서 살아남자면 실력뿐 아니라 가정환경, 재력도 좋아야 한다.

나는 그리 큰 품을 들이지 않고 평양외국어학원에 입학할 수 있었다. 그때만 해도 내가 인민학교를 다닌 만경대는 작은 시골이라 외국어 교육에 대한 관심이 별로 없었다. 아니 대다수 학생들은 외국어학원의 존재 여부조차 모르고 있었다는 표현이 더 정확할 것이다. 우리학교 교장 선생님은 학교 소년단 단위원장과 나를 포함한 세 명의 학생을 평양외국어학원에 추천했다.

어머니는 집에서 수십 킬로 떨어진 그 먼 곳까지 통학 길을 걱정했지만 나는 무조건 가겠다고 고집을 부렸다. 따분한 시골을 떠나 매일 아침 먼 곳에 있는 학교로 간다는 것도 낭만적이었고 외국어학원이라는 이름도 무언가 영화에서 본 외국 도시의 빌딩처럼 상상만으로도 멋있었다. 입학식 날 어머니의 손을 잡고 학원 정문에 들어서니 그동안 내가 했던 상상은 모두 틀린 것이었다. 외국어학원의 외관은 작고 오래된 건물이었다. 하지만 학생들만큼은 달랐다. 그때까지 보지 못했던 예쁘고 멋진 애들은 다 그곳에 모아 놓은 것 같았다. 만경대에서는 내로라했을지 몰라도, 학원에 입학하고 보니 나는 시골 촌뜨기였다.

그 자체로 작은 공화국이라고 할 수 있을 정도로 평양외국어학원에는 간부들의 자녀가 많았다. 명절이 다가오면 아이들은 아버지가 김정일로부터 하사받은 선물들을 일일이 꼽아 가며 자랑했다. 선물에도 등급이 있다는 것을 그때에야 알았다. 학원에서는 국가 비밀이 따로 없었다. 아무리 극비라 해도 아이들의 입을 통해 쉬쉬하며 새어 나왔고 국가적인 중요 조치들은 학원을 한 바퀴 돌고 난 후에야 발표되곤 했다. 부모님 따라 외국에서 공부하다 들어오는 편입생들도 많았다. 그 애들은 옷차림이 화려했고 행동거지가 자유로웠다. 본인의 학업 실력으로 입학하는 평범한 가정 출신 학생들도 다분히 있었지만 웬만하게 똑똑한 아이들이 아니라면 불가능한 일이었다.

*

외국어학원 학생들의 평균 나이는 12살부터 17살이었다. 보통 이성에 눈을 뜨기 시작하는 나이이다. 지금도 그렇지만 그 시절에도 학원에서 연애는 절대 금지였지만 10대 소년, 소녀들의 사춘기 호기심과 앞뒤를 구분하지 못하는 열정은 어쩔 수 없었다. 나도 그들 중의 하나였다.

4학년에 진학했을 때의 일이다. 점심시간이 되면 3층짜리 영어과 청사 앞마당에서는 남학생들의 농구 경기가 치열하게 진행되곤 했다. 우리 학급 여학생들은 점심 도시락을 먹고 나면 매일 창문에 기대어 그들의 경기를 응원하곤 했다. 그들 중 키가 다른 애들보다 머리 하나는 더 크고 얼굴이 남달리 흰 남학생 하나가 유독 눈에 띄었다. 눈치 빠른 친구 명희는 어디서 들었는지 그에 대한 정보를 상세히 알려주었다. 부모님을 따라 불가리아에서 공부하다가 얼마 전 편입한 한 학년 상급반 영어과 학생이었다. 공부도 잘했는데, 매주 청사 입구에 대자보로 붙이곤 하던 성적 순위표에 그 남학생의 이름은 항상 상위권 안에 들어가 있었다. 외국에서 살다 와서 그런지 다른 학생들보다 외모와 행동도 조신했고 그런 모습 때문인지 더 신비로웠다.

늘 미소를 띤 그의 선한 얼굴은 나를 향해 웃는 것 같았고 친구들과 농지거리를 하면서 내 옆을 지나칠 때마다 나를 향하던 그의 시선에서 그도 역시 나를 좋아한다고 믿게 되었다. 그가 나타나는 곳은 어디나 밝아 보였다. 그를 그토록 좋아했던 이유가 그의 선한 인상 때문이었는지 아니면 푸른색 메리야스 셔츠와 먼지 한 점 없는 하얀 운동화가 남달리 깔끔해서였는지 지금도 정확하게 설명할 순 없지만, 그가 있어 나의 학원 생활은 마냥 즐거웠다.

1년이라는 시간이 흘러 무더운 8월 여름방학이 한창이던 어느 날, 그가 내 앞으로 마주 걸어왔다. 정작 눈앞에서 나를 향해 마주 오는 그를 보니 속마음을 들킨 것 같아 고개를 돌려 버렸다. 순간 "춘향아!" 하는 소리가 들렸다. 영문을 몰라 뒤를 돌아보니 후배 여학생이 콩우유[29] 통을 들고 내 뒤에서 따라오고 있었다. 그 애 이름은 춘향이가 아니라 영옥이었다. 영옥이도 그를 향해 웃고 있었다. 항일 빨치산의 손녀인 영옥이는 학원 안에서도 눈에 띄게 예쁜 후배였다. 얼마나 예쁘면 춘향이라고 부를까? 그날 느꼈던 영옥에 대한 부러움과 질투심은 몇 년 동안 나를 따라다녔다.

단짝 명희는 아카시아 나뭇가지를 손에 잡고 한 잎씩 뜯어버리며 "만난다? 못 만난다. 만난다? 못 만난다."를 주문 외우듯 반복하며 나의 연애 운을 점쳐주곤 했다. 그렇게 간절했던 내 짝사랑은 결국 대학 2학년에 접어들면서 끝나고 말았다. 춘하추동 네 번이나 바뀌는 그 긴 세월 한 번도 만나보지 못했던 혼자만의 외로운 짝사랑은 명희와 함께 잊지 못할 학원 시절의 추억이 되어 버렸다.

학원에 다니면서 권력의 무서움도 알게 되었다. 권력은 한순간의 춘몽과도 같았다. 권력은 위치가 높을수록 더 위험한 듯했다. 외국어학원에 함께 입학했던 권세가의 자녀들은 6년이 지나 외국어대학 진학

29) 학생들에게 새참으로 콩우유를 한 컵씩 공급한다.

시기가 되어 오자 대부분 가족과 함께 사라지거나 평민이 되었다.

*

수많은 아이들이 소리 소문 없이 사라졌다. 학원 2학년 때인가, 항일 빨치산 출신으로 부주석을 지내던 김동규의 막내 늦둥이 딸 김영숙이 어느 날, 갑자기 없어졌다. 그 애는 먹는 것을 남달리 좋아해 손에 간식을 늘 달고 다니던 통통하고 쾌활한 소녀였다. 일본에서 귀국했던 중앙당 통일 전선부 부부장의 딸들인 김영순, 김유리, 김서경 자매도 비밀스러운 권세를 누리던, 공부 잘하고 착한 형제였지만 하룻밤 사이 온 가족과 함께 온데간데없이 사라졌다. 아버지가 해군 사령관을 거쳐 육해운상을 지냈던 방희순[30]도 대학 입학을 앞둔 8월의 방학 어느 날, 온 가족과 함께 자취를 감췄다. 우리는 어린 학생들이었지만 친구들이 왜 사라졌는지 알려고도, 물어봐서도 안 된다는 것을 잘 알고 있었다.

외국어학원 마지막 학기가 끝나갈 무렵 서럽게 울던 선희의 모습이 지금도 눈에 선하다. 학원 졸업을 앞둔 시기라 매주 토요일이면 대학 추천 모임이 진행되곤 했다.[31] 마지막 추천 모임이 진행되던 날 아침, 교실에 들어서니 선희는 곳노래를 부르며 신이 나서 밀대로 교실 바

---

30) 그의 온 가족은 요덕정치범 수용소에 갇혀 고생하다 5년 만에 다시 풀려나와 자유인이 되었고 그 후 그의 아버지 방철갑은 김정은의 재신임을 받아 평양시 당 책임비서직을 잠시 수행했다.

31) 북한 학생들은 당위원회의 추천을 받아야 상급대학에 입학할 수 있다. 아무리 공부를 잘하는 학생이라고 환경이 나쁘면 대학 추천에서 제외한다.

닥을 청소하고 있었다. 예정대로라면 추천 마지막 날이니 공부 잘하고 착한 선희는 당연히 그날 대학 추천을 받아야 했다. 하지만 그날도 대학 추천 명단에는 선희의 이름이 없었다. 사실 그날, 선희가 대학 추천을 받을 수 없다는 사실을 오직 그 애만 모르고 있었다. 아버지가 장기 해외 출장을 갔다는 선희의 말과 다르게 그의 아버지는 한 달 전에 어딘가에 붙잡혀가 조사를 받고 있다는 소문이 이미 학생들 속에서 자자했던 것이다. 선희는 그날 끝내 대학 추천을 받지 못했고 울면서 가방을 싸 들고 교실 문을 나섰다. 그해 여름 방학이 끝나기도 전에 그의 가족은 맹산으로 추방되었다. 그나마 그의 아버지는 정치범이 아니었기에 다행히 아버지만 감옥형을 받고 가족들은 지방으로 추방되었다.

*

김일성의 막내며느리였던 렴춘월이도 외국어학원 영어과에서 함께 공부했다. 인물 좋고 노래를 잘 불러 늘 학생들 사이에서는 선망의 대상이었다. 학원을 졸업한 후 대학이 아니라 김 씨 일가 전용 항공대 승무원으로 뽑혀 군복을 입었던 춘월이는 얼마 후 김일성의 막내아들 김영일과 결혼했다는 소문이 들려왔다.

춘월이를 마지막으로 만난 곳은 6년 후 평양의 경흥 외화상점이었다. 13차 세계청년학생축전이 끝 난지 몇 달이 지난 어느 날, 독일에서 조국에 휴가를 나왔다면서 남편 생일을 맞아 선물로 줄 넥타이를 고르고 있었다. 학원을 졸업한 후 5년 만의 상봉이었으나 선뜻 반가움을 표현하기가 두려웠다. 춘월이 같은 사람들은 곁가지[32]로 늘 감시의 대상이었고 나는 그와 만났다는 이유만으로도 곁가지로 몰릴까 두려웠다. 김정일을 제외한 김일성의 일가와 가까이하면 안 된다는 것은 북한 사람들에게는 불문율이었다. 춘월이는 한사코 집까지 데려다준다면서 흰색 벤츠로 나를 끌었다. 차 안에서 춘월이는 손가락을 입에 가져다 대면서 말하지 말라고 주의를 시켰다. 그날 춘월이를 만나 차를 얻어 타고 왔다는 말을 들은 어머니는 걱정을 많이 하셨다. 그 후 2000년 5월, 남편이 독일 베를린에서 간암으로 사망하면서 춘월이의 행적을 더는 알 수 없었다.

권력은 그 힘의 높낮이에 상관없이 누구에게도 안전하지 않았다. 나와는 상관없는 일이라고 외면하려고 애썼다. 두려움이 생길 때면 그들의 부모님은 국가와 당에 해를 끼친 죄인들이라고 되뇌었다. 하루아침에 사라지는 친구들을 보면서 우리 아버지만은 제발 과오를 범하지 말기를, 삼수갑산으로 쫓겨 가는 일이 우리 가족에는 벌어지지 않기를 마음속으로 빌었다. 학원 시절 깨우친 권력의 세계는 훗날 절대로 권력을 쫓아 결혼하지 말아야겠다고 결심한 계기가 되기도 했다.

---

32) 북한은 주민들에게 김일성, 김정일, 김정은 외에는 그 누구도 따르지 말 것을 의무로 요구한다. 특히 김 씨 일가 내 다른 인물에게 권력이 모이는 것을 더 경계한다. 대표적으로 장성택과 김정일의 이복형제들이다.

물과 기름

1983년, 그렇게 원하던 평양외국어대학에 입학했지만, 그 기쁨은 오래가지 못했다. 대학생활도 학원과 마찬가지로 군사조직체제로 진행되었다. 대학 사로청[33] 위원회를 연대, 학부 사로청 위원회를 대대, 학급은 소대라고 불렀다. 북한에서는 사회라 해도 모든 생활을 군대식 체제로 진행한다. 주민들에게 한반도의 전쟁이 아직 끝나지 않았음을 인지시키고 유사시 빠른 비상사태로 돌입하기 위해서다.

가장 견디기 어려운 것은 군대에서 만기 복무를 마치고 대학에 편입한 나이 많은 제대군인[34]들이었다. 나이도 많은 데다 당원들이다 보니 그들의 권세는 비당원 교원들보다 막강했다. "너희들이 짜개 바지를 입고 밥상머리를 기어 다닐 때 우리는 언 땅에 배를 붙이고 조국의 초소를 지켰다."가 그들의 레퍼토리였다. 직통생[35]들은 그들에게 무조건 복종해야 했다. 꼬투리를 잡히기만 하면 여학생이건 남학생이건 상관없이 운동장을 몇 바퀴씩 돌아야 했다. 그럴 때면 5층으로 된 대학 본청사 건물의 창문들이 활짝 열렸다. 상급반 오빠들은 "힘내라!"

---

33) 사회주의노동청년동맹의 약칭, 현재 김일성사회주의청년동맹으로 개칭, 만 14살부터 30살까지 북한의 모든 청년들이 의무적으로 가입해야 하는 북한 최대의 청년단체로 노동당의 지도를 받음.

34) 군대 복무를 마치고 대학에 복학한 학생

35) 고등중학교를 졸업하고 대학으로 바로 직행한 학생

며 소리쳤고 교원들은 창문 너머로 말없이 내려다보았다.

북한의 대학교 졸업생들은 대학 시절을 공부보다도 오히려 노동 작업과 행사동원으로 많이 추억한다. 대학 기간의 엄격한 단련을 견디고 나면 이후 사회생활 적응은 비교적 쉽다. 나도 대학 기간 유네스코의 지원으로 대학 안에 새 건물이 건설되면서 주말 휴식 없이 동원되었다. 토요일은 정치학습의 날, 일요일은 작업 동원의 날이었다. 게다가 북한에서는 밥 먹는 사람이라면 누구나 농촌 지원에 참여해야 한다. 매해 봄이면 모내기, 가을에는 추수 전투에 한 달씩 동원되어 농사를 지었다. 상급반 언니들은 1학년 때밖에 공부할 기회가 없으니 열심히 공부하라고 충고해 주었다.

*

그들의 말을 증명이나 하듯 1년 동안 거의 매주 실력테스트와 학과경연이 진행되었다. 100점 만점 기준으로 학생들의 성적 순위 리스트를 복도 한가운데 매주 붙이곤 했다. 학생들은 망신하지 않기 위해서라도 밤늦게까지 공부해야 했다. 외국어보다 중요시하는 과목은 김일성, 김정일의 혁명 역사와 로작 등 정치 분야의 과목들이었다. 영어는 강독, 청취, 문법, 어음론으로 세분화되어 외국어학원 때보다 전문화된 교육으로 이루어졌다. 나는 영어 청취 수업에서 보여주는 외국영화 시청이 제일 좋았다. 그중 기억에 남는 영화는 미국 영화 《크레이머 대 크레이머(KRAMER VS MRS. KRAMER)》다. 유네스코 협조물자로 반입되어 대학의 내부 교재로 사용할 수 있도록 국가 검열을 통과한 몇 안 되는 미국 영화 중 하나였다. 한국에 도착한 후 이 영화를 다시 보면서 미국 도시생활의 현란함에 부러운 기억으로 남았던 이 영화가 사실 아들을 쟁취하기 위해 이혼한 부부가 치열한 다툼을 벌이는 슬픈 영화였음을 알고 나서 깜짝 놀랐다. 사람은 처한 상황에 따라 느끼는 감정도 다른가 보다.

대학생들은 당국의 눈을 피해 미국, 영국 소설들을 신속하게 돌려보았다. 친구에게서 시드니 셸던의 《깊은 밤 깊은 곳에》, 《혈선》을 겨우 하룻밤 기한으로 빌린 후 밤새도록 읽던 기억이 난다. 대학 보위원[36]의 감시를 피해 영어 노래를 복사한 녹음테이프를 돌려가며 가사를 적어놓고 수십 번씩 따라 부르곤 했다. 학생들 속에도 대학 보위원이 심어놓은 스파이가 있어 늘 조심해야 했다.

영어를 전공하신 담임선생님은 남조선 혁명가의 딸이었다. 풍문으로 듣기에는 선생님의 아버지는 조선로동당 제5차 대회 보고에서 김일성이 추억한 희생된 남조선 혁명가들 중 한 명이라고 했다. 해방 후 종로경찰서 서장을 하다 체포되어 총살되었다는 낭설도 돌았다. 겉으로는 왜소한 체격에 평범해 보였지만 기실 바늘 하나 들어갈 틈도 보이지 않는 의지가 강한 여인이었다. 그의 남편은 외국어학원에서 어릴 적부터 함께 수학하며 교원 생활까지 같이하고 있는 프랑스어 선생님이었다. 담임선생님과 달리 프랑스어 선생님은 유머러스하고 착하기로 소문난 분이었다. 한 번은 선생님에게 부부의 성격이 너무 다

36) 북한의 모든 기관에는 보위부가 파견한 보위원과 보안성이 파견한 주재원이 있다. 그들은 학생들 속에도 연락원을 두어 학생들의 언행과 일거일동을 감시한다.

른데 가정생활이 재미있냐고 물어본 적이 있었다. "착한 사람은 착한 대로 자기만의 방어 수단이 있어." 깔깔거리며 행복하게 웃으시던 선생님은 내가 대학을 졸업한 다음 해에 남편과 사별했다. 장례식을 치르고 며칠이 지나 선생님은 묘소에 가고 싶다면서 나의 아버지에게 승용차를 부탁했다.[37] 겉으로 보기에는 그렇게 강해 보였던 선생님은 그날 남편이 묻힌 묘소에 올라가 대성통곡하며 몹시 슬퍼하셨다.

*

대학 생활이 힘들긴 했지만, 청춘의 낭만과 희열도 있었다. 우리 학급은 남학생 8명, 여학생 4명으로 구성되었다. 여학생들은 저마다 개성이 강한 멋쟁이들이었다. 언젠가 교복을 입지 않았다고 우리 학급 여학생 전원이 강당 무대 위로 불려 나갔던 적이 있었다. 리명희, 리춘희, 장혜성, 나, 대대장은 "다리 부러진 노루 한 곬에 모였다"며 인신공격을 했으나 우리는 오히려 함께여서 든든했다. 언젠가 소련 예술영화 《모성 영웅》을 보고 나서 우리 학급 여학생들은 약속했다. 대학을 졸업하고 20년 후에 꼭 다시 모이자, 그때 누가 제일 성공했는지, 누가 제일 결혼을 잘했고 모성 영웅이 될 만큼 아이를 많이 낳았는지 확인하자고 약속했다. 하지만 그날의 약속은 오늘까지도 지키지 못했다. 몇 번 모이기는 했지만 매번 한 명씩 빠지곤 했다. 그때마다 명희는 오지리, 춘희는 불가리아, 혜성이는 중국 선양, 나는 영국에서

37) 북한에서는 일반인들은 자가용 차를 소유할 수 없어 개인 용도라도 주로 관용차를 이용한다. 자가용차는 일본서 귀국한 사람들과 그 자녀들, 김일성으로부터 차를 선물 받은 예술인들, 체육인들만 소유할 수 있다.

가족과 함께 해외 생활을 하고 있었다. 과연 생전에 그날의 약속이 지켜질 수 있을까. 지금은 대한민국 국민이 되었으니 통일이 되지 않는 한 그 약속은 지키기 어려울 것 같다.

대학 2학년에 진급하면서 교도장[38]에 나가게 되었다. 북한의 대학 생활 중 가장 힘든 기간이다. 어머니는 오래 두고 먹을 수 있는 소고기장조림과 콩자반, 물고기 통조림들을 배낭 한가득 준비해 주셨다. 몇 달 동안 집에 오지 못할 것을 대비하다 보니 너나없이 짐들이 많았다. 그나마 다행히도 배정된 교도장은 교외가 아니라 평양시 칠골에 위치하고 있었다.

교도대는 인민무력부 산하 고사포사령부 소속으로 적으로부터 평양의 하늘을 방어할 임무를 수행하는 고사포 부대였다. 중대장 이하 소대장, 지휘 소대 성원들은 현역 군인들이었다. 대학에 가지 못하고 전문 군인 생활을 하는 그들에게 대학생들이 곱게 보일 리 만무했다. 미끈하게 잘생긴 30대 초중반의 중대장은 처음부터 기강을 잡는다면서 교도생들에게 밤늦게까지 반복 동작을 시켰다. 일주일이 지나자 신기하게도 대학생들은 군대 생활에 적응하기 시작했다. 나도 아침 운동을 하기 위해 흰 상의 내복만 입고 운동장에 모이는 것도 더는 쑥스럽지 않았고 노래를 부르면서 행렬을 짓고 이동하는 것도 더는 빠르거나 힘들게 느껴지지 않았다.

38) 대학 과정 안에 들어있는 6개월 군인생활로 이 기간을 거치고 대학을 졸업하면 인민군대 군관 자격을 얻게 된다.

우리 중대는 지휘 소대 외 3개 소대로 구성되었고 소대마다 6문의 포가 있었다. 분대에는 포장, 신호수, 조준수, 사격수, 장탄 수, 장진수가 있었다. 나는 장진수였지만 무거운 포탄을 혼자서 장전할 힘은 교도 기간이 끝날 때까지 끝내 키우지 못했다. 깨어진 포진지 바닥을 보수하고 습기 찬 포알을 녹이 슬지 않도록 햇빛에 꺼내 말리고 반짝반짝 닦아 내는 것이 소대의 일과였다. 침입한 적 비행기를 떨어뜨리는 가상 포사격 훈련도 진행했다. 낮 동안 훈련과 작업으로 시달리다 보니 저녁 보초 교대를 나갈 때면 눈도 제대로 떠지지 않았다.

*

교도장에서 첫사랑을 만났다. 같은 대학, 같은 학년에서 공부했지만, 교도장에서 만나기 전까지는 전혀 모르는 사이였다. 그는 러시아어과, 나는 영어과에서 공부했고 교도장에서는 같은 중대였지만 그는 지휘 소대, 나는 여성 소대에 속해 있었다. 우연히 그와 보초 교대가 겹치면서 사귀게 되었다. 그는 지휘소 내부에서 무전기를 지켰고 나는 지휘소 외부에서 지휘소를 지켰다. 보초 교대를 나갈 때면 바지 주머니가 불룩해지도록 사탕을 넣고 나가 그와 나눠 먹곤 했다. 단것을 너무 먹어 갈증이 날 때면 그는 초소에서 한참 떨어진 중대 식당으로 달려가 주전자가 찰랑찰랑 넘쳐나도록 물을 떠오곤 했다. 급히 갔다 오느라 숨을 헐떡이는 그의 모습은 늘 고맙고 순수했다. 그와 함께 서는 보초 근무가 즐거워졌고 어느 순간부터 나는 교대가 겹치는 날을 기다리게 되었다. 한 달이 지나 5.1절 축구 경기에서 결승한 표창으로 3일간 집으로 외출했던 그는 교도장이 그리웠다며 예정일보다 하루 먼저 돌아왔다.

며칠 후 내가 속한 중대는 교도장에서 가까운 칠골 농장에 봄철 모내기를 도와주러 나갔다. 러시아어과 여학생들은 바로 내 옆에서 모를 꽂고 있었다. 내 친구 명희가 러시아어과 여학생들에게 대뜸 그에 대해 물었다. 돌아온 대답은 너무나 뜻밖이었다. "착하고 공부 잘하지. 근데 귀국자야." 이후로 그들이 나눈 대화는 전혀 내 귀에 들려오지 않았다. 그가 귀국자라는 말만 온종일 귓가를 맴돌았다. 혹시 잘못 들었는가 싶어 다시 물어보고 싶었지만, 그의 이름을 감히 입 밖에 꺼낼 수도 없었다. 며칠을 고심하다 본인에게 귀국자인가 하고 직접 물었다. "응, 내가 아니고 우리 부모님들이 일본에서 귀국하셨어." 그의 대답을 듣는 순간 그렇게 따뜻했던 그와 나 사이에 싸늘한 냉기가 흐르는 것 같았다. 그때까지만 해도 나에게 귀국자란 물과 기름 같은 절대로 섞일 수 없는 다른 계급이었다.

1950년대 말부터 일본에서 북한으로 재일 교포들이 대대적으로 이주해왔다. 대다수 사람들은 남한에 고향을 두고 있었다. 북한은 자본주의로부터 사회주의에로의 대이동, 자본주의에 비한 사회주의의 대승리라며 대대적인 정치공세를 펼쳤지만 실제로 그들은 북한에서 많은 역차별을 받았다.

귀국자들은 해방 전 타향에서 나라 없는 설움을 누구보다 절감하며 살아온 재일교포들의 후손들이었지만, 당시의 나 역시 그들이 일본에서 왔다는 사실만으로도 36년간 조선을 식민지로 지배했던 일본인과 혼동할 정도였다. 실제로 귀국자들 사이에서 간첩으로 드러나 하루아침에 온 일가족이 사라지는 사례도 종종 있었다. 그들 가운데 간첩 임무를 받고 온 사람이 섞여있을 수 있다는 것이 당시 북한인들의 보편적인 인식이었고 그들은 믿지 못할 사람 취급을 받았다.

신기하게도 귀국자들 사이에도 등급이 있었다. 일본에 있는 가족이나 친족들이 기업인이어서 북한에 지원을 많이 한 귀국자들은 애국자로 인정받고 대학 입학이나 사회생활에서 우대를 보장받을 수 있었지만, 직업은 어디까지나 문화 예술이나 방송, 통신, 자연과학이나 사회과학 부문 등 비정치적 분야로 극한 되어 있었다. 간부사업에서도 귀국자들을 적극적으로 활용하지 않았다. 그들은 행정 간부는 될 수 있었지만 당 간부는 될 수 없었다. 외국 출장은 가능했지만, 가족과 함께 나가는 외교공관 파견은 허락되지 않았다. 훗날 해외 생활을 하면서 김정은의 생모가 귀국자 출신이라는 말을 듣고 김 씨 일가의 이중성에 깜짝 놀랐다.

외국어학원 시절에도 내 주변에는 귀국자 출신 자녀들이 많았다. 그들과 함께 생활하면서도 나는 그들을 믿지 못할 계급으로 여겼다. 좋은 친구들도 많았지만 어디까지나 그들과의 교제는 사교적이었다. 학원에 온 귀국자 출신 학생들의 대부분은 공화국을 위해 후원사업을 많이 해 그 업적과 애국심이 인정된 상공인들의 자녀들이었고 일본에 사는 친척들의 도움을 받아 북한 주민들보다 여유 있는 삶을 살고 있었다. 1세대 귀국자들은 특유의 말투로 일반 주민들과 확연히 구별되었으나 그 자녀들인 2세, 3세는 북한에서 나고 자라 말투나 외모에서 큰 차이가 없었다.

엄연히 그는 나와 '다른 부류'의 사람이었고 나와 같은 대학생 교도대 군복을 입고 있어도 '신뢰할 수 없는' 귀국자였다. 그의 아버님은 60년대에 일본 지바에서 귀국하신 후 평범한 기술자로 일하고 계셨다. 그가 귀국자임을 알고 난 후 나는 그를 멀리하고 싶었지만 마음대로 되지 않았다. 그런 나를 지켜보며 제대군인 학생들은 나를 따로 불러 네가 귀국자를 만나는 걸 부모님이 알고 있느냐, 집안 망하지 않게 처신 잘하라고 '충고'를 주곤 했다. 나는 고민하지 않을 수 없었다.

*

어느 날 나에게도 외출할 기회가 생겼다. 오랜만에 돌아온 집이었지만 이전처럼 즐겁지가 않았다. 고민 끝에 용기를 냈지만 차마 어머니의 얼굴을 보며 말할 자신이 없어 아침 출근하는 어머니의 손에 쪽지 편지를 쥐여 주었다. 사무실에 도착해서 읽어 보라고 부탁했다. 내용은 대략 이러했다.

"어머니, 교도 생활을 하면서 좋은 동무를 만났어요. 나와 같은 학년 로어과에서 공부하고 있는데 착하고 공부도 잘합니다. 대학 청년동맹 위원이에요. 그런데 부모님이 귀국자라고 합니다. 계속 만나고 싶은데 어머니의 의견을 알고 싶습니다. 혹시 우리 가족에 흠이 되는 사람이라면 다시는 만나지 않겠습니다. 하지만 정말 좋은 사람이니 가능하면 어머니가 긍정적인 방향으로 생각해 보시고 허락해 주셨으면 합니다."

온종일 어머니의 귀가 시간을 기다렸다. 어머니가 걱정할 것 같아 편지는 가능한 냉담하게 적었지만, 사실은 어머니의 동의를 간절하게 바라고 있었다. 그날 저녁 퇴근해 돌아오신 어머니는 내가 기대했던 것보다 더 심각했다. 애써 태연한 척하시려는 어머니의 모습이 오히려 나를 더 불안하게 했다.

"혜선아, 엄마는 네가 벌써 이렇게 다 자란 줄 모르고 있었구나. 엄마가 오늘 네 편지를 읽고 생각이 많았다. 네가 이렇게 크기 전에 너에게 어떤 사람을 만나야 하는지 얘기를 해주었어야 하는데 엄마가 늦은 것 같아 미안하다. 오늘 엄마가 네 아버지 이야기를 들려줄게."

이렇게 서두를 떼신 어머니는 가슴에 깊이 묻고 살아왔던, 아버지와 헤어진 가족 이야기를 들려주셨다.

어머니에게 다시는 만나지 않겠다고 다짐했으나 그리 쉬운 일이 아니었다. 결국 그와의 만남은 대학 졸업학년까지 이어졌고 어머니와의 관계는 점점 더 멀어졌다. 동생들까지도 간혹 나와 함께 있는 그를 보게 되면 무섭게 달려들었다. 그러는 어머니와 동생들이 원망스러웠고 나는 죄의식에 사로잡혀 대학에서 집으로 돌아온 이후에는 절대 방에서 나가지 않았다. 그는 어머니를 설복하기 위해 몇 번이나 우리 집을 찾아왔다. 어머니는 매번 매몰차게 거절했다. 훗날 시간이 흘러 그가 한 번만 더 찾아왔더라면 자신도 무너졌을 거라는 어머니의 고백을 듣고 나서야 비로소 딸을 지키기 위해 그렇게 강해야만 했던 어머니의 마음을 헤아릴 수 있었다.

4년이 흘러 3대 혁명소조[39] 생활을 하던 어느 날, 아버지가 갑자기

39) 북한 대학 졸업생들이 무조건 거쳐야 할 2년간의 생산현장 실습과정

합숙에 찾아오셨다. 이미 그의 가족에 대해 많이 알아보고 오신 아버지는 나에게 그를 더는 만나지 말라고 하셨다. 가능한 한 헤어지게 하고 싶지 않아 대학 기간 내내 모르쇠를 하시던 아버지였다. 살면서 언제 한번 나에게 거절하신 적이 없는 아버지였다. 그와 결혼하면 나뿐만 아니라 형제들의 전망까지 막힐 거라며 4년 동안 나를 '괴롭히시던' 어머니의 반대에는 단 한 번도 흔들린 적이 없는 나였지만 아버지의 말은 거역할 수가 없었다. 아버지의 말을 듣는 내내 '믿는 도끼에 발등 찍힌다'는 옛말이 생각났다. 평생 나를 끔찍이도 아껴주신 아버지의 발등을 내가 찍을 수는 없었다. 나에게 다른 사랑은 영원히 없을 거라고, 아버지와 가족을 위해 나를 희생해야 한다는 각오를 하며 대답했다. "아버지, 이번엔 정말 헤어질게요. 마음 놓으셔도 돼요." 그리고 정말 헤어졌다. 그때나 지금이나 항상 그에게 미안하고 고맙다.

인연

꽃도 한철, 처녀도 한철, 여자는 가능한 한 빨리 결혼해야 한다는 것이 우리 어머니의 지론이었다. 언니도 대학을 졸업하기 바쁘게 부모님이 시키는 대로 당시 수도방어 사령관을 지냈던 빨치산 출신 주도일의 둘째 아들과 결혼했다. 어머니는 언니와 합세해 연이 닿는 대로 간부집 자식들로 많은 선 자리를 마련했지만 나는 매번 시큰둥해서 돌아왔다. 그러다 남편을 만났다. 남편을 소개해 준 사람은 학원 시절부터 단짝 친구인 명희였다. 어느 날 명희는 우리 어머니에게 멋진 사나이를 데려오겠다고 장담하더니 결국 자기 애인의 친구를 소개했다.

명희의 설명에 의하면 그는 공화국 역사에 단 한 번밖에 없었던 소년유학생 출신으로 명희 애인과 베이징에서 소년 때부터 대학 유학 시절까지 함께 생활했다. 그는 소년유학을 마치고 평양으로 돌아와 국제관계대학을 졸업하고 다시 베이징외국어대학 영어과를 졸업한 후 외교부 유럽국에서 영국 담당자로 일하고 있었다. 명희는 젊은 나이에 그만한 경력을 갖추고 애인이 없는 남자는 찾기 힘들 거라며 무조건 성사시키려고 나보다 더 극성을 부렸다.

나도 사실 그가 마음에 들었다. 우선 그의 월등한 학력에 호기심이 갔다. 영어뿐 아니라 중어도 잘한다고 했다. 그는 나와 너무나 다른 삶을 살아왔다. 살면서 나는 별로 공부를 열심히 한 적이 없었다. 그때까지만 해도 나는 부모님의 그늘 밑에서 평생 여유로운 삶을 살 것이라고 믿고 있었다. 부끄럽지 않을 정도로 중간만 가도 된다는 것이 나의 학업 목표였다. 특히 학원 시절부터 권력을 불신하고 있었던 지라 일반인의 자식으로 소년유학까지 다녀왔다는 말이 귀에 쏙 들어왔다. 얼마나 공부를 잘했으면 아무 배경도 없이 그런 최고 엘리트 코스를 밟을 수 있을까 신기하기도 했다. 나도 대학 시절 외국 유학을 그렇게 고대했지만 그런 꿈같은 기회는 오지 않았다.

처음 선보던 날 청류관[40] 분수 앞에서 저녁 6시에 만나기로 약속했다. 거의 한 시간을 기다렸지만 그는 끝내 나타나지 않았고 나는 바람만 맞고 돌아왔다. 그날 바람은 또 얼마나 세게 불었던지 오히려 함께 갔던 명희가 미안해 어쩔 바를 몰라 했다. 명희는 온갖 이유를 가정해 보며 나를 위로하느라 애썼지만 나는 자존심이 많이 상한 채 집으로 돌아왔다. 그날 밤 명희에게서 그가 급성 충수염으로 갑자기 병원에 입원했다는 연락이 왔다. 아팠다는 말을 듣고 그에 대한 걱정보다 오히려 다행이라는 생각이 들었다. 자존심은 지켰던 것이다. 하필 선보는 날 수술이라니, 그에게 호기심은 갔지만 나와 인연은 없는 사람 같아 보였다. 큰 기대는 하지 말아야지 생각은 하면서도 그렇다고 쉽게 놓아 버릴 수도 없는 대상이었다. 망설임 속에 명희에게서 다시 연락이 왔다. 그가 퇴원하면 날을 다시 잡기로 했다는 것이었다.

거의 한 달이 지나 다시 날을 잡았다. 이번에도 명희는 마음이 놓이지 않는지 상대를 잔뜩 치켜세우며 화장부터 의상까지 꼼꼼히 챙겨주

40) 평양의 유명한 한식 전문 식당.

었다. 연보랏빛 아이섀도와 핑크빛 볼 터치로 가벼운 색조를 넣고 헤어드라이어로 윗머리를 살짝 세워 갸름한 얼굴을 연출했다. 화창한 봄날에 어울리는 연분홍색 일본산 투피스에 굽이 살짝 있는 리본 달린 흰 구두를 받쳐 신었다. 어머니의 성화로 안경도 벗고 나갔다.

*

모란봉 개선공원에서 그를 처음 만났다. 남달리 흰 얼굴에 숱진 눈썹이 인상적이었다. 훗날 배신감을 느낄 정도로 그날의 그는 머리숱도 많았다. 수술 자리가 아물지 않았는지 한쪽 손을 배에 얹은 채 구부정한 자세로 서 있었다. 아직 입원 중이라고 했다. 환자복을 바꿔입느라 남의 옷을 입었는지, 아니면 수술 후 체중이 줄어서인지 검은 양복은 몸에 맞지 않아 훌렁했다. 명희의 말대로 '곰'처럼 체격 좋고 당찬 모습은 아니었다. 그날 그는 자신을 많이 낮춰 소개했다. 왜 그랬는지 그의 속내는 지금도 알 수 없지만, 아직 외교부에서 초년생, 심부름꾼에 불과하다, 게다가 맏아들이어서 평생 부모님을 모셔야 한다고도 했다. 나도 모르게 나는 맏며느리도 괜찮다고 말해 버렸다. 사실 그를 보는 순간 이 사람은 놓치지 말아야겠다는 생각이 들었던 것이다. 최소한 이 사람과 함께라면 마음고생은 하지 않을 것 같았다.

마음에 든다는 내 말을 듣고 어머니는 다음날 아침, 급하게 집을 나섰다. 그의 신원 자료[41]를 좀 더 구체적으로 조회하기 위해 외무성 당위원회에서 일하는 5촌 고모의 친구를 만나러 간다는 것이었다. 어머

41) 당위원회에서 비밀리에 보관하고 있는 인물자료

니는 만족해서 돌아왔다. 일도 잘하고 성품도 좋고 가장 중요한 가정 환경, 토대도 좋다는 것이었다. 하지만 시어머니를 모시고 고생하신 어머니는 그가 맏아들이라는 점이 마음에 걸렸다.

"예로부터 맏며느리는 '호박 쓰고 돼지우리에 들어가는 격'이라고 했는데 괜찮을까? 맏며느리 자리가 쉽지 않은데 …"

나는 어머니가 우려하는 맏며느리 역할보다 넉넉하지 못한 그의 생활 형편이 더 마음에 걸렸다. 하지만 어머니는 그 점에 대해서는 단호하게 말씀하셨다.

"돈은 없다가도 생기고 있다가도 없어진다. 엄마도 이불 한 채로 너희 아버지와 결혼생활을 시작했지만 지금 아들딸 낳고 잘 살고 있잖니? 엄마가 힘자라는껏 도울게. 그저 사람만 봐라. 사람만 좋으면 된다. 엄마는 혹시 지방 사람이라도 각오하고 있었어. 너희들이 자립할 수 있을 때까지 우리 집에서 함께 살아도 괜찮아."

며칠이 지나 그에게서 연락이 왔다. 이제는 병원에서 퇴원했으니 괜찮으면 한번 만나자는 것이었다. 어머니와 함께 시내 양복점에 옷을 맞추러 나갔다 돌아오는 길에 개선동에 있는 그의 아파트 앞을 지나게 되자 어머니는 차를 멈추게 했다. 주말인데 그가 집에 있을 수도 있다는 것이었다. 사전에 연락 없이 그의 집을 찾아가기가 민망했지만 내심 반가워 그렇게 하겠다고 대답했다. 다행히 그는 집에 있었다. 그의 부모님은 외손녀를 데리고 잠깐 산책하러 가셨다고 했다. 밖에서 기다리고 계시는 어머니를 안심시켜 보내고 나서 다시 돌아와 그와 함께 한창 방영 중인 소련 영화 《낙천적 비극》을 보았다. 끝날 때까지 말 한마디 없이 꿈쩍 않고 보았다. 참 이상했다. 두 번째 만남이었지만 이미 오래전부터 알고 지내던 사람처럼 그가 편했다.

*

며칠이 지나 아버지는 한번 만나봐야겠다면서 그를 저녁 식사에 초대했다. 아침부터 어머니는 온 집안에 음식 냄새를 풍기며 신바람이 나서 한 상 가득 준비했다. 아버지는 첫눈에 마음에 드셨는지 계속해서 술을 따라주셨고 그는 주는 대로 받아마셨다. 옆에서 그 모습을 지켜보자니 불안해지기 시작했다. 그는 아직 수술 자리가 회복되지 않아 항생제 주사를 맞고 있었다. 얼마 지나지 않아 두 사람 다 고주망태가 되어 버렸다. 혹시 어머니가 실망할까 걱정하고 있는데 아니나 다를까 어머니는 처음 만난 자리에서 만취한 그를 몹시 못마땅해 하셨다. 아버지는 너무 늦었으니 그를 집에서 재워 보내라고 하셨지만, 어머니는 한사코 차에 태워 집으로 돌려보냈다. 술에 잔뜩 취한 그를 그렇게 보내자니 웬일인지 마음에 걸렸다. 수술을 받고 허약해진 몸으로 부어준 술을 다 받아 마시다 그렇게 되었는데…. 어머니는 그가 돌아간 뒤 눈물을 펑펑 쏟으며 저런 술꾼에게 절대 딸을 줄 수 없다고 선언하셨다.

다음날 어머니는 그 사람이 술을 많이 마시는 것 같다고 하시면서 더는 그를 만나지 말라고 하셨다. 평소 술을 좋아하시는 아버지 때문에 마음고생이 많으셨던 터라 어머니는 완강하셨다. 하지만 앓고 있는 사람에게 술을 마시게 한 우리 잘못인 것 같아 어머니 모르게 그의 집을 찾아갔다. 이상하게 빨리 취해버렸던 그는 전날 밤의 자신을 전혀 기억하지 못하고 있었다. 무슨 실수라도 한 것이 없냐는 그의 물음에 어처구니가 없었다. 우리 집은 어제 그렇게 난리가 났었는데. 어제 있었던 일을 대충 설명해 주고 나서 상처가 다 나을 때까지 절대 술을 마시지 말 것을 당부했다. 그리고 집에 돌아와 어머니에게 부탁했다. 이젠 나도 그 사람이 좋으니 어머니도 좋게 봐달라고.

충수 수술을 받은 지 몇 달이 지나도록 그의 수술 봉합 자리가 아물지 않았다. 상처는 아물어가는 것 같다가도 다시 터지곤 했다. 어느 날 치료를 받으러 병원에 간다는 그를 따라나섰다. 별것 아니라고 하던 그의 말과는 달리 상처는 깊었고 소독한 후 새 심지를 갈아댈 때는 핀셋이 거의 그의 내장까지 헤집고 들어가는 것 같았다. 의사 선생님은 어디서부터 농이 시작되었는지 정확한 위치를 찾지 못하고 있었고 아래로부터 계속 곪아 터지는 상처를 씻어내는 게 치료의 전부였다. 신통한 대책이 없냐는 나의 질문에 의사선생님은 나중에 밑에서부터 새살이 돋아나게 될 것이라는 막연한 말씀만 곱씹곤 했다. 다른 환자들은 맹장 수술 후 일주일이면 거뜬히 정상 생활로 돌아오건만 그는 몇 달째 고생하고 있었다. 언제까지 그렇게 기다려야 할지 답답하기만 했다.

결국, 아버지가 나서서 복부외과수술로 유명한 평양 제 1병원 복부외과 과장 선생님에게 수술 집도를 부탁했다. 오랫동안 그의 상처가 아물지 않았던 원인은 첫 수술 시 수술 자리를 꼼꼼하게 봉합하지 못해 틈이 생겼기 때문이었다. 그 사이로 대장에서 흘러나온 이물질에 감염되면서 수술자리의 염증이 지속되었던 것이다. 수술을 받은 후 그의 상처는 금방 회복되었다. 그가 오는 날이면 딸기밭에 나가 큼직하고 잘 익은 딸기를 골라 담아 설탕에 재워 놓는 것이 내 즐거움이었다. 어머니도 그가 오는 날이면 별식을 만들어 주곤 하셨다. 그래도 그가 우리 집에 오면 제일 반가워하시던 분은 우리 친할머니였다. 항상 외로우신 할머니는 그를 앉히고 몇 시간 내내 젊어서 산에서 고생하시던 옛날이야기를 들려주곤 하셨다. 마지막까지 재미있게 들어주는 그가 고마웠다. 사실 나는 할머니의 옛이야기를 한 번도 그처럼 재미나게 들어준 적이 없었기 때문이다.

축복

1989년 7월, 평양에서는 제13차 세계청년학생축전이 진행되었다. 세계청년학생축전은 이전 소련의 영향 하에 있던 세계 민주 청년연맹과 국제 학생연맹이 공동 주관하는 사회주의권 국가들의 반제투쟁 행사였다. 1947년 체코 프라하에서 첫 대회가 열린 후 연속 사회주의 나라들에서 개최해오다 13차 대회는 1989년 평양에서 진행되게 되었던 것이다.

북한은 축전을 대대적인 홍보 계기로 삼았다. 특히 1년 전 서울에서 열린 88년 하계올림픽보다 더 큰 행사로 진행하기 위해 축전 준비에 국가적인 총력을 기울였다. 축전 행사를 주최하고 외국인 대표들이 숙박할 수 있는 수십만 명 수용 능력의 새로운 광복거리가 만경대에 건설되었다. 그 외에도 능라도 5월1일경기장, 평양국제영화회관, 동평양 대극장, 평양교예극장, 양각도 축구경기장, 평양국제통신센터, 양강호텔, 청년호텔 등 대규모 경기장과 공연장이 축전을 맞으며 준공되었다.

축전 준비로 나랏돈이 마구 쓸려 들어갔다. 축전 손님용 택시도 새로 수입해 들여왔다. 수천 명에 달하는 외국 참가자들의 여비와 숙식비는 전부 국가가 부담했다. 국가공무원들도 기회를 놓칠세라 한몫씩 챙겼다. 중앙기관 종업원들에게는 입직 연한에 따라 냉장고, TV, 세탁기, 경대 중 한두 가지씩 선물로 나누어 주었다. 거액을 들여 대대적인 강습도 진행했다. 어학 전문가들을 해외에 파견하여 동시통역 강습을 조직했다. 수천 명의 축전 대표들을 위한 강습도 진행되었다.

나는 그와 함께 민족대표로 축전에 참가하게 되었다. 그는 외교부 대표, 나는 평양외국어대학 학생대표였다. 우리는 축전 준비를 위한 강습에 참여하면서 더 많은 시간을 함께 보낼 수 있었다. 한 달가량 실내에서 진행하는 이론 강습이 끝나자 현실에서 배우는 실기 강습이 시작되었다. 어떤 날은 광복거리에 있는 서양 음식점에서 난생처음 서양 요리인 파스타와 샐러드를 맛보았고 나이프와 포크를 쓰는 법을 비롯해 서양의 식탁 예절을 익혔다. 어떤 날은 동평양 대극장 야외에서 외국인들과 어울릴 수 있는 춤을 배웠다. 몸치인 나에게는 특별히 걱정스러운 날이었다. 이럴 줄 알았더라면 어렸을 때 춤을 좀 배워둘걸, 그에게 춤이 고민이라고 말했더니 남편은 자신이 가르쳐 주겠다고 나섰다. 그는 전문가는 아니지만, 춤을 보기 좋게 잘 추었다. 왈츠의 기본 동작들을 몇 번 따라 했더니 제법 그와 스텝을 맞출 수 있게 되었다. 러시아 왈츠곡《도나우강의 잔물결》에 맞춰 우리 둘만의 왈츠를 완성했다. 그는 정치, 역사, 문화 등 거의 모르는 분야가 없었고 요령 있게 잘 설명해주었다. 그에게는 유학생 시절에 '거금'을 들여 산 유일한 재산인 녹음기와 깊숙이 감춰둔 외국 노래 카세트가 많았다. 그와 함께 리시버를 끼고 외국 노래를 듣는 것이 어느새 취미가 되어버렸고 노래를 들으면서 유학시절 그의 모습이 어땠을지 상상하곤 했다.

1989년 7월 1일, 드디어 13차 세계청년학생축전 개막식 날이 다가

왔다. 개막식 행사는 15만 명의 수용 능력을 가진 능라도 5.1경기장에서 진행되었다. 축전을 준비하면서 능라도까지 대동강을 통과하는 다리가 새로 개통되었지만, 그 많은 사람과 행사 물자가 동시에 넘어가기에는 역부족이었다. 게다가 개막식은 1호 행사[42]여서 다리 입구에서부터 모든 행사 참가자들에 대한 보안검사가 깐깐히 진행되었다. 우리는 거의 하루를 노상에서 대기하느라 지쳤지만, 개막식 행사는 황홀했다. 인생의 최절정인 20대의 멋진 나날에 13차 세계청년학생축전이라는 국제적인 축제에 그와 함께 참가할 수 있어 온 세상을 다 가진 듯 행복했다.

남한 측 대학생 대표로 임수경 학생이 참가했다. 남한 당국의 시선을 피하며 생명의 위험을 무릅쓰고 찾아왔다는 젊은 여대생의 용기는 북한인들의 마음을 사로잡고도 남았다. 그 큰 경기장 안에서 그는 남한 대학생들의 마음을 담아 인사말도 또박또박 잘했다. 그의 자그마한 체구에서 많은 평양시민은 통일된 한반도의 미래를 그려보았다. 그가 북한 청년동맹 위원장과 덮개차를 타고 나타날 때면 평양시민들은 누가 조직하지 않아도 환성을 올리며 그의 차를 쫓아갔다. 나도 그의 모습을 조금이라도 더 보고 싶어 그 대열에 뛰어들곤 했다.

축전이 한창 진행되던 어느 날, 광복거리에서 우연히 이전 애인과 마주쳤다. 내 옆에서 걷고 있던 남편이 "저기 은철이가 온다."하고 나에게 알려주었다. 순간 나는 당황했다. 인사말이라도 나누고 싶었지

---

42) 김일성, 김정일, 김정은이 참가하는 행사

만 서로 감정만 상할 것 같아 걱정스러워 망설였다.

"가서 얘기 나누고 와."

"그래도 괜찮을까?"

"그럼."

그에게 어떻게 다가갔는지 기억이 나지 않는다. 사실 1년 전 헤어지자는 나의 일방적인 태도에 그는 많이 힘들어했었다. 그러면서도 그는 이전처럼 내가 다시 돌아올 것이라고 믿었다. 하지만 내가 선을 보고 있다는 소식을 듣고 난 후로 그는 더는 나를 찾지 않았다. 예상대로 그의 반응은 차가웠다. 그렇게 다정했던 이전의 모습은 사라졌고 몇 마디의 인사말마저 힘들게 이어졌다. 그는 일본에서 축전에 지원 온 친척분들을 만나러 왔다고 했다. 그와의 약속을 끝까지 지키지 못해 미안했고 아직도 아파하는 그의 모습을 보니 더 죄스러웠지만 그의 마음의 상처가 빨리 아물기를 바랄 수밖에 없었다.

그해 10월 축전 준비로 1년 미뤄졌던 대학 졸업식이 진행되었다. 이어 결혼식 날짜가 다가오면서 우리는 결혼 준비로 바빠졌다. 나는 남편을 따라다니면서 그가 결혼식을 준비하는 과정을 구체적으로 목격하게 되었다. 그는 나와 달리 예단부터 상차림까지 모든 것을 본인이 준비해야 했다. 그의 부모님들은 보태주고 싶어도 그럴 만한 경제적 여유가 없었다. 북한 주민들의 일상적인 삶이기도 했다. 월급이라야 쥐꼬리만 했고 혹시 돈을 좀 저축했다 하더라도 내화로는 아무것도 구매할 수 없는 사회였다. 내화를 취급하는 식료 상점들과 백화점들에서는 일 년 열두 달 진열품만 매대에 전시해 놓고 먼지만 날리고 있었다. 혹시 상품이 들어온다고 해도 관리들과 상점 관계자들은 뒷문으로 빼돌렸고 주민들은 새 옷 한 벌을 사 입기가 어려웠다.

남편은 중국 유학 시절 식비를 절약하여 모아 두었던 50달러로 어머니에게 부탁하여 첫날에 신부가 입을 한복 한 감과 속옷 몇 벌을 준비했다. 상에 올려놓을 웨딩 케이크와 손님용 맥주는 청류관 조리과장을 하는 친구 어머니에게, 순대와 두부는 문수거리 식료상점 책임자로 일하는 그의 소년유학 시절 지인에게, 술은 베이징 후배 유학생에게 일일이 찾아다니며 해결했다. 그는 가난에 주눅 들지 않았고 부모님들에 대한 원망 한마디 없이 모든 것을 본인이 해결했다. 그는 이미 혼자서 모든 것을 해결하는 데 습관이 되어 있었다. 결혼식을 준비해 가는 남편을 보면서 안쓰럽기도 하고 제힘으로 해결하는 모습이 멋져 보이던 철없던 내가 생각난다.

우리 집은 당시 간부들을 위한 식품공급을 받고 있어 상차림은 괜찮게 할 수 있었지만 결혼 혼수품 장만은 역시 쉽지 않았다. 처녀 시절 호위국에 있을 때 위생용품으로 공급받은 면 솜을 몇 년 동안 모아 이불 한 채를 겨우 만들어 시집올 때 가져왔다고 옛말처럼 외우시던 어머니였다. 어머니는 딸들에게 그 설움을 주지 않는다면서 평시 좋은 물건이 생길 때면 입지 않고 쓰지 않으시면서 딸들의 예물로 모아두셨다. 어머니에게는 보물처럼 아끼는 트렁크가 두 개 있었다. 다른 사람들의 손이 쉽게 닿지 않는 높은 곳에 고이 보관하고 트렁크에는 두 딸의 이름을 크게 써 붙였다. 한 가지, 두 가지 모아 넣은 것이 두 딸이 시집갈 때가 되니 제법 꽉 찼다. 어머니는 정말 '보물'로 가득 찬 트렁크들을 딸들이 시집가는 날 하나씩 안겨 주셨다.

축전이 끝나면서 나는 즐거웠던 처녀 시절과 작별했다. 부모님은 결혼식 날짜를 내 생일 다음날로 정하고 처녀 시절의 마지막 생일상을 크게 차려주셨다. 수십 명이 넘는 대학 동창생들을 버스 두 대를 동원하여 집으로 초청했다. 기분이 좋아지신 아버지는 그날 모스크바 유학 시절에 익혔던 러시아의 유명한 시인 체호프의 시 《갈매기》를 러시아어로 멋지게 낭송했고 동창들은 열광했다.

다음날 나는 부모님 슬하를 떠났다. 나를 사랑으로 길러주신 부모님께, 부러운 것 없이 자랄 수 있도록 열심히 살아주신 부모님께 고마움의 인사를 올렸다. 어린 시절의 나는 부모님의 사랑 속에서 늘 행운아였다. 그리고 이후에도 계속된 이유 모를 나의 행운과 축복받은 삶의 시작은 바로 아버지와 어머니의 헌신과 희생의 대가로 비롯되었음을 그때에는 미처 몰랐다.

2부

두 아들의 엄마

70 시댁 생활

77 부족한 엄마

83 주혁이를 살려야 한다

92 새로운 용기

99 아버지의 불행과 맞바꾼 날개

106 금동이

112 조선노동당원이 되다

118 평양의 변화

125 재발

시댁 생활

23살에 나는 태씨 집안의 맏며느리가 되었다. 시집 식구들은 천성이 착한 분들이었다. 작은 것을 보고도 웃을 줄 알았고 아무리 가난해도 함께하는 데서 행복을 찾는 분들이었다. 시아버님은 남달리 청렴하셨다. 한평생 집 짓는 일을 업으로 삼으셨던 시아버님께 많은 사람이 집을 요구하며 외화나 고급시계 같은 귀물을 들고 찾아왔지만 절대로 받지 않으신 것을 자랑으로 여기시던 시어머님이었다. 시집은 시아버님이 모란봉구역 개선 동에 새로 지은 아파트 7층이었다. 침실이 세 개 달린, 그만하면 널찍한 집이었지만 정말 변변한 가장집물 하나 없었다. 시아버님은 저녁 식사 시간에 식구들과 마주 앉아 맥주 한 잔씩 나누는 것을 평생 낙으로 삼으셨다. 시어머님은 알뜰하고 부지런한 분이셨다. 집에 좋은 가구는 별로 없어도 매일 먼지 한 점 없이 집을 쓸고 닦으셨다. 시집 식구들은 빨래를 좋아하시는 시어머니에게 '물오리'라는 별명을 지어 주었다.

시집 생활을 시작하면서 가장 힘들었던 부분은 시부모님들보다 시댁 친척들과의 관계였다. 시아버님과 시어머님 두 분 모두 형제가 많은 집의 맏이들이었다. 게다가 형제분들 중 유일하게 평양에 거주하고 계셨기에 시부모님 형제분들이 지방에서 평양으로 올라오시면 으레 우리 집은 며칠 동안 그들의 숙박소로 변하곤 했다. 언젠가 퇴근해 온 남편에게 불평을 늘어놓았다. "이 집은 어떻게 이렇게 사람들이 많이 와요? 집이 아니라 무슨 숙박소 같아요. 신경 쓰여서 도저히 살 수가 없어요." 그러면 남편은 미안해하며 "당신이 조금만 이해해 줘. 우리 집은 내가 어릴 적부터 친척들과 한 식구처럼 지내 왔어. 그들에게 웃어만 줘. 부탁이야."

남편의 말대로 지방에서 오시는 친척분들과 지인들은 대부분 남편과 어린 시절부터 따뜻한 추억으로 얽혀 있었다. 밥상에 둘러앉으면 그들은 남편의 어린 시절 이야기를 재미나게 들려주곤 했다. 언젠가 명천에서 올라오신 시고모님은 남편이 어릴 적부터 영특해서 할머니의 귀여움을 많이 받았다고 하면서 남편이 열 살쯤 나던 해, 어느 여름날의 이야기를 들려주셨다.

당시 남편은 어머니가 심하게 앓아 명천 친할머니 집에 잠시 머물고 있었다. 어느 날, 방목하러 소들을 데리고 나갔던 삼촌은 송아지를 잃어버리고 어미 소만 끌고 돌아왔다. 소는 집 소유가 아니라 키워주기로 약속하고 협동농장에서 가져온 농장 재산이었다.[43] 아직 어린 삼촌은 엉엉 울고 모두가 맥을 놓고 있을 때 남편은 삼촌에게 어미 소를 끌고 산으로 다시 가보자고 제안했다. 송아지가 어미 소 울음소리를 듣고 나타날 것이라는 남편의 그럴듯한 말에 다시 어미 소를 끌고 나갔는데 정말 송아지가 돌아왔다고 한다. 남편은 세 시간에 한 번씩 산을 옮기면서 어미 소를 매어 놓고 책을 읽었는데 "음매, 음매"하는 어미 소의 울음소리를 듣고 길을 잃은 송아지가 저절로 찾아왔다. 이후

43) 키워주는 대신 수고비는 연말에 공수로 계산해서 받을 수 있음.

남편은 소년유학까지 떠나면서 태 씨 친척들의 '전설'이 되었다.

남편은 기회가 있을 때마다 친척분들의 멋진 청춘시절과 어린 시절 그들에게서 받았던 사랑에 대하여 자주 이야기하곤 했다. 그의 말을 듣고 보니 그의 친척들은 정말 순박하고 심성이 착한 분들이었다. 남편은 나에게 늘 사람에게서 나쁜 점 보다 좋은 점을 먼저 찾는 습관을 붙이라고 타이르곤 했다. 그의 말대로 주위 사람들에게서 좋은 점부터 찾아보는 습관을 붙이고 나니 나도 마음이 편했고 주위 사람들과도 더 친하게 지낼 수 있었다.

*

결혼한 후 몇 년 동안은 내가 가장의 역할을 했던 것 같다. 남편이 아침부터 밤늦게까지 직장에서 아무리 열심히 일해도 받는 월급으로는 고기 한 근 구하기 어려웠고 시아버님은 이미 연로하여 은퇴하신 후라 그나마 도움을 받을 데라고는 친정 부모님들뿐이었다. 아버지도 내가 결혼한 후로는 나를 도와줄 경제적 여력이 없었지만, 퇴근길에 호박이나 감자 같은 채소를 들고서라도 우리 시집에 종종 들러 시아버님과 술상을 마주하곤 하셨다. 아버지는 얼근히 취하면 늘 "우리 혜선이는 참 인정이 많은 애요." 하며 내 등을 두드려 주곤 하셨다.

결혼 생활을 하면서 배고픔도 알게 되었다. 어렸을 적에는 도시락을 나눠 먹으면서도 정신없이 좋은 것만 먼저 골라 먹는 친구들이 잘 이해되지 않았지만 일주일 내내 찬물에 밥을 말아 젓갈 반찬만 먹자니 평소에 그렇게 좋아하던 젓갈도 나중에는 넘기기조차 싫어졌다. 아무리 잊으려 해도 명절이 오면 어머니가 새벽부터 일어나 준비해 차려

주시던 어린 시절의 '진수성찬'이 생각나곤 했다.

어렸을 때는 어머니를 따라 평양시 중구역 연화 동에 있는 인민군 장령들을 위한 9호 공급소에 들르는 것이 낙이었다. 공급소에 들어서면 수산물 비린내와 된장 냄새가 섞인 특유의 냄새가 나곤 했다. 별로 좋은 냄새는 아니었지만 아주 어려서부터 몸에 익숙한 냄새라 싫지는 않았다. 공급소에 갈 때면 어머니는 손바닥만 한 공급 수첩을 챙겨 가곤 하셨다. 그 수첩에는 1년에 받을 수 있는 식품과 공업품의 상품명과 수량이 적힌 공급표가 들어 있었다. 어머니는 그 수첩을 들고 매점을 돌며 한 장씩 떼어주고 공업품과 식료품을 받곤 했는데 공급받는 수량은 제한되어 있어도 일반 상점과 달리 좋은 식품과 공업품, 가끔 수입품도 저렴한 가격으로 살 수 있었다.

그나마 배급이라도 있어 다행이었다. 남편과 나는 직장인 7급 대상으로 하루 공급량이 700g, 시부모님은 부양가족 대상으로 3급 300g이었다. 그마저 이런저런 명목으로 15% 정도 공제하고 남은 것을 또다시 입쌀과 잡곡 7:3 비율로 나누어 공급받다 보니 늘 입쌀이 그리웠다. 잡곡으로는 옥수수쌀이나 밀, 콩, 감자를 받아오곤 했다. 나는 잡곡밥보다는 옥수수 국수가 더 먹기 좋았다. 배급소에서 잡곡을 종종 국수로 바꿔오곤 했는데 시어머님은 국수로 바꾸면 헤프다며 가능한 잡곡밥을 짓도록 하셨다.

가끔 저녁 늦게 언니네 집에 들러 고기나 채소 같은 식재료를 얻어오기도 했다. 당시 형부가 만경대구역 당 위원회 조직 부부장을 지내던 언니 네는 그나마 여유가 있었다. 식재료가 든 큰 보따리를 욕심스럽게 양손에 들고일어날 때면 언니는 늘 불만을 늘어놓곤 했다. 그렇게 고생하며 가져가도 식구 많은 시집 살림에 네 입에 고기 한 점 들어가지 못할 텐데 뭘 그렇게 힘들게 지고 다니냐며 나무랐다. 사실 언니 말도 맞았다. 당시 우리 시집에는 시부모님과 시동생 내외와 조카, 우리 가족 모두 포함해 여덟 명의 대식구가 살고 있었다. 언니는 투덜거리면서도 집에서 도보로 15분쯤 걸리는 "광복역" 전철까지 그 무거운 짐을 들어다 주곤 했다.

결혼 초기에는 나보다 남편의 고생이 더 많았다. 내가 새벽밥을 지을 때면 남편은 부모님 몰래 먼저 일어나 베란다에서 석유곤로의 불을 살리고 연기를 한참 날린 뒤 부엌에 다시 들여놓곤 했다. 그러면 난로에서 석유 냄새가 덜 났다. 난생처음 하는 다림질이 서툴러 남편의 옷을 몇 벌 태운 적도 있었다. 원망스럽게 쳐다보는 시어머님 앞에서 너스레를 떨곤 하던 남편의 모습이 기억난다. 그나마 어깨너머로 어머니에게서 배워 두었던 요리 실력이 있어 시아버님의 칭찬을 많이 받았다.

시집온 첫날부터 남편의 도시락은 매일 아침 내가 직접 준비했다. 도시락을 매일 내 손으로 챙겨주는 것은 결혼 전 나의 결심이기도 했다. 점심시간에 맛있는 도시락으로 남편의 기를 살려주려고 나름 애를 많이 썼다. 좋은 것이 생기면 아껴두었다 남편의 도시락 반찬으로 이용하곤 했다. 북한에는 '남편과 자식은 내세울수록 빛이 난다'라는 말이 있다. 말끔히 비운 도시락 통에서 맛있게 먹었다고 적힌 직장동료들의 쪽지를 발견할 때면 하루의 고단함이 싹 가시곤 했다.

어느 날엔 헤어드라이어가 고장이 났다. 큰일이었다. 아무리 늦어도 아침마다 헤어 드라이는 필수였다. 새것을 구하자면 외화가 필요했지만, 당시 수중에는 단돈 1달러도 없었다. 갑자기 시집올 때 어머니가 주신 산삼이 생각났다. 산삼을 팔면 드라이어 한 대쯤은 너끈히 살 수 있을 것 같았다. 결국 산삼 한 뿌리를 경흥 외화상점 앞에 나와 있는 개인 장사꾼에게 팔고 받은 50유로로 일본산 도시바 헤어드라이어를 샀다.

집에 퇴근해 온 남편에게 산삼을 팔아서 드라이어를 샀다고 자랑했다. 그의 반응은 예상 밖이었다. 이제 당장 출산하게 되었는데 그 귀한 약재를 드라이어로 바꾸는 게 말이 되냐며 도리어 나에게 화를 내는 것이었다. 결혼 후 처음으로 남편과 벌인 다툼이었다. 나는 이전의 생활을 유지하기 위해 발버둥을 쳤고 남편은 늘 열심히 일해도 아무것도 해줄 수 없는 자신을 안타까워했다. 그날 밤 나는 침대 밑에 이부자리를 따로 폈다. 슬퍼서 잠이 오지 않았다. 남편도 잠이 오지 않는지 슬그머니 일어나 나를 침대로 안아 올리며 "내가 잘못했어." 하고 속삭였다.

그 어려운 시집 살림도 내 옆에 아버지같이 믿음직한 남편이 있어 견딜 만했다. 남편은 항상 열심히 살았다. 누구보다 먼저 사무실에 출근했고 밤이면 가장 늦게 자리에서 일어나 사무실 문을 잠갔다. 나는 늘 어머니나 언니에게, 아니 나 자신에게 묻곤 했다. '그전처럼 다시 잘 살 수 있을까.' 그러면 늘 답은 하나였다. '그런 날이 꼭 올 거야. 남편은 할 수 있어. 저렇게 노력하는 데 꼭 성공할 거야. 아니, 혹시 성공

하지 못하더라도 난 남편을 원망하지 말아야지. 그는 언제나 최선을 다하고 있으니까.'

부족한 엄마

결혼하면서 당연히 자식 둘은 낳아야 한다고 생각했다. 이듬해에 첫 아기를 가졌다. 아마도 그때가 내 삶에서 가장 힘들었던 시기가 아닌가 싶다. 아버지는 전승기념관 1부관장으로 옮겨가시면서 실권을 잃고 뒷전으로 물러나셨다. 이전 부대에는 아버지가 탄탄하게 닦아 놓으신 후방기지가 있었으나 새 부대로 이동하신 뒤엔 식품공급이 끊겨 본가집도 이전의 경제적 여유를 잃게 되었다. 임신 중반기에 접어들면서 갑자기 간이 먹고 싶어졌다. 친정어머니에게 부탁했더니 어머니는 지지리 복도 없다고, 먹을 게 많을 땐 찾지 않다가 없으니 찾는다고 몹시 안타까워하셨다. 어머니는 끝내 소간은 구하지 못하고 대신 오리간을 한 쟁반 볶아주셨다.

시집온 이후 병원 치료를 받기도 어려워졌다. 아버지와 함께 사는 동안에는 남산병원, 장령병원, 군부대 병원을 비롯해 치료받을 수 있는 병원이 여러 곳이 있었지만 결혼한 후에는 내가 갈 수 있는 곳은 동 진료소뿐이었다.[44] 일반 사람들은 동 진료소부터 시작해 구역, 시 병원을 거쳐 의사의 진단이 적힌 파송 증을 발급받아야 중앙 병원 치료를 받을 수 있다는 사실을 그때에야 알았다. 하지만 그 과정이 너무 까다롭고 품이 들어 나는 웬만하면 병원에 가는 것을 포기하곤 했다.

---

44) 간부들과 그 부양가족들에게는 좋은 병원에서 치료받을 수 있는 진료권이 있다.

동 진료소는 해당되는 주소에 따라 누구나 갈 수 있는 대신 약이 없었다. 80년대부터 의료 설비나 약품 같은 국가 공급은 끊겼다. 대신 의사들은 넘쳐났다. 의사의 월급도 보잘 것 없으니 의사 수가 많은 것은 국가에 큰 부담이 되지 않는 듯싶었다. 의사들은 연중 절반은 농장이나 산에서 살았다. 한약을 만들어 부족한 약품을 해결하라는 당의 보건정책에 따라 의사 개인별 약초 채집 계획이 있었던 것이다. 주민들은 동 진료소를 직장에 내는 진단서를 발급받거나 주사를 맞는 곳 정도로 여겼다. 전기가 정상적으로 공급되지 않아 의료 기구 소독은 제대로 진행되지 않았다. 이미 사용했던 일회용 플라스틱 주사기를 제대로 된 소독 공정도 거치지 않고 버젓이 재사용하고 있어 주사를 맞자면 가능한 한 개인 주사기를 가지고 다녀야 했다. 그것도 여력이 있는 사람이나 가능한 일이었다.

그나마 다행스러운 것은 큰 애를 낳던 90년대까지만 해도 평양시에 거주하고 있는 여성들은 첫 아기만은 평양산원에서 낳을 수 있는 특혜가 있었다. 평양시 대동강구역에 위치한 평양산원은 1980년 김정일의 관심 속에 개원한 북한에서 유일한 여성전문병원이다. 생모가 동생을 출산하던 중 사망한 데에 깊은 한을 가지고 있던 김정일은 평양시에 여성들을 위한 현대적인 산원을 건설하도록 했다. 평양산원 정문의 홀 바닥은 수많은 보석으로 화려하게 장식했고 임신, 해산을 위한 산과 외에도 부인과, 내과, 외과, 안과, 구강과 등 전문 치료기관을 갖추게 했다. 오늘도 평양산원은 북한을 방문하는 외국인들에게 북한 보건정책의 우월성을 선동하는 대표적인 참관지로 이용되고 있다.

산원의 문턱은 높았다. 산원은 규정상 평양시에 거주하고 있는 초산부와 지방에서 온 병이 심한 여성들, 세쌍둥이 이상 임산부와 간부 부인이 치료 대상이었다. 하지만 산원의 주요 수혜자는 점차 의사에게 뇌물을 줄 경제력이 있는 환자들로 변해갔다. 국가에서 배급을 주지 않으니 의사들도 먹고살아야 했던 것이다. 나중에는 외부 인원 출입을 제한한다며 정문 경비가 심해졌지만, 의사들은 그들을 정문까지 마중 나와 직접 모셔가곤 했다.

양수가 터져 급히 산원으로 떠나는 날, 시어머니는 힘을 내라며 찰떡을 한 입 크기로 베어 내 입에 넣어 주셨다. 며느리에게 고물도 없는 그 한 점을 먹이시려고 시어머님은 오전 내내 온몸이 물주머니가 되도록 땀을 철철 흘리셨다. 친정어머니는 평양산원 입원실 입구까지 따라와 내 손을 놓아주며 하늘이 노랗게 되어야 아기가 나온다고, 여자라면 누구나 겪는 일이니 너무 겁먹지 말라고 당부하셨다.

갈비뼈 순서가 바뀌는 것 같은 진통이 잠시 사라지고 숨을 돌릴 여유를 찾게 되면 천장을 뚫어져라 바라보았다. 그렇게 반복하며 밤새 진통에 시달리다 새벽녘이 되어서야 아기를 낳았다. 간호사는 아기를 낳은 산모들의 손에 꿀물 한 컵씩 쥐어주며 “이 꿀은 친애하는 지도자 김정일 동지께서 산모들에게 보내주신 사랑의 선물입니다.” 라고 말했다.

아기는 건강했고 나도 산후 회복이 빨랐다. 시어머님은 주인 주 자, 빛날 혁 자를 써 아기의 이름을 《주혁》이라고 지어주셨다. 마침 8.15

광복절을 며칠 앞두고 있어 나는 집에서 가족과 함께 명절을 보내고 싶었다. 산모, 아기 다 건강하니 병원에 더 있어 봐야 무의미하다고 어머니와 병원 측을 설득하고 산후 3일 만에 퇴원했다. 친정어머니는 산모 식사도 챙기랴, 외손자도 돌보랴 손에 물이 마를 새 없이 바쁜 속에서 잔소리만은 잊지 않으셨다. 이가 상하면 평생 고생할 수 있다면서 밀가루 음식도 안 된다, 호박도 안 된다, 찬물도 안 된다, 온통 안 된다는 것뿐이었다. 남편은 잉어 한 마리를 구해왔다. 산모에게 잉어 피를 먹이면 회복이 빠르다는 말을 듣고 새벽에 잉어를 구하러 보통 강가로 나갔던 것이다. 낚시꾼이 가르쳐준 대로 아가미 밑부분을 칼로 베고 피를 받았다. 양은 얼마 되지 않았지만, 잉어가 죽을까 걱정하며 숨이 턱에 닿아 뛰어 들어온 남편의 성의가 고마워 오미자시럽을 조금 섞고 한 번에 쭉 들이켰다.

이틀째 되는 날부터 주혁이가 보채기 시작했다. 처음에는 아기의 낮과 밤이 바뀐 줄로만 알았다. 아기는 계속 울었고 어머니와 나는 기저귀만 자꾸 들췄다. 다섯 자식을 키워내신 어머니도 당황해하시는 것 같았다. 결국 아기가 똥을 누지 못한다는 사실을 알아차렸다. 시간에 맞춰 젖을 먹이는 데 온종일 기저귀는 깨끗했고 소변의 양도 적었다. 어머니와 나는 하루만 더 두고 보기로 했지만 결국 그날 밤 아기를 안고 다시 산원 구급과로 달려갔다. 속을 새까맣게 태우며 기다렸던 의사의 진단은 너무 뜻밖이었다. 변비가 아니라 아기가 온종일 굶었다고 했다. 젖이 나오지 않는 것도 모르고 빈 젖을 물리면서 똥을 누지 못한다고 소동을 피웠던 것이다. 산원에 입원하면서 절차대로 산과에 입원했더라면 다른 산모들이 아기에게 먹일 모유를 어떻게 준비하는지 알았을 텐데 내가 조금 편하자고 대상도 아니었던 진료과[45]를 선택한 것이 후회스러웠다. 사실 그때까지만 해도 나는 아기를 낳으면 누구나 저절로 모유가 나오는 줄 알았다.

주혁이에게 먹일 분유를 구하는 것이 급선무였다. 모유가 부족한 영아들을 위해 동 진료소 확인서를 제출하면 동 식료상점에서 월마다 연유를 몇 킬로씩 공급하는 제도가 있었다. 하지만, 우유에 사탕을 섞어 졸인 연유에는 갓난아기에게 충분한 영양분이 있을 것 같지 않았다. 그렇다고 평양시에 몇 곳 안 되는 외화상점에서 한 통에 수십 달러씩 하는 분유를 사 먹일 형편도 아니었다.

결국 남편은 중국과 소련에서 유학 생활을 하고 있는 후배들에게 부탁해 주혁이의 분유를 해결했다. 소련이나 중국에서는 분유를 저가로 살 수 있었던 것이다. 그 시절 우리 힘으로 해결할 수 있는 일이 별로 없다는 것에 항상 속상했지만, 그렇다고 불만을 가질 수도 없었다. 고립된 사회주의 제도를 수호하기 위해서는 국방력을 강화해야 한다, 탄알을 만들자면 화약이 필요하고 화약을 만들자면 인민 생활과 밀접히 연관된 목화, 설탕, 콩기름이 대량 들어간다, 그러니 나라를 지키려면 오늘은 굶더라도 허리띠를 졸라매야 한다는 것이 언젠가 들은 항간의 설명이었다. 게다가 대부분의 북한 사람들은 우리보다 더 가난한 삶을 살고 있었다. 당국의 요구에 복종하기 싫어하는 내가 늘 문

45) 병원에서 간부들과 그 가족들을 따로 대상으로 하는 부서

제라고 생각했다. 나는 바쁘게 열심히 살아도 가난하기만 한 현실이 늘 불만스러웠다.

주혁이를 살려야 한다

이유식으로 넘어가면서 주혁이는 밥을 잘 먹지 않아 온 가족의 걱정거리가 되었다. 나는 퇴근할 때면 조금씩 모아 둔 외화로 주혁이에게 줄 빵이나 과자 같은 간식거리를 사 오곤 했다. 온종일 엄마를 기다릴 주혁이를 돌봐주지 못한다는 미안함이 컸다. 밥 대신 간식만 먹여도 주혁이에게 필요한 영양분을 충분히 보충할 수 있을 거라 믿었다. 상식이 조금이라도 있었더라면 달콤한 간식보다 영양가가 풍부한 이유식을 더 맛있게 만들어 주려도 노력했을 텐데 나는 너무 부족한 엄마였다.

자꾸 여위어만 가는 주혁이를 안고 병원에도 몇 번 가보았지만 병원 측은 큰 병은 없으니 걱정할 필요가 없다고 나를 안심시켰다. 그들은 주혁이가 세 살쯤 되면 밥살이 통통 오르면서 저절로 잘 자랄 것이니 걱정 말고 조금 기다려보자는 말만 되풀이할 뿐 특별한 진단이나 처방은 내리지 않았다. 시어머니와 논의 끝에 혹시 탁아소에 보내면 다른 애들과 경쟁적으로 밥을 잘 먹지 않을까 하는 바람으로 집에서 도보로 3~4분 거리에 있는 개선 탁아소에 맡겼다. 그래도 주혁이의 상태는 나아지지 않았다.

*

주혁이가 세 살이 되던 어느 일요일, 시집의 먼 친척벌 되는 큰 아버님이 평양에 오셨다가 우리 집에서 며칠 묵어가게 되셨다. 그분은 일제 강점기 때부터 3대째 의사를 해오는, 청진에서는 꽤 알아주는 유능한 의사였다. 옆에 누워 놀고 있는 주혁이를 눈여겨보시던 큰 아버님은 애가 아픈 것 같다면서 꼭 병원 검사를 받아보라고 당부하고 떠나셨다. 그러고 보니 애가 늘 누워서 놀곤 했다.

혹시나 하는 생각에 이젠 힘이 많이 빠져버린 친정아버지를 내세워 무력부 장령병원을 찾아갔다. 장령병원 치료 대상은 아니었지만, 병원 원장도 아버지와의 오랜 인연을 무시하지 못했다. 소아과장 선생님이 주혁이를 진찰했다. 남달리 큰 키에 검은 뿔테안경을 쓰고 삐쩍 마른 50대 중반의 그가 나는 늘 조심스러웠지만 장령 가족들 사이에서는 유능하기로 소문난 의사였다. 그는 여러 검사 결과를 신중하게 분석하고 나서 주혁이가 신장증을 앓고 있으니 당장 입원시키라고 했다.

입원 치료를 시작한 지 일주일이 지나자 주혁이 병세는 급격히 호전되었다. 부종도 가라앉고 소변검사 결과도 다시 정상이 되었다. 스테로이드제의 영향인지 밥도 잘 먹었고 치료를 시작한 지 한 달 만에는 그렇게 바라던 볼살도 올라 이전의 모습을 알아보지 못할 정도로 아예 딴 애가 되어 버렸다. 2개월간 입원 생활을 마치고 퇴원하는 날, 약국에서 처방 약을 기다리고 있는 나에게 지인의 아내인 병원 약제사가 무겁게 입을 열었다. "앞으로 마음을 단단히 먹어야 할 거예요." 이렇게 말 한마디를 던지고 나서 그 이유를 묻는 나에게 더는 설명해 주지 않았다. 답은 네가 찾아보라는 식이었다. 평시 입이 무거운 여자라는 것을 알고 있어 더 물어보지 않고 그대로 돌아섰다. 그 말의 의미를 스스로 깨닫기까지는 그리 긴 시간이 걸리지 않았다.

과장의 지시대로 퇴원 후 한 달이 지날 때쯤 약을 조심스럽게 끊었지만, 주혁이 병은 다시 재발했다. 덜컹 내려앉는 마음을 애써 진정시키며 그제야 의학 서적을 펼쳐 들었다. 우리 주혁이가 앓고 있는 신장증은 나이가 어릴수록 재발률이 높다고 했다. 예후도 좋지 않았다. 장기간의 면역억제제 복용에 따른 부작용은 환자에게 치명적이었다. 약의 복용량을 최소화하고 부작용을 예방하자면 약에 의존하지 말고 병의 재발을 막을 수 있는 체력을 만들어 주어야 했다. 식생활 조절 또한 치료의 관건이었다.

주혁이가 죽고 사는 문제는 결국 나에게 달려 있었다. 어린이 10만 명당 한 명씩 걸린다는 그 드문 병이 왜 하필 우리 주혁이에게 찾아왔을까 생각할수록 억울하고 기가 막혔다. 주혁이를 다시 낳을 수만 있다면 얼마나 좋을까, 애통한 생각은 늘 죄책감으로 이어지곤 했다. 사실 첫사랑과 헤어지면서 그를 아프게 한 죄를 언젠가 받게 될 것이라는 생각은 늘 하고 있었다. 하지만 내가 받아야 할 죗값을 내가 아닌 어린 아들이 받는 것 같아 더 가슴이 아팠다. '하느님[46], 차라리 제가 아프게 해주세요.' 나는 마음속으로 빌고 빌었다. 그러다 나중에는 하느님께서 내가 더 착하게, 더 열심히 사는 모습을 보시면 나로 인한 화를 푸시고 주혁이 병도 낫게 해 주실 거라는 믿음을 갖게 되었다. 이전 애인에게 준 고통에 비하면 나의 고통은 아무것도 아니라고, 언

46) 그 어떤 신적인 힘에 의지하고 싶은 마음이었다.

젠가 그가 나를 용서하고 그의 마음이 편해지는 날이 오면 주혁이의 병도 나아질 것이라고 스스로를 달래곤 했다.

이후 입원 생활이 잦아졌다. 주말이면 남편은 거의 두 시간을 걸어 주혁이와 나를 보러 병원으로 오곤 했다. 지금도 그렇지만 그때도 일요일이면 기름 사정으로 수도의 대중교통은 거의 운영되지 않았다. 병실에 들어서는 남편의 얼굴은 반가움에 웃고 있었지만, 몸과 마음은 늘 지쳐 보였다. 이대로는 더 버티기 어려웠다. 장기전으로 들어가는 주혁의 병 치료에 필요한 약과 좋은 식재료를 사자면 돈이 필요했다. 남편과 내가 받는 월급으로는 아무것도 할 수 없었다. 부모님의 도움을 받는 데도 한계가 있었다.

*

나는 남편에게 외교부를 떠나 무역상사에 입사할 것을 권고했다. 당시 무역부에서 광업부로 소속을 옮긴 조선광업무역회사는 확장된 기구 정원을 채울 인원을 추가 모집하고 있었다. 북한의 아연 수출을 담당한 조선광업무역회사 업무원들의 수입은 다른 무역회사들에 비해 월등하게 좋았다. 무역부에서 일하면서 안면을 익혔던 사장을 찾아가 남편을 받아 달라고 부탁했다. 영어와 중어를 현지인처럼 잘한다는 말을 듣고 나서 그는 가장 필요한 사람이라며 당장 받겠다고 그 자리에서 약속했다. 하지만 남편이 외교부에서 나오는 것이 문제였다. 결국 외교부는 남편의 사직을 허락하지 않았을 뿐 아니라 남편은 며칠 동안 외교부 당 위원회에 불려 다니며 비판서를 쓰느라 고역을 치러야 했다. 당에서 품을 들여 키운 인재이므로 외교부에서 내보낼 수 없다는 것이 이유였다. 대신 외교부 당 위원회는 남편을 외교부 외화벌이 소조[47]에 망라시켰다. 남편은 돈을 벌기 위해 기약 없는 외국 출장길에 올랐다.

매끼 식단을 짜고 매일 치료 일지를 적어 나갔다. 단백질 위주로 영양소를 다양하게 섭취하고 아이의 입맛을 돋우자면 식단에 신경을 많이 써야 했다. 신장증은 약을 끊는 것이 치료였다. 약을 가능한 한 적게 쓰기 위해 재발 시기와 회복 시기의 투입량을 정확히 기록하면서 조금씩 감량을 시도했지만 쉬운 일이 아니었다. 몸에서 느끼지 못할 정도로 약의 감량을 시도할 때면 증상은 꼭 다시 재발하곤 했다.

주혁이에게 약을 먹이는 순간이 가장 힘들었다. 나 자신조차 한 알도 입에 대기 싫은 약을 어린 아기에게 매일 먹이자니 죄스러움에 심장이 졸아드는 것 같았다. 약의 부작용을 최소화하기 위해 약을 대체할 수 있는 민간요법들을 찾아 헤맸다. 옥수수 수염차, 인삼차는 늘 달고 살았다. 자라 피, 매미 허물, 좋다는 민간요법은 다 써보았지만 병은 차도가 없었다.

그러던 중 평양시 서성구역 서산동에 만병통치약을 만들어 내는 용한 한의사가 살고 있다는 소문이 들려왔다. 그러나 북한에서는 개인적인 의료 행위를 엄격히 통제하고 있었다. 일단 단속되면 의사나 환자나 큰 처벌을 면할 수 없지만 나는 며칠 동안 그 유혹을 털어버릴

---

47) 1990년 대 중엽 '고난의 행군'이 시작되면서 국가 배급체계가 허물어졌고 각 성, 중앙기관들은 자체로 공무원들의 식량을 해결해야 했다. 외교부에서는 공무원들의 식량문제를 해결하기 위한 외화벌이 소조를 조직했다.

수 없었다. 친정어머니와 함께 가면 무서움도 덜할 것 같아 어머니에게 부탁했더니 고정하신 어머니도 쾌히 응하셨다. 수소문한 끝에 그 집 주소를 알아냈다. 쪽문을 열고 마당에 들어서니 활짝 열린 방문 사이로 온돌방에 앉아 이미 대기하고 있는 여러 명의 환자들이 보였다.

어머니와 나는 환자가 많다고 거절당할세라 무작정 그들 사이에 끼어 앉았다. 부엌 쪽에서는 탕약을 달이는지 이상한 냄새가 났다. '용한 한의사'는 환자들이 아프다고 하는 부위에 녹은 콜타르 같은 시꺼먼 '약'을 발라 주고 있었다. 우리 차례가 오자 그는 주혁이의 병 증세에 대해 몇 마디 묻고 나서 그들과 똑같은 '약'을 주혁이 허리에 발라 주었다. 치료비로 20달러를 주었더니 일주일 후에 다시 오라고 했다. 남루한 집이었지만 수많은 사람들이 치료받는 것을 눈으로 확인한지라 돌아오는 길은 마냥 즐겁기만 했다.

우리가 탄 차가 골목길을 벗어 나 큰길로 들어서는 순간 웬 사람이 우리 차 앞을 막아섰다. 어머니는 귓속말로 "아까 치료받으러 왔던 사람이다!"하고 속삭였다. 혹시나 하는 서늘한 예감이 드는 순간 어머니와 눈이 마주쳤다. 그는 운전석으로 다가오더니 아버지의 운전기사에게 운전면허증을 내놓으라고 했다. 그는 우리의 추측대로 환자로 가장한 보안원[48]이었다. 면허증을 회수한 그는 운전기사에게 서산동 분주소[49]로 오라고 호통치고 나서 사라졌다. 운전기사는 담배 몇 막대

---

48) 한국의 경찰과 같은 사람을 의미한다.

49) 한국의 파출소와 같은 의미다.

기를 갖다주면 된다고 어머니와 나를 안심시키려 했지만, 아버지에게 피해가 갈 것 같아 마음은 조마조마했다. 같은 결함이라도 간부가 범하게 되면 일반인이 받는 처벌보다 더 가혹했다. 운전기사의 예측대로 그 일은 담배 몇 보루로 무난히 해결되었지만, 그날을 생각하면 지금도 등골이 오싹하다.

*

또 언젠가는 시어머님과 함께 아이를 안고 해주로 떠났다. 해주에 신내림을 받은 유능한 할머니가 한 분 계시는데 못 고치는 병이 없다는 소문을 들었던 것이다. 조건은 할머니가 환자를 직접 봐야 한다는 것이었다. 급하게 떠나다 보니 열차표를 구매하지 못해 열차 안내원에게 뒷돈을 주고 차표 없이 열차의 통신칸에 올랐다. 창문이 없는 어두컴컴한 통신칸 안에는 우리 말고도 많은 사람들이 바닥에 보자기나 신문지를 깔고 앉아 있었다. 그나마 사람들이 잔뜩 몰린 객차에서 사람들 틈새에 끼워가는 것보다는 한참 편했다.

자그마한 방 한 칸에 부엌이 달린 그 할머니의 집은 평범했다. 주혁이를 한참 들여다보더니 며칠 묵어야 한다면서 끼니를 직접 챙겨주셨다. 신내림을 받는 날은 정해져 있다는 것이었다. 체류한 지 삼일 째 되는 날 그 할머니는 이른 새벽 어디론가 나갔다 들어오시더니 토끼똥처럼 생긴 새까만 알약을 지어주셨다. 그러고 나서 평양에 돌아가면 우리 집의 좋은 가구들은 다 없애라고 당부했다. 떠나오면서 그분에게 3백 달러를 드렸다. 평양으로 돌아와 어머니가 시집올 때 주신 가구를 모두 공짜로 처분했다. 그나마 좋은 가구는 친정집에서 가져온 가구들이었던 것이다. 친정어머니에게 그 사실을 말씀드렸더니 어머니는 주혁이의 병만 고칠 수 있다면 무슨 짓을 해도 괜찮다고 안심시켜주셨다. 그 할머니에게 2년 동안 계속해서 치료를 받았지만, 차도가 없어 자연히 발을 끊게 되었다.

*

주혁이의 병을 치료하는 모든 시간은 아이와 함께 나 자신도 성장해가는 순간들이었다. 직장에서 아침 첫 일과는 주혁이의 소변검사로 시작되었다. 북한에는 지금도 리트머스 검사지가 없다. 조회가 끝나면 소변이 든 병을 들고 무역부에서 도보로 20분 떨어진 평양의학대학병원 실험실까지 달려가곤 했다. 나의 하루 컨디션은 오줌 결과에 따라 오르내렸다. 오줌 단백이 너무 많이 나와 무너지는 날도 있었다. 그런 날은 너무 힘들어 돌아오는 길이나 사무실에 혼자 남아 울곤 했다.

남편은 멀리 있어도 언제나 큰 힘이 되어 주었다. 인편이 생길 때면 그는 사랑과 격려가 담긴 편지와 함께 생활비가 든 작은 소포도 보내주었다. 이전에는 여기저기 부탁해서 구해야 했던 약품도 더는 걱정하지 않아도 되었고 온 세상의 맛있는 음식을 다 맛보이려는 듯 갖가지 식품들과 따뜻한 겨울옷들을 직접 골라 보내주었다.

주혁이 때문에 양가 부모님들도 고생을 많이 하셨다. 시부모님은 주혁이 옆에서 온갖 시중을 들어주시느라 고생하셨고 친정아버님은 어쩌다 귀한 약재나 좋은 음식이 생기면 주혁이에게 먼저 보내주셨다. 군의대학 도서관 사서로 일하시던 어머니는 국제 의학 잡지들에 신장증과 관련한 새로운 치료 방법이 소개될 때면 번역해서 한밤중이라도 달려와 알려주곤 하셨다.

아이 때문에 고생이 많다며 직장 선배들과 친구들도 많은 도움을 주었다. 직장에서는 상급 기관의 검열이 예견될 때면 나에게 미리 나와 출근부를 정리하라고 연락을 주었다. 규정상 6개월 이상 휴직을 하게 되면 사직서를 제출해야 했기에 진단서만으로는 한계가 있었던 것이다. 사무실의 한 선배 언니는 남편이 개성에 출장 갔다 가져온 인삼을 주저 없이 절반 나눠주었다. 그들의 격려와 도움이 없었더라면 나는 육아와 직장 생활을 병행하지 못했을 것이다.

아직 뚜렷한 치료방법이 없다는 것이 늘 마음에 걸렸다. 의사들조차 완쾌된 환자를 본 적이 없다는 것이었다. 하지만 포기할 수 없었다. 나는 다른 환자들은 다 나아서 병원에 다시 오지 않는 것이라고 생각하고 싶었다. 아니면 이미 성장해서 소아과에 더는 올 필요가 없는 것이라고 나를 위안했다. 가끔 우리 주혁이가 성인이 될 때까지 살 수 있을까 하는 의구심도 들곤 했지만 곧 머리를 흔들어 털어 버렸다. 결론은 늘 같았다. '주혁이를 무조건 살려야 한다.'

새로운 용기

어릴 적 어머니는 언니와 달리 너는 공짜복은 없는 것 같다고, 하지만 조금만 노력하면 노력 이상의 큰 결과가 있을 것이라고 말씀하신 적이 있었다. 그때 어머니가 얼마나 큰 의미를 담고 하신 말씀인지는 모르지만 나는 힘들거나 이루고 싶은 소원이 생길 때면 항상 어머니의 그 말씀을 떠올리곤 했다.

남편과 외교부에서 함께 일을 시작한 유학 시절 친구들은 어느새 하나, 둘 가족을 데리고 외국으로 나가고 있었다. 남편이 일하는 외교부 유럽국은 텃세가 다른 국보다 더 심했다. 선배들은 이미 오래전부터 4년에 한 번씩 순번을 정해놓고 본인 차례가 오기를 기다리고 있어 새 사람이 그 틈새를 비비고 들어가 흐름을 깬다는 것은 쉬운 일이 아니었다. 하지만 앓는 주혁이를 살리자면 무조건 외국으로 나가야 했다. 은연중 어머니의 말씀이 생각났다. 공짜복은 없으니 외국으로 나가기 위해서는 스스로 무언가를 해야 했다. 남편은 어려서부터 외국 유학을 두 번이나 갔다 왔으니 아무래도 나에게 외국으로 나가는 기운이 부족한 것 같은 생각이 들었다. 내 힘으로 어떻게든 외국에 다녀와야 하느님께서도 내 소원을 들어주실 것만 같았다.

내가 소속된 무역부 산하 무역경제연구소는 외국 출장이 거의 불가능한 부서였다. 무역경제연구소는 국제시장의 주요 상품이나 나라별 수출입 자료, 내각에 건의할 무역 정책안을 작성하거나 국내 무역회사들을 위한 《국제시장 통보》를 발간하는 부서다. 내가 속한 연구소 3실은 중공업 상품을 담당하고 있었다. 세계시장에서 거래되는 중공업 상품의 나라별 생산량과 가격, 수출입 관련 자료들을 요약, 번역해 매주 발행하는 《국제시장 통보》에 싣곤 했다. 《국제시장 통보》에서 발표하는 런던금속거래소의 귀금속 가격표는 북한 무역회사들이 무역계약을 맺을 때 정하는 계약가격의 기준이 되곤 했다. 연구소는 늘 자료부족에 시달렸다. 외화가 없어 외국에서 들여오던 주요 경제신문이나 잡지들은 이미 보급이 끊긴 지 오래되었고 무역부 건물 6층 외딴곳에 위치한 무역경제자료실은 폐기 처분해도 아깝지 않을 고문서들로 가득 차 있었다. 그나마 일본 조총련(재일본조선인총연합회)에서 《만경봉》호 배편을 통해 보내오는 경제 자료들이 분석에 큰 도움이 되었다. 그들은 무상으로 영국의 《파이낸셜 타임스》지와 일본 시장에 대한 자료들을 보내주었고 연구소에서는 담당자가 매주 원산항에 나가 직접 자료들을 받아오곤 했다.

*

그 무렵 무역부 산하 국제전람사에서는 시리아에서 진행하는 국제상품 전람회에 참가할 대표단 파견을 준비하고 있었다. 나는 무역부에 처음 입사한 후 양성생 2년 기간을 국제전람사에서 일한 경험이 있었다. 당시 양성생 기간은 출산과 육아로 흘러갔고 외국 출장의 기회는 한 번도 얻지 못했지만 이번에는 무조건 전람사 대표단으로 외국에 가고 싶었다.

남편에게 도움을 청했다. 남편은 외교부 간부처 친구들을 통해 무역부 간부처 사람들과 자연스러운 식사 자리를 마련했다. 그렇게 어려워만 보이던 사람들과 자연스럽게 구면이 되었고 그들은 식사 자리에서 한 약속을 지켰다. 결국 나는 무역부에 입사한 지 6년 만에 시리아에서 진행하는 국제 상품전람 대표단의 통역원으로 망라되었다. 간부사업[50]은 그럭저럭 무사히 마쳤지만, 출장 여비는 순조롭게 해결되지 않았다. 외국 출장자들의 여비는 소속된 상, 회사에서 부담하도록 규정하고 있었지만 내가 속한 무역경제연구소는 외화를 다루는 부서가 아니었고 국제전람사는 다른 부서 성원의 출장 여비 지출을 거부했다. 결국 무역경제연구소 소장이 무역상에게 제기해 무역부 외화국에서 여비를 보장하는 것으로 해결되었다. 대표단은 여비를 최소한 절약하기 위해 항공편이 아니라 열차 편을 선택했고 전람회 개최 날짜를 맞추기 위해 한 달 먼저 평양을 출발했다.

북한 땅을 벗어나기는 난생처음이었다. 열차가 중국 단둥과 연결된 압록강 철교에 들어서는 순간 나는 온몸에서 족쇄가 풀려나가는 것 같은 희열을 느꼈다. 하늘을 훨훨 나는 것 같은 기분이었다. 그 순간만큼은 나는 북한 사람이 아니라고 생각하고 싶었다. 이 세상 그 어디라도 내 마음대로 갈 수 있는 자유의 몸이라고 생각하고 싶었다. 평생 고대하고 그려보았던 바깥세상은 역동적이었다. 신의주-단둥 철교 밑으로 버스와 화물차, 승용차, 자전거들이 꼬리를 물고 지나갔고 길가

50) 외국으로 파견하기 전 6촌까지 일가 친족들의 신원을 확인하고 본인의 일상과 당 생활, 김일성에 대한 충실성을 확인하는 사업

에 늘어선 상가들 앞 가판에는 물건들이 쌓여 있었다. 텅텅 빈 북한과 달리 단둥은 활기에 넘쳤고 가는 곳마다 먹을 것이 넘쳐났다.

전날 밤부터 쏟아져 내린 장맛비로 단둥에서 선양으로 가는 철도가 끊겨 우리 대표단은 단둥역 열차 안에서 며칠을 보내야 했다. 젊고 잘생긴 러시아 외교관 부부는 돌발 상황에서 갓난아기를 안고 달래며 여기저기 안타깝게 뛰어다녔고 자신을 조총련 일군이라고 소개한 중년의 남자는 대책 없는 중국 정부를 비난했지만, 나는 북한 영내를 벗어난 것만으로도 다행이었다. 일단 영내를 벗어났으니 어떤 이유에서든 대표단을 철수시킬 일은 없었기 때문이었다. 대표단 성원들은 여비를 아끼느라 그 흔한 라면도 거절했다. 대신 평양에서 가지고 떠난 누룽지와 마른 국수, 밑반찬들로 길어지는 여행의 끼니를 해결했다. 다섯 명으로 구성된 대표단 성원 중 여자는 나 하나였다. 나는 '여자의 본분'을 지켜 식사 시간이 되면 사모바르[51]와 화장실을 분주히 오가면서 대표단 성원들의 식사를 준비했다. 몸은 힘들었지만 주변에서 벌어지는 모든 일들이 신기하고 즐거웠다. 열차로 평양에서 출발한 후 베이징, 모스크바, 소피아를 거쳐 다마스커스까지 도착하는 데 거의 한 달이 걸렸다.

*

지금은 내전으로 폐허가 되었지만, 당시 다마스커스 시내는 황홀했

51) Самова́р 러시아에서 전통적으로 물을 끓이는데 쓰는 대형 주전자

다. 시내 곳곳에서 흥에 넘친 시리아 민요가 흘러나왔고 시민들은 가족 단위로 잔디 위에 음식을 펴놓고 둘러앉아 여유를 즐겼다. 다마스커스는 너무나 아름답고 평화로운 도시였다. 시민들은 볕이 따가운 낮 시간에는 집에서 잠을 잤고 오후 시간이 되어 공기가 선선해지면 다시 활기를 띠고 밖으로 나왔다. 늦은 밤까지 노랫소리가 울리고 상인들의 달콤한 유혹과 아이들의 웃음소리가 시내에 차고 넘쳤다.

다마스커스 국제상품 전시장 안에는 북한 숙소가 따로 있었다. 다른 나라 대표단들처럼 번듯한 호텔에서 숙식하는 것은 우리 형편에서 꿈도 꾸지 못할 일이었다. 수십 년 전부터 전통적으로 북한에서 온 전람 대표단이 이용하는 건물이다 보니 말이 숙소이지 창고나 다름없이 낡았고, 곰팡내가 나는 침구류들을 세탁하고 말리는 데 꼬박 이틀이 걸렸다. 식비를 절약하기 위해 대표단 전원은 자취를 요구했다. 대표단 성원들은 조금씩 나오는 식비를 절약해 돌아갈 때 다문 얼마라도 외화를 손에 넣고 싶어 했다. 나는 통역을 하면서 대표단 성원들의 식사도 준비해야 했다.

시리아 상품 전람회에서는 전시품들을 현금을 받고 판매했다. 전시회라고 하지만 상품 판매소나 다름없었다. 주최 측에서는 유독 북한 전시관에만 직매를 허용하고 있었다. 엄밀하게 따지자면 허용이 아니라 북한의 가난한 사정을 잘 알고 있는 시리아 주최 측이 눈을 감아주었다고 말하는 것이 맞을 것이다. 전시회가 끝나자 공작기계 2대를 제외하고 전시품은 거의 다 팔렸다. 현금 액수도 꽤 컸다. 그 많은 외화를 가지고 출발할 때처럼 열차로 돌아간다는 것은 위험한 일이었다.

결국, 대표단은 두 팀으로 갈라져 단장과 부 단장은 현금을 가지고 항공편으로, 나를 포함한 나머지 세 명은 다시 열차 편으로 시리아, 불가리아, 루마니아, 러시아, 중국을 거쳐 지구 반 바퀴를 다시 돌아가야 했다.

나머지 성원들의 책임자는 나였다. 책임자로서의 의무감도 들었으나 사실 대표단 간부들의 통제에서 풀려난 기분이었다. 소피아에서 모스크바로 향하는 열차의 내 옆 칸에는 모스크바 음악대학에서 피아노를 전공하는 불가리아 여학생이 타고 있었다. 나와 나이도 비슷하고 영어도 잘해 곧 친구가 되었다. 단독 행동이 금지된 북한인으로서 외국인과 장시간을 함께 보내는 것은 위험천만한 행동이었지만 그에게서 러시아와 불가리아의 현 정세, 그리고 내가 경험할 수 없는 유학생들의 생활에 대한 이야기를 듣느라 이것저것 따져 보고 싶지 않았다.

갑자기 대표단 성원인 경공업성 젊은 부원이 나를 찾았다. 대표단에 포함된 다른 분이 국경경비대 단속에 걸려 다음 역에서 내려야 한다는 것이었다. 나이 많은 그분은 당뇨병을 앓고 있었다. 그분은 날 잡아갈 테면 잡아가라는 식으로 배포 유했다. 시계를 보니 다음 역에 도착할 때까지 10분 정도 남아 있었다. 그 시간 내에 해결하지 못하면 대표단 전원이 대사관도 없는 허허벌판에 떨어져야 했다. 최악의 비상 사고였다. 정신없이 국경 경비대원들을 찾아가 원인을 물어보니 그의 여권 사진이 실물과 차이난다고 했다. 어떻게 사정을 해보고 싶어도 그들은 영어를 몇 마디밖에 알아듣지 못했다. 이때 불가리아 여학생이 나섰다. 그녀는 자기가 해결해 보겠다면서 그들을 따라 열차 안내원 방으로 들어갔다. 얼마 안 있어 돌아온 그 녀의 손에는 대표단 성원의 여권이 들려 있었다. 대표단 전원이 안도의 숨을 내쉬었다. 정말 고마워 주혁이에게 주려고 시리아에서 샀던 초콜릿 몇 개를 그녀의 손에 쥐여 주었다.

돌아오는 내내 그 여대생을 보내 주신 알지 못할 행운이 고마워 하느님께 감사의 인사를 올렸다. 위기를 모면했다는 안도감과 함께 자신감도 생겼다. 이후에도 행운은 계속되었다. 모스크바 대사관에서는 경리원[52]을 구슬려 두만강으로 돌아가야 하는 대표단의 열차표를 압록강을 통한 빠른 열차표로 바꾸었다. 결국 남은 여행 기간의 일주일이 당겨졌다.

그렇게 시리아를 출발한 지 20여 일 만에 평양에 도착했다. 평양역에 도착하니 꽃다발을 들고 서 있는 남편의 모습이 제일 먼저 눈에 띄었다. 집으로 향하는 차 안에서 나는 자랑스럽게 남편에게 속삭였다. "여보, 나 이젠 이 세상 그 어디라도 혼자 갈 수 있을 것 같아. 나 대견하지?" "그럼."남편은 빙그레 웃었다. 압록강 철교를 넘어 중국 땅 단둥에 들어설 때는 자유의 환희를 느꼈다면 지구 반 바퀴를 돌아 평양에 도착하고 보니 새로운 용기가 생겼다. 이젠 이 세상 지구 끝, 그 어디라도 갈 수 있을 것 같았다.

52) 대사관 회계원

아버지의 불행과 맞바꾼 날개

시리아 출장을 마치고 돌아온 후 5개월 만인 이듬해 1996년 4월, 남편은 덴마크 주재 북한 대사관 3등 서기관으로 발령받았다. 남편이 외교부 유럽국에서 일을 시작한 지 8년, 결혼한 지 꼭 7년 만이었다. 주혁이의 병 치료를 위해 간절히 바라고 바라던 순간이었지만 마냥 기뻐할 수만은 없게 되었다. 얼마 전 친정아버지가 군복을 벗고 지방으로 혁명화를 떠나게 되셨던 것이다.

어느 날 갑자기 중앙당 조직지도부 간부과에서 아버지를 불러 함경남도 덕성군 행정위원회 부위원장으로 발표했다. 말 그대로 날벼락이었다. 북한의 간부사업 내용은 알려고 해서도 안 되고 알려주지도 않는다. 훗날 한국에 와서 알게 된 사실이지만 아버지의 좌천은 청년호텔에서 진행된 러시아 군사대표단과의 면담에서 아버지가 정부와 간부들에 대해 한 안일한 발언이 도청된 결과였다고 한다. 러시아 사람들을 만나면 떠나보낸 딸을 만난 것처럼 반가워하시던 아버지가 아마 그 당시에도 조금 흥분하셨던 것 같다. 상심이 크신 아버지는 며칠 동안 앓아누우셨다. 한평생 김 씨 일가를 위해 충성한 대가는 연로하신 몸으로 자식들과 헤어져 지방에서 여생을 보내는 것이었다.

죄스럽게도 아버지의 불행은 우리 부부에게는 날개가 되었다. 몇 년 전부터 당적으로 장령의 자식을 포함한 간부집 자녀들의 해외 파견을 중지하고 있었다. 원인은 간부 자녀들이 해외에서 적들의 표적이 될 수 있으니 간부들을 보호하는 차원에서 자녀들의 해외 파견을 최소한으로 제한한다는 것이었다. 아버지는 그때까지 실권이 없는 형식상의 별을 달고 있었기에 억울하기도 했지만 어쩔 수 없는 일이었다. 혹시 예외가 있다면 별도로 김정일의 '친필 승인'을 받아야 했다. 결국 아버지의 좌천은 몇 년 동안 중지되어 있던 남편의 해외 파견에 날개를 달아주었다. 다른 사람들과 달리 아버지가 덕성군 경영 위원회 부위원장이라는 직급을 가지고 내려간 것도 천운이었다. 비록 형식상의 직급이긴 하지만 아버지가 아무런 직급도 없이 지방으로 추방되셨더라면 아버지가 받은 죄의 크기를 확인할 수 없어 자칫 우리 가족의 해외 파견에도 빨간불이 켜졌을 것이었다. 그 자그마한 차이가 우리 가족을 위기에서 구원해 주었다. 일주일의 시간 차이로 아버지는 함경북도 덕성군으로, 나는 남편 그리고 주혁이와 함께 덴마크 코펜하겐으로 출발했다.

*

덴마크 주재 북한 대사관은 코펜하겐 항구에서 차로 10분 거리에 있는 부지가 넓고 아름다운 건물이었다. 이전의 이라크 대사관저를 넘겨받아 내부도 튼실했다. 특히 테러 방지에 적합하게 지운 건물이었다. 울타리를 높게 쌓아 대사관 바깥과 내부를 철저히 차단했고 커다란 자동문을 설치해 외부 출입을 엄격히 통제했다. 1층 행사장 창문은 방탄유리로 되어 있었다. 하지만 오랫동안 건물 보수를 정상적으로 진행하지 않아 내부는 낡고 곳곳에 수리가 필요한 상태였다. 우리에게 배당된 집은 대사관 세대 수가 늘어나면서 대사관 건물 외벽을 확장해 지은 집이었다. 집이라고 하지만 북한에서 출장 나온 노동자들이 대충 올린 건물이라 여름에는 곰팡이가 끼고 겨울에는 냉기가 심했다. 그래도 별도의 문이 있어 대사관 건물 출입문을 통하지 않고 드나들 수 있는, 그나마 독립적이라는 장점이 있었다.

덴마크에 도착한 첫 주말 우리는 대사관에서 가장 가까운 병원에 주혁이를 등록했다. 대사관 선배들은 주말이나 혹은 주중이라도 늦은 밤 응급으로 병원에 가게 되면 외교관도 무료로 치료를 받을 수 있다고 귀띔해 주었다. 그들의 충고대로 주말에 주혁이를 데리고 병원에 가보니 병원 측은 정말 치료비를 요구하지 않았다. 게다가 병원의 모든 치료조건은 상상이상으로 훌륭했다. 주혁이의 병에 대한 종합적이고 정기적인 검진이 진행되었고 주혁이는 유능한 교수들의 진료를 받을 수 있게 되었다.

덴마크에서 치료 방법은 평양 의사들과 달랐다. 평양 의사들은 치료에서 환자의 안정을 가장 중시했다. 환자가 걸어 다니는 것조차 엄금했다. 그러다 보니 주혁이는 여섯 살이 될 때까지 제대로 걸어 본 적이 별로 없었다. 항상 할머니나 엄마, 아빠의 등에 업혀 다녔고 실내에서는 늘 누워 있었다. 사지가 멀쩡한 주혁이는 가만히 누워 안정을 취하는 것을 죽도록 싫어했다. 훗날 잘못을 저질러 엄마에게 욕을 먹을 때면 어린 시절 하도 안정을 하느라 누워만 있어 몸 대신 머리만 굴려 잔꾀만 늘었다고 우스갯소리를 하곤 했다. 하지만 덴마크 의사들은 육체의 병보다 마음의 병을 더 우려했다. 오히려 정상인들과 똑같은 생활을 지향할 것을 요구했다. 다만 주스나 소시지, 캔류와 같은 방부제가 많이 든 식품은 절대 금하고 단백질이 충분히 든 식단을 추천했다. 의사의 충고대로 주혁이는 치료를 받으면서 국제 학교에 입학했고 주말이면 남편과 함께 수영장에 다니면서 활기를 되찾았다. 의사의 말대로 운동량을 늘여도 큰 무리는 없었다.

비록 치료비는 나가지 않아도 한 달 치 약 값으로 남편의 한 달 월급이 거의 다 들어갔다. 남편과 나는 돈 한 푼 없이 평양으로 돌아가는 한이 있더라도 주혁이의 병만은 무조건 고쳐주자고 약속했다. 남편은 주혁이 약 값을 마련하기 위해 다른 사람들보다 몇 배 더 열심히 일감을 찾았다. 다행스럽게도 덴마크에는 외교관들을 위한 면세 혜택이 잘 되어 있었다. 외교관들은 면세 상점에서 현지인들보다 저렴한 가격으로 생활필수품들을 구매할 수 있었고 웬만한 식품은 면세로 저렴하게 구입한 술이나 담배를 주고 교환했다.

대사관 생활은 생각보다 여유롭고 즐거웠다. 토요일이면 생활총화[53]를 끝내고 남녀노소 모두 모여 탁구 경기와 배구 경기를 진행한 후 바비큐 파티를 즐겼다. 주부 경력이 수십 년인 대사 부인과 참사 부인은 음식 솜씨도 좋았고 일손도 빨랐다. 코펜하겐의 유명한 도매상가인 '인코'에서 통 오리 대여섯 마리를 사 오면 어느새 뚝딱 뼈를 발라내고 오리 불고기를 완성했다. 더 큰 인기를 끈 것은 감자녹말 국수였다. 대사관에는 이전 세대들이 쓰다 남기고 간 국수분틀이 있었다.

---

53) 소속된 당이나 기관, 근로 단체 조직에서 매주 업무나 조직생활, 사 생활 정형을 검토하고 자기 반성을 하거나 상호 비판하는 모임을 말한다.

9:1 혹은 8:2의 비율로 밀가루와 감자 전분을 섞어 금방 뽑은 녹말 국수는 쫄깃쫄깃한 게 씹히는 맛이 일품이었다. 시원한 육수에 오이채와 양념장을 올려 먹으면 다른 고명이나 찬이 없어도 별미였다.

*

어느 날, 대사는 평양에서 온 지시라면서 나에게 대사관 변신 사업을 맡겼다. 원칙적으로 대사관 변신은 비밀 보장을 위해 대사 부인이 담당하는 직종이었지만 며칠 전 그녀의 눈이 충혈되어 의사로부터 안정할 것을 권고받은 상태여서 누가 넘겨받을지 다들 긴장하고 있었다. 비당원이었던 내가 맡게 된 것은 뜻밖의 일이었으나 당의 믿음이라 생각하고 군말 없이 맡았다. 평양과의 교신은 오전, 오후 하루에 2회씩 진행되었다. 통신문을 받으면 즉시 암호를 해독해 통신문의 내용을 대사에게 보고하는 것이 변신원의 임무였다. 지금은 통신문 암호를 변신용 컴퓨터로 순간에 해독하고 출력만 하면 되지만 그때만 해도 대사관 변신은 모두 수작업으로 진행했다.

김일성이 항일 빨치산시절 유격대원들 사이에 진행했다는 암호문 작성 방식이 북한 암호통신의 기초라고 한다. 수자로 받은 통신문은 난수표의 수자와 결합해 뒤집기를 진행한 후 암호표와 대조해 해석하곤 했다. 특수전보는 더 많은 집중력과 시간을 요하는 고강도 작업이었다. 약속된 임의의 도서에서 페이지와 문단을 찾아 글자 수를 양쪽에서부터 세어 들어가면서 모음과 자음을 맞추는 한차례의 공정을 더 거쳐야 했다. 월초, 월 말에는 통신문이 하루에 몇 십 건씩 내려와 온종일 통신실 밖을 나오지 못하는 날도 있었다.

목요일 오후 2시 교신 시간이 끝나면 여자들은 함께 모여 시장에 나가곤 했다. 재정적 여유가 없어 생필품이나 옷가지는 거의 다 중고 상점에서 구입했다. 나이 많은 분들은 귀신같이 '명품'들을 잘 골라냈다. 신상은 아니지만 정가가 몇 배는 되였을 좋은 상품들이 많았다. 여자들은 점점 중고품에 중독되어 갔다. 남자들은 싸다, 명품이다, 온갖 구실을 갖다 붙이면서 정신없이 '고물'들을 사들이는 아내들 때문에 골머리를 앓았다. 그도 그럴 것이 중고품 구입에 나가는 돈이 한 달 월급을 훌쩍 넘기는 집들이 많았다. 나의 경우에도 주혁이 학비와 약 값을 대느라 식품 구입으로 만족해야 했지만 그래도 가끔은 남편 앞에서 저렴하게 구입한 중고 옷을 이것저것 입어 보는 즐거움이 있었다.

내가 외국에서 아이들을 편하게 키우고 있을 때 덴마크 공영 TV, 방송들에서는 북한의 끔찍한 아사와 기근에 대한 뉴스가 광범위하게 소개되고 있었다. 어느 하루도 북한 뉴스가 나오지 않는 날이 없었다. 이전에는 상상도 할 수 없는 일이었다. 상황이 얼마나 힘들면 이전에는 그렇게 감추고 싶어 하던 북한 내부 실상도 공개할까 싶어 하루하루가 걱정스러웠다. 대표부에 내려오는 지시도 이전의 방향과 완전히 달라졌다. 이전에는 대사관 업무의 중심이 김일성과 김정일의 위대성과 업적, 북한 사회주의의 제도의 우월성에 대한 선전이었다면 이번에는 공화국이 겪고 있는 어려운 실상을 가능한 한 많이 보여주어 국제 사회로부터 더 많은 협조와 지원을 받아내라고 요구했다.

월급이 밀려도 불평 한마디 없이 열심히 살았다. 그 힘든 시기에 외국에 나와 배를 곯지 않고 아이를 키우고 있다는 사실 하나만으로도 얼마나 다행스럽고 고마운 일인가를 대표부 사람들은 누구나 온몸으로 실감하고 있었다. 북한에서 굶주려 죽어가는 사람들을 생각하면 몇 날, 몇 밤을 새워도 힘들다고 말할 수 없었다.

평양으로부터 어수선한 내부 소식도 연속 들려왔다. 하룻밤 자고 나면 어느 시에서 몇 천 명이 굶어 죽었다, 너무 배가 고팠던 엄마가 순간에 정신이 혼미해져 어린 아들을 잡아먹었다, 애들이 사라졌다가 피를 다 뽑히고 나타났다는 등 온갖 믿기 어려운 소문들이 나돌더니 황장엽 비서가 남한으로 망명했다는 소식이 들려왔다. 처음에는 믿지 않았다. 나중에 화면을 통해 "대한민국 만세!"를 외치는 그의 모습을 보고 나서야 그의 망명이 사실임을 믿게 되었다. 그러다 공화국이 망할지도 모른다는 생각이 들었다. 북한이 무너지면 나의 삶은 어떨까 하는 생각이 잠시 스쳐 갔지만 이내 털어버렸다. 생각하고 싶지 않았다.

금동이

주혁이의 병 치료가 어느 정도 안정단계에 들어서자 우리 부부에게는 덴마크의 좋은 환경에서 둘째를 낳고 싶은 욕심이 생겼다. 북한 외교관들에게는 외국에 파견될 때 자식을 한 명밖에 데리고 가지 못하는 규정이 있었다. 아이가 더 늘면 주혁이를 외국에 데리고 나가 병 치료를 받게 하고 싶은 우리의 꿈이 무산될 수 있어 그동안 둘째를 임신하는 것을 피해왔었다. 외국에서 아이를 낳는 것은 대사관 규정상 어긋나는 일이었지만 우리 집 사정을 잘 알고 있는 대사는 상부에 보고하지 않겠으니 조용히 둘째를 낳으라고 승인했다.

승인은 받았으나 막달이 되어가도록 병원 진찰 한번 받아보지 못했다. 주혁이 약 값도 버거운 상황에서 임신 진료비까지 부담하기가 어려웠던 것이다. 무상치료 제도라고 하지만 북한 외교관들은 치료비와 약 값을 자부담해야 했고 혹시 큰 병에 걸리면 북한으로 돌아가 치료를 받아야 했다. 하지만 북한의 열악한 치료 상황을 잘 알고 있는 외교관들은 병원 치료를 미루더라도 외화 월급을 받을 수 있는 해외 생활을 선택하곤 했다. 그나마 잔병 없이 살아온 나의 건강한 체질과 두 번째 출산이라는 점이 나에게는 큰 위안이 되었다.

설상가상으로 막달이 접어들자 남편에게 평양 출장 지시가 떨어졌다. 출발을 앞두고 출산 등록을 위해 남편과 나는 입원비가 저렴한 곳을 찾아 코펜하겐 시내 여러 병원을 돌아보았다. 눈치가 보여 대사에게는 다른 구실을 대고 빠져나오다 보니 시간도 넉넉하지 않았다. 아이 낳는 문제로 가능한 한 대사에게 불편을 주고 싶지 않았다. 하지만 어느 병원도 체계적인 검진을 받지 않은 임신부를 받으려 하지 않았고 결국 입원비는 좀 비싸더라도 대사관에서 가까운 겐쵸프트 병원으로 되돌아와 출산 등록을 마쳤다. 외교관 가족이라서 검진을 체계적으로 받지 못했다고 우기자 병원 측은 순순히 넘어가 주었다. 대사관이 병원의 해당 관할 지역에 있다는 점도 그들이 외면할 수 없는 요인으로 작용했다.

남편이 평양 일정을 소화하고 돌아오도록 출산 기미는 보이지 않았다. 예정일을 열흘이나 훌쩍 넘긴 주말 아침, 대사관 사람들은 햄릿 궁전을 참관하러 가게 되었다. 불안했지만 혼자 있으면 더 적적할 것 같아 나도 그들을 따라나섰다. 돌아오는 길에는 동갈치를 잡으러 근처 강가로 갔다. 동갈치가 코펜하겐을 지나가는 시기였다. 미끼 없이 낚싯대를 던지기만 해도 팔뚝만 한 동갈치가 물려 올라왔다. 집집마다 몇 마대씩 포획했고 개선장군처럼 사기 승천해서 돌아왔다. 뼈까지 새파란 물고기는 처음 보았다. 동갈치는 기름기가 적당하고 비린내도 나지 않아 꽤 먹을 만했다. 더구나 공짜였다. 한 마대나 되는 동갈치의 내장을 다 손질하고 먹기 좋게 소분해 냉동 보관까지 끝내고 나니 그제야 허리가 뻐근해 왔다.

*

다음날 새벽부터 피가 보이기 시작했다. 피의 양이 점점 많아져 나중에는 핏덩이인지 살덩이인지 분간하기 어려울 정도로 펑펑 쏟아졌고 화장실 바닥은 온통 붉은색으로 물들었다. 더럭 겁이 났다. 그래도 조금만 더 참으면 진통이 올 것 같았다. 진통이 온 상태에서 응급으로 병원에 가게 되면 몇 천 달러는 절약할 수 있었다. 남편이 깨어나 놀랄까 걱정스러워 떨어지는 핏덩이를 샤워기로 계속 씻어 내리면서 첫애를 낳을 때 느꼈던 진통이 오기만을 조용히 기다렸다. 하지만 날이 밝도록 진통은 끝내 오지 않았다. 잠이 깬 남편은 피투성이 된 나와 화장실을 발견하고 정신없이 나를 차에 싣고 병원으로 향했다. 금발머리를 기다랗게 땋아 허리까지 드리운 나이 지긋한 여의사가 급히 달려 나왔다. 그녀는 나의 상태를 체크하고 나서 곧바로 수술 준비를 지시했다. 잔뜩 겁에 질렸던 나와 남편은 수술실에 모인 열한 명의 의사들을 보고는 안도했다. 나중에 알았지만, 전치태반으로 탯줄이 먼저 떨어져 자칫 생명이 위험할 뻔 했다고 한다.

그날 정오에 둘째를 낳았다. 예정일 보다 너무 늦게 태어나서인지 아기는 건강하고 중량도 많이 나갔다. 머리카락은 새까맣고 숱도 많았다. 남편은 출산하는 내내 수술대 옆에서 나를 지켰다. 훗날 들은 말이지만 그날 고생하는 나를 보면서 앞으로 아내를 절대 고생시키지 않으리라 결심했다고 한다. 남편은 금과 같이 귀한 아들을 얻었다며 수술대 옆에서 바로 《금혁》이라고 이름을 지었다. 금발머리의 담당 여의사는 덴마크에선 일요일에 태어난 아이는 특별히 운이 좋다는 말이 전해온다며 금혁이의 출생을 진심으로 축하해 주었다.

다음날 주혁이는 아버지와 함께 파란 꽃다발을 들고 면회하러 왔다. 입원실 출입문 바로 옆에 의자를 놓고 멀찌감치 낯선 동생을 바라보는 주혁이를 보고 있노라니 갑자기 눈물이 핑 돌았다. 주혁이 병도 아직 고치지 못했는데 동생에게 사랑을 나눠줘야 한다고 생각하니 미안하고 측은한 생각이 들어 주혁이를 옆으로 불러 꼭 안고 마음속으로 다짐했다. '어떻게 해서든 네 병을 꼭 고쳐 줄게.' 이상하게도 그렇게 걱정했던 입원비 청구서는 오지 않았다. 아마 응급으로 병원에 들어가면서 무료로 처리된 것 같다.

첫째를 낳았을 때처럼 이번에도 모유가 나오지 않았다. 주혁이가 앓는 원인이 모유를 먹이지 못한 때문이라는 죄책감에 늘 시달려왔던 우리 부부는 이번에는 무조건 모유를 먹이려고 갖은 노력을 다했다. 남편은 돼지 족발을 삶는가 하면 덴마크에서 젖을 내는데 특효가 있다는 아메 티를 사 오기도 하고 젖 펌프기를 구해오는 등 온갖 시도를 다 해보았지만, 별 효력이 없었다. 그래도 의사의 권유대로 가능한 20분은 먼저 엄마의 젖을 물린 후 분유를 먹이는 것을 규칙화했다.

남편은 대사관 어머니들을 고생시킨다면서 일절 음식을 받지 않겠다고 선포했다. 걱정하는 대사관 부인들에게 유학생 출신이어서 음식을 잘한다고 호언장담하더니 요리에 대해서는 아무것도 모르는 아예 초짜였다. 친정어머니가 첫애를 낳았을 때 만들어 주셨던 닭고기 미역국을 해보겠다고 하더니 간장을 들이부어 닭고기마저 새까만 미역국을 만들었다. 그래도 그의 성의가 고마워 미역국을 맛있게 먹는 척했다. 식사를 마치고 설거지하는 남편을 보고 있노라면 얼마나 굼뜬지 내가 일어나 순간에 해치우고 싶은 생각이 불쑥불쑥 들곤 했지만 나를 안심시키려고 흥에 겨운 척 노래를 부르는 그의 뒷모습이 나를 눌러 앉히곤 했다. 남편은 하루 일을 마치고 돌아와 금혁이 목욕을 시킬라, 밥을 지을라, 밀린 세탁을 할라, 쉴 새 없이 움직이다 저녁 식사가 끝나고 나면 다시 사무실로 올라가 밀린 일을 처리한 후 새벽녘에야 돌아오곤 했다. 우리는 무럭무럭 잘 자라는 금혁이를 어느 순간부터 금동이라고 부르게 되었다.

*

병원에서 퇴원한지 보름이 지나 사회복지사가 금혁이의 출생증을 들고 대사관으로 찾아왔다. 금혁을 보러 왔다는 것이었다. 사연인즉 덴마크에는 갓난아기를 6개월 될 때까지 집마다 찾아다니며 건강검진을 하는 복지제도가 있었다. 정부에서는 생후 2개월까지는 주에 한 번, 3개월부터는 보름에 한 번씩 아기를 찾아와 발육상태와 성장환경, 애로사항들을 해결해 주는 복지 서비스를 제공하고 있었다. 하지만 대사관 공관에서 사는 우리 가족에게는 그 좋은 복지제도마저 부담이 되었다. 처음에는 가정집에 외국인을 들여놓을 수 없어 대사관 면담실에서 아기를 검진하게 했지만, 시간이 지나면서 다른 사람들의 눈치가 보였다. 대사관 면담실을 사적 공간으로 이용할 수 없어 한 달 만에 거절하고 말았다.

나는 덴마크에서 아이들을 키우면서 가끔 땅 위에 천국이 있다면 이곳이 아닐까 하는 생각을 자주 하곤 했다. 소박한 옷차림과 꾸밈없는 언행에서 덴마크인 특유의 성실함과 친절함이 느껴졌다. 덴마크 사람들이 늘 부러웠고 그들 못지않게 성실하고 착하게 사는 북한 사람들은 왜 이렇게 힘든 삶을 살고 있는지 안타까웠다. 외교관 월급이라고 해도 덴마크 사람들의 최저생활비에도 한참 미치지 못했다. 무상치료, 무료교육이라고 하지만 외교관들은 학비와 치료비를 스스로 부담하느라 등골이 휠 정도였다. 출산비용을 아끼려다 목숨까지 잃을 뻔했지만, 북한에서 고생하는 사람들과 비교하면 우리는 행운아였다. 그리고 그 행운을 감사해하면서, 그 행운을 지키기 위해서 아등바등 살았다.

조선노동당원이 되다

1997년, 재정 사정이 더 어려워지면서 외교부에서 대사관 철수 문제가 논의되기 시작했다. 덴마크 주재 대사관 성원들은 하루하루 불안에 떨었다. 12월 엄동설한에 기아로 허덕이는 북한으로 들어가자니 생각만 해도 끔찍했다. 대사는 어떻게 해서든 덴마크 대사관을 유지하려고 평양에 매일 같이 전화를 했지만 결국 덴마크 주재 대사관도 유지비를 더 보장할 수 없다는 이유로 북유럽의 노르웨이, 핀란드 대사관과 함께 철수한다는 지시가 내려왔다.

그 소용돌이 속에서 다행히 남편은 스웨덴 주재 대사관 1등 서기관으로 다시 발령받았다. 앓고 있는 큰 애와 갓 낳은 둘째를 데리고 북한에 돌아가자니 눈앞이 막막했는데 정말 다행이었다. 대사는 파리 주재 대표부 대표로 발령받았다. 기타 성원들의 귀국 날짜는 12월 말로 정해졌고 기한 전에 평양에 무조건 도착해야 한다는 지시가 내려왔다. 참사와 무전수 가족들은 어떻게든 설 명절이라도 현지에서 쇠고 출발하려 했지만 끝내 외교부 승인을 받지 못해 베이징에서 설날을 맞고 말았다. 이듬해 초 대사 부부는 프랑스 주재 대표부로, 우리는 스웨덴 주재 대사관으로 이동했다.

남편은 기아에 시달리고 있는 북한 사람들을 위해 한 톨의 쌀이라도 더 협조를 받아 내야 한다는 심정으로 덴마크 정부 협조 기관들과 비정부 기관들을 발이 닳도록 찾아다녔다. 그러던 어느 날 덴마크의 한

협조단체로부터 3천 톤의 치즈를 북한에 무상으로 기증하겠다는 약속을 받아냈다. 하지만 그 기쁨은 오래가지 못했다. 치즈를 받아내는 만큼이나 힘든 것이 평양으로의 운송비를 마련하는 일이었다. 남편은 거의 반년간 노력하여 치즈 협조를 실현했고 그 공로로 김정일의 표창을 받게 되었다. 치즈를 싣고 평양에 간 남편은 자신에게 주는 표창은 사양하겠으니 옆에서 고생을 많이 한 아내를 조선노동당에 입당시켰으면 하는 바람을 외무성 당 위원회에 제기했다. 외교관 부인들은 남편을 따라 해외 생활을 하다 보면 입당의 기회를 놓치기 십상이었다. 평양에 돌아가 다시 사회생활을 시작하자면 이미 입당 적령기를 놓쳐 젊은 당원들에게 밀리면서 사회생활조차 접어야 하는 경우가 다반사였다.

남편의 요청은 수락되었다. 나의 입당을 승인한다는 김정일의 '친필지시'가 떨어졌다. 대사 앞으로 수일 내에 입당 심의 절차를 거쳐 상급 당에 심의 결과를 보고하라는 친전[54]이 내려왔다. 대사는 긴급 당세포[55] 회의를 소집하고 심의 절차를 진행했다. 함께 생활하던 대사관 성원들은 자기 일처럼 기뻐하며 축하해 주었다. 조선노동당에 입당하기 위해 기울인 노력과 방법은 각기 다르지만, 그 과정이 얼마나 어렵고 힘든가를 모르는 북한 사람은 아마 없을 것이다. 남편의 고생으로 나는 그 고된 과정 없이 쉽게 당원이 될 수 있었다. 북한 외교사에 재

---

54) 대사 앞으로 내려오는 비공개 전보

55) 당의 최하위 말단 기층조직을 유기체의 세포에 견주어 이르는 말이다. 보통 당원수가 5명부터 30명까지 있는 단위에 조직한다.

외 생활을 하면서 외교관 부인이 입당한 사례는 드물었다. 더욱이 남편의 공로로 입당하는 여자는 전무후무한 일이어서 외교관 부인들 사이에서는 우리 부부 이야기가 전설처럼 전해지게 되었다.

*

이에 겸해 나는 대사관 '보조 서기관'이라는 외교관직을 맡게 되었다. 기본 업무는 대사관 공보 발간과 대표부 통신이었다. 애를 키우면서 외교관 사업을 하기가 그리 쉬운 일은 아니었지만 나는 외부와의 접촉이 더욱 자유로워진 기회를 이용하기로 결심했다. 서기관은 자료 작업을 위해 주재국 도서관에 마음대로 드나들 수 있었고 인터넷도 특별한 승인 없이 접근할 수 있었다. 나는 일이 끝나면 남은 시간에는 주혁이의 병에 관한 세계적 의학 연구 성과나 치료 경험에 대한 자료를 검색하곤 했다. 걱정했던 바와 달리 식단 조절과 생활환경 관리로 성숙기에 들어서면서 병을 완치한 사례들이 꽤 있었다.

보름에 한 번씩 병원을 갈 때면 나는 주혁이의 치료 일지와 함께 치료 과정에서 알고 싶었던 문제들, 원하는 치료 계획을 사전에 서면으로 작성해 가곤 했다. 그때마다 교수님은 주혁이의 치료방법을 함께 고민했고 병이 꼭 나을 거라고 힘을 주곤 했다. 덴마크와 달리 스웨덴에서는 진료비를 사전에 내야만 진료를 받을 수 있었다. 진료비와 약값은 남편의 한 달 월급보다 더 나갔다. 북한 대사관 규정에는 부부가 둘 다 외교관이라고 해도 부부 모두에게 월급을 주는 것이 아니라 그중 더 많이 받는 한 명에게만 월급을 지급하도록 되어 있다. 나는 외교관이 되었어도 무보수 노동을 해야 했다.

보름에 한 번씩 거금을 들여 약을 사는 내가 안쓰러웠는지 어느 날 동네 약국 주인은 나에게 약을 무료로 살 수 있는 카드를 만들어 주었다. 나는 무슨 영문인지 몰랐지만, 덥석 받았다. 나중에 알고 보니 현지 주민에게만 허용되는 약 구매용 무료 카드였다. 스웨덴에는 약 값으로 일정 금액 한도를 초과 지출하는 경우 이후 1년간 구매하는 약을 무상으로 제공하는 복지혜택이 있었다. 나처럼 일 년 내내 고가 약을 정가로 구매하는 사람은 없는 것 같았다. 약국 주인은 나 같은 사람을 보지 못했는지 아니면 외국인에게는 그러한 혜택이 해당하지 않는다는 것을 잘 몰랐는지 나에게도 무료 카드를 건네준 것이었다. 지금도 그 영문은 잘 모르겠다. 좀 더 구체적으로 물어보고 싶어도 회수할 것 같아 다시 물어보지 않았다. 가는 곳마다 행운이 나를 따라다니는 것만 같았다. 덴마크에서는 병원에 응급으로 들어가면서 진료비를 절약했다면 스웨덴에서는 그 약사가 만들어 준 무료 카드로 약 값을 절약할 수 있었다. 그저 하느님이 보내주신 또 하나의 선물로 생각하기로 했다. 그럴 때면 찾아온 행운에 또다시 감사해하고 더 열심히 살겠다고 마음을 다지곤 했다.

*

스웨덴에 온 후 남편은 주혁이를 강하게 키워야 한다며 대사관과 가까운 아이스하키 클럽에 가입시켰다. 매일 통학하는 것도 힘에 부칠텐데 눈이 펑펑 쏟아지는 추운 날 학교에서 돌아온 주혁이를 다시 한지로 떠밀어 보내는 남편이 야속했지만, 아이는 더 강해졌고 병 재발도 뜸해졌다.

스웨덴 대사관에서 일하는 동안 금혁이는 더 건강해졌다. 가장 걱정거리였던 금혁이의 말문이 트였다. 덴마크 대사관에서 내가 변신을 맡았던 시절에는 금혁이는 대부분 시간을 집에서 혼자 보내야 했다. 처음에는 아직 영아인 금혁이를 방에 혼자 두고 나올 수 없어 변신실 한구석에 유아 가방을 놓고 함께 지내려 했으나 대사는 변신실에 아이를 데리고 나오는 것을 반대했다. 할 수 없이 빈집에서 금혁이가 기어 나올 수 없도록 네 면을 높다란 봉으로 막은 침대를 샀다. 금혁이는 대부분 시간을 그 침대 안에서 혼자 보냈다. 그러다 보니 스웨덴 대표부에 도착해 두 살이 되어 오도록 금혁이가 겨우 할 수 있는 말은 "까까"였다. 변신 일을 마치고 방에 들어서면서 금혁이에게 달려가 "꼭 안아줄까?"라고 묻곤 했는데 금혁이에게는 "까까"로 들렸던 것 같다. 금혁이는 침대 안에서 벌떡 일어나 안아달라고 "까까, 까까"하고 소리치며 두 발을 동동 구르곤 했다. 다행히 스톡홀름 주재 북한 대사관에는 금혁이와 동갑인 현정이라는 서기관의 딸이 있었다. 북한에서 탁아소 생활을 하다 와서 그런지 스톡홀름에 도착한 지 얼마 되지 않은 현정이는 말을 잘했다. 이상하게도 현정이와 놀기 시작하면서 금혁이의 말문은 활짝 트였지만 현정이는 점점 어눌해져 갔다.

2000년 여름, 덴마크와 스웨덴에서의 재외 생활을 마치고 북한으로 돌아갈 시간이 다가왔다. 평양을 떠난 후 4년 반의 세월이 흐르는 동안 나에게는 너무나 많은 변화가 있었다. 둘째 금혁이가 태어나 대사관의 귀염둥이로 건강하게 잘 자라고 있었고 주혁이 병도 차도가 있어 안정기에 들어갔다. 주혁이가 매일 먹어야 하던 약 용량이 절반으로 줄었다. 가장 큰 발전은 스톡홀름에 도착한 이후 신장증에 관한 연구 자료를 많이 읽어 웬만하면 주혁이의 약 용량을 마음대로 조절할 수 있는 자신감이 생긴 것이었다. 스톡홀름을 떠나기에 앞서 의사 선생님에게 부탁하여 북한에 돌아가 쓸 수 있는 약품도 대량 확보했다. 그만한 양이면 4~5년 후 다시 외국에 나올 때까지 충분할 것이었다. 밤낮없이 일한 결과 파견되어 나올 때는 빈손이었지만 들어갈 때는 어느 정도 외화도 손에 쥐게 되었다. 그동안 차려놓고 살던 살림살이 도구들도 전부 해상 화물로 해서 평양으로 부쳤다. 그 정도면 누가 보기에도 재외 생활을 최우등생으로 졸업하고 돌아가는 셈이었다. 게다가 외교관으로 승진했고 조선노동당에도 입당했다. 그야말로 승전고를 울리며 우리 가족은 평양으로 돌아갔다.

평양의 변화

2000년 7월, 우리 가족은 덴마크와 스웨덴에서 해외 생활을 마치고 평양에 도착했다. 4년 반이라는 기간 동안 평양은 너무나 많은 변화를 겪었다. '고난의 행군'으로 거의 모든 가정이 상처를 입은 것 같았다. 우리 집에도 깊은 흔적을 남겼다. 시아버님은 그동안 깊은 골병을 만나 거동을 제대로 하지 못하고 계셨다. 친정아버지는 덕성에서 혁명화를 마치고 평양으로 다시 올라오기는 하셨으나 군복을 벗고 집에서 고독한 나날을 보내고 계셨다. 해외에서 매달 월급을 받으면 부모님들과 형제들 몫으로 떼어 내여 건사했다가 평양으로 인편이 생길 때마다 보내주곤 했는데 그들은 그 돈이 있어 '고난의 행군'의 가장 힘든 시기를 무난히 넘길 수 있었다고 입을 모아 고마워했다. 벌써 세 살이 된 금혁이를 본 부모님들은 하늘에서 보배덩이가 뚝 떨어진 것 같다면서 기뻐 어쩔 줄 몰라 하셨다.

남편은 원래 일하던 외무성 유럽국 과장으로 배치받았다. 주혁이는 1년간의 소학교 과정을 마치고 평양외국어학원 영어과에 입학했다. 코펜하겐 국제 학교에서 영어를 배운 것이 주혁이의 학원생활에 큰 도움이 되었다. 주혁이는 학급에서 분단위원장으로 선거되었고[56] 학급 친구들과도 곧 친해졌다. 금방 대학을 졸업한 젊은 담임선생님

56) 소년단 간부는 담임 교원의 추천과 거수 선거를 통해 선출한다.

은 주혁이를 무척 귀여워했다. 그는 앓는 주혁이가 걱정스러워 시도 때도 없이 학원으로 찾아가는 시어머니와도 곧 허물없는 사이가 되었다.

*

'고난의 행군'을 겪고 난 후 시장화가 확산되면서 북한 사람들은 너도나도 장사를 하며 살아가고 있었다. 생존경쟁이 치열해지면서 부익부, 빈익빈도 심해졌다. 평양 시내 곳곳에서 이전에는 볼 수 없었던 방랑자들과 짐꾼들을 쉽게 볼 수 있었다. 가정부라는 자본주의사회에서나 있을 법한 직업도 생겼다. 북한 당국은 사회주의 사회를 고수하느라 몸부림쳤지만, 사람들은 사회주의와 점점 멀어져 가고 있었고 이전의 '동지애'나 '집단주의'는 교과서나 강연에서 가끔 상기시켜줄 뿐 더는 한 알의 사탕, 한 장의 종이도 공짜가 없었다.

중산층들은 변화하는 현실에서 살아남기 위한 방도로 자식들의 교육을 택했다. 평양은 실력 중시 사회로 변했다. 시장의 변화를 보면서 많은 사람들은 머지않아 실력만 있으면 잘 사는 세상이 올 것이라고 믿게 되었고 그때를 대비해 자녀들의 교육에 공을 들였다. 학생들의 선호 과목도 이전의 당 일군 엘리트 코스인 사회학 과목으로부터 의사나 교사, 엔지니어, 전공 등 생활과 더 밀착된 이과 계통 과목으로 바뀌었다. 나도 뭔가 해야 한다는 조급증에 사로잡히게 되었다.

나는 평양에 도착한 지 얼마 지나지 않아 외국에서 편하게 자란 아이들에게 경쟁심을 심어주기 위해 네살 된 금혁이를 주 탁아소인 《김정숙 탁아소》에 보냈다. 부모를 떠나 제 또래 아이들과 생활하게 되면 북한의 엄혹한 현실에 더 잘 적응할 것이라는 믿음에서였다. 큰 애도 건강이 좋지 않은 데 작은 애까지 품에서 떼어놓다 보니 일주일 내내 걱정스러워 아무 일에도 집중할 수 없었다. 참다못해 어떤 날은 직장에서 퇴근길에 탁아소에 들려 창밖에서 금혁이를 몰래 훔쳐보다가 밤늦게 귀가하곤 했다.

토요일 오후, 아이를 찾으러 가는 시간은 주중에 제일 즐거운 시간이었다. 주말에는 아이에게 그동안 해주지 못했던 음식들을 한꺼번에 만들어주었다. 아이는 굶주렸던 애 마냥 정신없이 먹었고 소화를 시키지 못해 주말 내내 설사했다. 다음날 월요일 아침이 오면 마음을 모질게 먹고 설사하는 금혁이를 다시 탁아소에 보냈다. 일주일이 지나 다시 토요일이 되면 금혁이의 설사는 멈췄지만 주말 내내 그동안 먹지 못했던 음식을 찾아 정신없이 먹었다. 그러고 나면 설사는 다시 시작되었다. 문제는 탁아소와 집에서 주는 음식의 차이에 있었다. 탁아소에서 일주일 내내 저지방, 저단백 음식을 먹다가 주말에는 집에서 기름진 고단백 음식을 먹다 보니 소화시키지 못해 배탈이 나곤 했던 것이었다. 시간이 지나면 나아질 것이라고 기대했지만 오히려 금혁이가 큰 병에 걸릴 것 같아 끝내 석 달 만에 유치원을 퇴소하고 말았다.

그다음에는 아이들에게 재간이라도 먼저 익혀주고 싶어 피아노 개인 수업을 받게 했다. 피아노 교사는 퇴직하기 전까지 평양음악무용대학에서 피아노 교원을 하시던 분이었다. 그는 이제 막 시작하는 아이들을 가르치기에는 아까운 분이었으나 먹고살기 위해 가리지 않고 학생들을 맡았다. 한 시간 수강비는 3달러였던 것 같다. 옆집에서 평양-일본 합작품인 'PACO'피아노를 1,500 달러를 주고 구매했다. 주혁이는 병으로 앓다 보니 금혁이를 좀 더 엄격하게 키웠다.

*

금혁이는 이듬해 평양에서 영재교육 유치원인 경상유치원에 입학했다. 그때만 해도 경상유치원 입학 경쟁률은 지금처럼 치열하지 않았다. 유치원에서 교원과 아이들은 1:1 교육을 진행했다. 연주 기법뿐 아니라 청음과 시창도 가르쳤다. 집에서 유치원은 도보로 25분 거리에 있었다. 아침마다 재롱떠는 금혁이의 손을 잡고 출근길에 오르는 것이 우리 부부의 일과 중 가장 행복한 시간이었다. 유치원에서 10분 더 걸으면 외교부가 보였고 거기서 5분 더 걸으면 무역부가 나타났다. 금혁이는 유치원 공부가 끝나면 다시 개인교사의 집에서 엄마가 퇴근할 시간을 기다리며 피아노 개인 지도를 받았다. 애들이 힘들어하는 것을 보면서도 실력만 있으면 아이들의 세상은 더 좋아질 것이라며 위안했다. 2년 후 유치원 졸업연주회에서 금혁이는 피아노 독주곡 《통일 열차 달린다》를 훌륭하게 연주했다.

나는 외국에 나가기 전에 일했던 무역성 지방무역지도국 (조선광명무역회사) 대외사업처 지도원으로 다시 배치받았다. 5년 전 함께 일했던 사람들은 대부분 그대로 일하고 있었으나 회사의 사업체계와 제도는 많이 변해 있었다. 특히 시장화 바람으로 국가기관의 분권화가 진행되면서 무역성의 위상과 기능이 약해졌다. 무역성 산하 대부분 상, 회사들은 생산 성, 위원회 산하로 들어가거나 독립회사로 분리되어

나갔다. 무역성의 역할은 내각과 무역 상, 회사들 사이에서 무역 계획과 무역 실적을 숫자상으로만 전달하거나 무역 정책안을 작성해 내각에 보고하는 곳으로 축소되었고 실권을 잃은 무역성 공무원들은 식량도 제대로 공급받지 못하고 있었다. 내가 일하는 지방무역지도국 경우만 봐도 산하기관으로 두고 있던 각 도, 시, 군 무역관리국이나 무역회사들이 전부 독립되어 도, 시, 군 산하로 들어갔고 그들은 더는 상급기관이었던 지방무역지도국에 의존하지 않고 자체로 수출입 업무를 진행했다.

*

국가 기구의 분권화와 함께 개인 도급제도가 시행되었다. 이전에는 볼 수 없었던 새로운 개인별 실적 총화 제도도 생겨났다. 즉, 이전에는 업무원이 받은 월급은 사업 실적과 관계없이 누구나 같았지만, 이번에는 실적에 따라 개인별 월급을 정했다. 계획을 넘쳐 수행하면 월급이 많아졌고 성과가 적으면 그만큼 월급도 줄어들었다. 월급이 아무리 높아도 시장 환율로 미화 5, 6달러 수준에서 오르내렸지만 실적 없는 사람들은 일자리를 잃을 수 있었다.

당시 회사에 벌어들여야 할 업무원별 한 달 과제는 1인당 미화로 3천 달러였다. 국장은 조회시간에 계획을 수행하지 못한 업무원들을 차례로 일으켜 세우고 입금할 수 있는 날짜를 당장 밝히라고 달달 볶았다. 실적 없는 사람은 자리를 내놓으라고 으름장을 놓았다. 퇴사하면 그들은 국가로부터 부여받은 공식 무역활동 자격과 권한을 잃게 된다. 업무원들에게 돈을 벌어오라고 하면서도 그들의 사업 조건이나 환경을 개선하기 위한 논의는 전혀 진행되지 않았다. 자력갱생[57]의 혁명정신만이 유일한 대안이었다. 국가적 차원의 방치는 업무원들을 협잡꾼으로 몰아갔다. 업무원들은 이미 자신의 한 쪽 발은 유치장에 가 있다며 한탄하곤 했다.

*

어느 날, 지방무역지도국 농토산처에서 책임부원으로 일하던 대학 선배로부터 대표단 통역을 제안받은 적이 있었다. 사무실에만 앉아 있기 답답했던 터라 나는 바로 동의했다. 계획대로 일주일 후 대표단이 평양에 도착했다. 중국 후베이성에서 가죽 장사를 하는 이탈리아계 젊은 상인이었다. 그 상인은 북한의 토끼털을 독점적으로 수입할 목적으로 평양을 방문했지만, 당시 우리 회사에는 토끼털을 취급할 와크[58]가 없었다. 이전에는 우리 회사 전용 취급 품목이었지만 도, 시 무역관리국들이 독립하면서 그들에게로 넘어갔다. 아무런 조건도 보장해 주지 않으면서 업무원들에게 무턱대고 외화벌이 계획을 강요하다 보니 그는 거짓말로 상인을 유혹했다. 선배는 농민시장에 나가 토끼털을 최고급 견본으로 몇 개 산 후 상인과 수출 계약을 맺고 선급금으로 미화 2만 달러를 받아 내는 데 성공했다. 문제는 그다음이었다. 와크가 없어 물량을 확보할 수 없었던 선배는 나중에는 애타게 출

57) 당에서 돕지 않더라도 내부 자원과 무궁무진한 창의성을 발휘하여 당의 정책을 스스로의 힘으로 무조건 관철할 것을 요구하는 북한 식 사업정신

58) 당국으로부터 받는 품목 별 수출입 계획 허가

하를 기다리는 상인을 피해 국제전화[59]도 받지 않았다. 상인에게서 받았던 선급금은 이미 지도국의 외화 처를 통해 국고로 들어간 지 오래된 상태였다. 이후 그는 다른 부서로 조동되어 가면서 이탈리아 상인과의 계약은 잊혀졌다. 떼먹은 선불금에 대해서는 누구도 책임을 묻거나 관심을 가지지 않았다. 국가 돈을 떼먹으면 엄한 처벌을 받았지만 외국인의 돈은 그냥 사냥감이었다. 사기를 당한 그 상인의 국제전화 호출은 수개월이 지나자 더는 울리지 않았다.

59) 국제통신증명서를 발급받은 제한된 사람들만 국제통신국의 중계를 통해 국제전화를 할 수 있다.

재발

만단의 준비를 갖추고 북한에 귀국했지만, 평양에 도착한 후 얼마 지나지 않아 주혁이 병은 재발했다. 오랫동안 외국에서 병 치료를 받다 보니 정작 어느 병원에 가야 할지 한동안 갈피를 잡지 못했다. 외국에 나가기 전에는 의술이 제일 발전했다는 평양의학대학 소아 비뇨기과에 전적으로 의지했었지만, 거기선 프레드니솔론을 쓰는 방법 외에는 다른 치료방법이 없었다.

신장증의 치료에서 가장 중요한 것은 면역억제제의 장기적 사용으로 인한 부작용을 피하는 것이다. 주혁이의 경우 덴마크서 받은 첫 치료는 북한에서 장기적으로 복용했던 프레드니솔론의 부작용을 없애는 것이었다. 종합적인 검사를 통해 프레드니솔론의 부작용을 확인한 후 새로운 면역억제제인 프로그라프 치료를 시작했다. 스웨덴에서는 프로그라프의 부작용을 없애기 위해 산디문이라는 면역억제제 치료를 진행했다.

수소문한 끝에 북한 비뇨기과에서 명성이 자자한 《김만유 병원》의 교수님을 찾아갔다. 교수님은 신장병 분야에서는 권위자라고 할 만큼 치료 경험도 많았고 그가 발표한 신장병 관련 의학서적들도 꽤 되었다. 희끗희끗한 머리와 침착한 말투에서 그의 열정과 지성이 느껴졌다. 그가 요구하는 대로 검사 과정을 다 마친 후 교수님과 치료 방향을 토의하기 위해 마주 앉았다. 하지만 예상 밖으로 교수님의 치료 방법도 여전히 프레드니솔론에 의지하는 것 외에 특별한 것이 없었다. 심지어 덴마크와 스웨덴에서 썼던 면역억제제 계통의 신약들에 대해서는 이름조차 모르고 있었다. 그는 북한에서 제일 유능한 교수님이었지만 프레드니솔론 치료 외에 다른 치료 경험이 없었다. 그제야 북한 보건 분야의 현 실태를 깨달았다. 북한은 장기적인 폐쇄정책과 경제난으로 의학 분야에서도 수십 년간 국제 교류가 전혀 진행되지 않고 있었다. 의학 수준은 이전 소련이나 중국에서 들여오던 낡은 서적이나 해방 전 의사들의 경험에 머물러 있었다. 간혹 신간 의학 잡지에 새로운 치료방법이 소개된다고 해도 약을 구할 수 없는 의사들에게는 그림의 떡이었다. 오히려 그는 주혁이가 외국에서 경험한 치료방법과 신약에 대해 호기심을 갖고 물어보았다. 교수님은 집에서 식생활 관리를 잘하면서 외래 치료를 받을 것을 권고했다.

설상가상으로 스웨덴에서 가져온 산디문은 효과가 없었다. 아무리 용량을 높여도 요 단백은 멈추지 않았다. 그러던 중 의학대학 의사로부터 오랫동안 신장증을 앓다 완치된 아이가 있다는 소식을 듣게 되었다. 하루라도 빨리 그 치료법을 알고 싶어 막무가내로 퇴근길에 그의 집을 찾아갔다. 그 아이의 어머니도 앓는 아이로 고생을 많이 해서 그런지 나를 성심성의로 대해주었다. 그는 겨울철 노루 가죽을 우려 먹인 것이 효과를 본 것 같다고 했다. 한 여름철이라 노루 가죽을 얻는 것이 쉽지 않았지만 무작정 농민시장에 나가 가죽을 거래하는 장사꾼들을 만나보았다. 결국 우리 집에서 그리 멀지 않은 노루 장사꾼의 집주소를 알아낸 후 지난해 겨울에 장만했다는 싱싱한 노루 가죽을 안고 사기 등등해 집으로 돌아왔다.

노루 가죽만 먹이면 당장 우리 주혁이 병을 고칠 수 있을 것 같은 심정이었다. 그 애 어머니의 설명에 의하면 노루 가죽은 신장증 환자에게 절실한 단백 보충에 즉효라고 했다. 노루가죽을 손질하는 일은 만만치 않았다. 털이 어찌나 촘촘한지 쉽게 뽑히지도 않았지만 아무리 뽑아도 뽑은 자리가 나지 않았다. 시누이에게 도움을 청했다. 시누이와 함께 손톱이 다 나가도록 빼곡한 털을 날이 새도록 뽑았다. 그다음 날 아침부터 온종일 가죽을 낮은 불에 고아서 식히니 젤리가 되었다. 먹기 좋은 크기로 잘라 사탕 알처럼 알알이 포장한 다음 냉동고에 얼렸다가 아침, 점심, 저녁으로 한 알씩 먹였다.

주혁이는 처음엔 메스껍다면서 먹으려 하지 않았다. 하지만 나도 쉽게 물러서지 않았다. 그 약에 모든 희망을 걸고 있었다. 욕하기도 하고 어르기도 하고 빌기도 하면서 겨우 설득해 매일 아침 학교로 가는 주혁이의 손에 한 알씩 집어주었다. 어느 날, 복도를 청소하다 창문 밑 발코니에 널려 있는 '약'들을 발견했다. 분명 그렇게 정성 들여 만든 노루 가죽 젤리였다. 주혁이는 '약'을 먹기 싫어 학교 가는 길에 엄마가 보지 않는 곳에 버렸던 것이다. 물론 그 일로 주혁이는 혼쭐이 났다. 훗날 그렇게 역겨운 맛이 나는 '약'은 처음이었다고 주혁이는 고백했다.

*

워낙 덴마크와 스웨덴에서 선구적인 치료를 받았던지라 평양에서의 치료조건에 대해 걱정을 하긴 했었지만 정작 평양에 와보니 환경이 상상 밖으로 열악했다. 북한의 약국들에서는 외화만 있으면 의사의 처방전 없이 그 어떤 약도 구매가 가능했다. 하지만 정작 병원에는 약이 없어 제대로 된 치료를 받을 수 없었다. 주혁이의 치료와 관련한 모든 것들을 자체적으로 해결해야 했다. 장기적인 요 단백으로 혈청 단백 지수가 내려가면 혈관의 삼투압을 유지하기 위해 알부민 주사를 투입했다. 다행히 큰 병원 수술실 간호사가 같은 아파트에서 살고 있어 수고비를 주면 언제라도 도움을 받을 수 있었다. 지금 생각해 보면 그렇게 무모한 행동들에 의료사고가 발생하지 않은 것이 이상하기도 하다.

무상치료 제도라고 하지만 한 걸음 한 걸음이 돈이었다. 의사들은 월급은커녕 배급도 제대로 받지 못해 환자들로부터 공공연히 치료비를 요구했다. 그렇다고 누구나 치료비를 낼 수 있는 재력이 있는 것도 아니어서 북한 사람들은 외모를 중시했다. 옷을 잘 입을수록 좋은 서비스를 받을 수 있기 때문이었다. 의사들은 외모를 보고 환자의 돈주머니 깊이를 가늠했고 돈이 있는 환자들은 간절한 정도에 따라 치료비를 정했다. 첫 진찰비는 보통 10달러 정도에서 시작했다. 의사들은 가끔 치료비로 돈 대신 담배를 받기도 했다. 평양에서 의술이 좋기로 소문난 평양의학대학의 정문은 늘 담배 장사꾼들로 붐볐다. 의사들은 환자에게서 받은 담배를 현금으로 바꾸기 위해 다시 병원 앞 장사꾼들에게로 들고나갔고 환자들은 그 담배를 다시 사서 의사에게 주다 보니 병원 앞 담배는 의사와 환자들 사이에서 돌고 돌았다.

3부

자유를 알게 되다

130 런던 주재 북한 대사관

137 자본주의 복지제도

144 한인 타운 뉴몰든

148 소환장

152 자유주의적 유럽 여행

161 아버지의 마지막 '선물'

런던 주재 북한 대사관

영국에서 외교관 생활을 하는 것은 우리 가족의 오래된 꿈이었다. 남편은 베이징외국어대학을 졸업한 후 1988년 외무성에 처음 배치받은 날부터 유럽국 영국 담당자로 일을 시작했고 2000년 스웨덴에서 돌아온 이후에는 유럽국 영국 담당 과장으로 2001년 영국과의 국교 수립에 참여했다. 그해 새로 구입한 런던 주재 대사관 건물을 보수하기 위해 석 달 동안 런던에 출장을 다녀온 이후, 영국에 대한 남편의 집념은 더 강해졌다. 어려서부터 고생하고 있는 큰 애의 병을 고치자면 무조건 영국으로 가야 한다는 것이었다. 영국에서는 주재국 외교관들도 무상치료제의 혜택을 받고 있으니 영국에만 가면 덴마크와 스웨덴에서처럼 큰 애의 치료비와 약 값을 마련하느라 고생하지 않아도 병원 치료를 무료로 받을 수 있다고 했다.

북한은 외교관들에게 의료비와 자녀들의 교육비를 부담해 주지 않는다. 대사관 예산에 그런 항목 자체가 없다. 한국 사람들은 그러다가 해외에서 갑자기 병에 걸리면 어쩌느냐고 물어보지만 그래서 북한에서는 외교관을 해외에 파견하기 전에 신체검사라는 것을 진행하며 병에 걸릴 확률이 있는 사람은 원천적으로 해외 파견에서 배제한다.

남편은 영국 주재 북한 대사관에 보충 인원 파견을 요구하는 문건을 상부에 제기했고 보름 만에 김정일의 '친필 문건'이 내려왔다. 북한의 모든 사업은 김정일의 승인을 받아야 진행할 수 있다. '친필 문건'은 북한의 어떤 법보다도 최상위 효력을 가지며 북한인에게는 무조건 집행해야 할 의무가 있다. '친필 문건'에 따라 남편의 영국 주재 북한 대사관 파견 사업은 초고속으로 진행되었다.

*

드디어 2004년 5월 초, 남편은 영국으로 발령받았다. 고통도 가끔은 선물이 되는 것 같다. 우리 가족도 두 아들을 데리고 외국에 나간다는 것은 쉬운 일이 아니었지만 세살 적부터 지병으로 고생하고 있는 큰 애를 봐온 지인들은 너도나도 나서서 도와주었다. 특히 유럽국 김춘국[60] 국장이 많은 도움을 주었다. 결국 큰아들은 환자로, 작은 아들은 아직 어리다는 이유로 두 아이의 출국 수속을 마치는 데 성공했다.

남편은 온 가족이 함께 외국에 갈 기회가 이번이 마지막이 될 수 있다면서 이전 덴마크로 출발할 때와 마찬가지로 평양에서 런던까지 열차 여행을 고집했다. 사실 남편은 외국으로 파견되거나 소환되는 노정을 매번 가족과 함께하는 마지막 여행이라고 생각하곤 했다. 가장 저렴한 길을 선택해야 하는 북한 외교가의 규정에 따라 항공운임보다 저렴한 열차 편을 이용하면 여행 기간은 더 걸릴지라도 누구도 뭐라 할 것 같지 않았다. 남편은 대사관에 도착하면 다음날의 여행지를 인터넷으로 검색해 출력한 후 미리 숙지하고 가이드 역할을 맡았다. 주혁이와 금혁이는 새로운 세상을 구경하느라 흥이 나서 아버지를 따라

60) 이후 이태리 북한대사로 파견되었다 현지에서 간암으로 사망하였음.

다녔다.

마지막 체류지는 파리였다. 런던으로 떠나기 마지막 날, 우리 가족은 마지막 세일로 붐비는 샹젤리제 거리를 돌아보았다. 나에게 샹젤리제 거리 쇼핑은 책에서나 그려보았던 꿈같은 것이었다. 나는 옷 가게, 화장품 가게, 보석 가게, 정신없이 돌아쳤지만 남편과 아이들은 시큰둥히 따라다녔다.

점심시간이 다가오자 금혁이는 화장실을 찾았다. 다행히 멀지 않은 곳에서 코인 화장실을 발견했다. 화장실을 돈 내고 이용하기가 썩 내키지 않았지만 급한 상황이라 어쩔 수 없었다. 1유로 코인을 구멍에 넣고 남편이 먼저 금혁이와 함께 화장실로 들어갔다. 조금 후 "샤" 하고 물 내리는 소리가 나더니 문이 활짝 열렸다. 순간 내 눈을 의심했다. 남편이 바지를 내린 채 변기 위에 앉아있었던 것이다. 화장실은 인도로 한가운데 있어 자칫 행인들의 눈에 뜨일 수 있었다. 황급히 주위를 둘러보았다. 다행히 아무도 없었다. 순간적으로 주혁이와 나는 두 팔, 두 다리를 다 뻗쳐 남편 앞을 가렸다. 남편은 기겁해서 "문 닫아!" 하고 소리쳤지만 문은 끔쩍도 하지 않았다. 아니, 수감 부분이 고장 난 것 같기도 했다. 남편은 계속 앉아 있기도 그렇고 일어서기도 뭣해 꼼짝달싹 못하고 있었다. 혹시나 하는 생각에 1유로를 다시 넣어보았다. 그러자 철문은 철컥, 요란한 소리를 내며 다시 닫혔다. 그제야 깨달았다. 화장실은 1유로를 내고 금혁이와 둘이서 사용하려던 남편의 잔꾀를 알아차린 것이었다. 다시 안도하며 주혁이와 나는 참았던 웃음을 터뜨렸다. 자본주의 사회는 화장실마저 똑똑했다. 우리 가족이 처음으로 체험한 자본주의 맛이기도 했다.

우리 가족은 국제열차로 평양을 출발하여 베이징, 모스크바, 바르사와, 베를린, 파리에 도착할 때까지 보통 2박 3일씩 해당 지역의 북한 대사관에 체류하면서 가장 재미있고 경제적인 방법으로 유럽을 관광했다. 20여 일 만에 런던 빅토리아 역에 도착하던 날, 역전에 마중 나온 이용호[61] 대사와 리시홍 공사, 서기관들은 뭘 그렇게 오래 오는가 하고 한마디씩 하면서도 잘한 결정이라고 입을 모아 부러워했다.

*

영국대사관에는 대사를 포함한 외교관 세 가족이 1년 전부터 근무하고 있었다. 대사관 건물은 다락 층까지 3층으로 된 런던 특유의 독립가옥이었다. 주민 지역에 공관을 내오면서 주민들의 민원이 구청에 빗발쳤다. 구청에서는 영국 외무부에 어떻게 하면 좋을지 조언을 구했지만, 평양에 이미 대사관을 개설한 영국 정부로서는 가능한 한 런던 어느 곳이든 북한 대사관이 상주하기를 바라는 마음이었다. 결국 대사관 공관 명칭을 대사 저택 겸 대사관 사무실 (Residence of the Ambassador and Office of the Embassy of DPRK)로 하는 데 타협안이 이루어졌고 대사 저택을 기본 용도로 하면서 9제곱 미터 정도 공간만 대사관 업무용 사무실로 정했다. 사실 영국과 북한 사이의 눈 감고 아웅 하는 식의 타결안이었다.

남편은 1년 전 대사관 개설 대표단으로 런던에 도착한 후 대사관의

---

61) 훗날 북한 외무상

모든 공간을 가능한 한 다 이용할 수 있도록 증축공사를 진행했으나 우리 가족까지 들어갈 공간은 더는 없었다. 대사는 우리가 도착하기 일주일 전 상부의 승인을 받고 대사관에서 도보로 5분 거리에 있는 아담한 셋집을 마련해 놓았다.

다음날, 영국대사관 가족들은 우리 가족을 환영하는 집체식사를 마련했다. 목탄에 잘 저민 소고기를 구워 상추쌈에 싸 먹으면서 비행기가 수시로 지나가는 런던의 하늘을 바라보니 감개무량했다. 대사관 건물 뒷마당에는 새파란 잔디가 자라는 넓은 정원이 펼쳐졌고 그 너머로는 물탱크가 있는 자그마한 사우나실과 차고가 달려있었다. 밖에서 안을 들여다볼 수 없도록 높이 쌓은 대사관 돌담 너머에는 고풍스러운 독립가옥들이 즐비하게 늘어서 있었다. 어릴 적 책에서 그려보던 런던의 풍경 그대로였다.

대사 부인과 공사 부인은 나와 같은 평양외국어학원과 평양외국어대학을 졸업한 동문이었다. 대사 부인은 무남독녀 외동딸로 귀하게 자란 때문인지 남달리 성격이 밝고 쾌활했다. 인물도 훤했다. 외국어대학 스페인어과에서 공부하다 졸업반 때 이용호 대사를 만나 졸업하기 바쁘게 짐바브웨 서기관 부인으로 해외에서 신혼살림을 차려 많은 여학생 후배들의 선망의 대상이 되기도 했다. 공사 부인은 김일성의 고모 손녀로 김정일과 육촌뻘 되는 '댁 친척'[62]이었다. 외국어대학 영어과 3년 선배로 대학시절부터 이미 잘 아는 사이였다. 대사관 여성들

62) 김일성의 일가, 친척을 뜻 함.

은 나이가 서로 엇비슷해 상대하기 편했고 하나같은 미인들이었다.

*

나는 늘 어딜 가나 인복이 많다고 입버릇처럼 외우곤 한다. 이전 덴마크와 스웨덴에서 생활할 때도 대사관 성원들과 가족처럼 지냈었다. 덴마크 대사관에서는 둘째 아들을 낳아 키우느라 가장 힘든 시간을 보냈지만, 그때도 가족 같은 대사관 이웃들이 있어 즐겁게 생활할 수 있었다. 겉으로는 엄해 보였지만 정이 많았던 이태균 대사와 대사 부인 진향이 할머니, 남편에게 맏형 같았던 최동세 참사와 남달리 착한 참사 부인, 나중에 중앙당 국제부 부부장까지 승진했던 젠틀맨 박근광 1등 서기관과 깔끔한 부인 철진이 엄마, 낙천적인 허헌철 무전수와 듬직한 여성작업반 반장이었던 은하 엄마, 대사관의 맏언니 광숙이와 꼬맹이들인 철진이, 진향이, 현하, 선국이 … 스웨덴에서도 손무신 대사와 부인 태오 엄마, 내 입당 보증인이었던 최춘영 참사와 부인 성혁 엄마, 전덕찬 참사와 부인 명일 엄마, 이동섭 서기관과 현아 엄마, 김용국 양성생, 한 명 한 명 모든 분이 우리 가족에게는 잊지 못할 은인들이었다.

영국대사관에서 함께 지내던 외교관 부인들의 가장 큰 장점을 하나 꼽으라면 상대에 대한 존중이었다. 그들은 남의 일에 절대 간섭하지 않았다. 그동안 내가 변했는지 이전의 대사관 생활은 서로 가족처럼 허물없이 지내는 사이여서 좋았다면 영국대사관에서는 여성들이 지나친 간섭을 실례로 여길 줄 아는 숙녀들이어서 좋았다. 조회를 마치고 대사관 청소가 끝나면 서로 작별 인사를 하고는 뿔뿔이 자기 집으로 흩어졌다. 집이라기보다 방이라고 해야 정확할 것이다. 북한은 대사관 안에서 모든 가족이 단체로 함께 생활한다. 쉽게 말하면 업무공간과 개인집 사이에 공간 구분이 모호했다. 대사도 침실에서 나오면 바로 사무실이고 공사도 집 부엌에서 나오면 바로 사무실이었다.

일단 방으로 들어가면 나오지 않아 한 빌딩 안에서 살면서도 온종일 얼굴 보기가 어려웠다. 그들은 대사관 밖에서 자유롭게 사는 우리 가족을 늘 부러워했다. 업무공간이자 사택으로 이용되는 자그마한 대사관 공간에서 모든 외교관 가족이 함께 모여 공동생활을 하다 보면 좋은 감정보다 서운한 감정이 더 쌓이곤 했기 때문이다. 북한에는 '화장실과 사돈집은 멀리 있을수록 좋다'는 옛말이 있다. 가까운 사이일수록 적당한 거리를 두고 사는 게 좋다는 충고이지만 가난한 북한 외교관들에게는 선택의 여지가 없었다.

자본주의 복지제도

런던에 도착한 이후에도 우리 가족의 가장 큰 목표는 주혁이의 병을 치료하는 것이었다. 병이 다시 재발하자 구역 병원에서는 주혁이를 런던에서 가장 유명한 어린이 전문병원인 (Great Ormand Street Hospital)로 이송했다. 치료비 걱정 없이 명성이 자자한 교수의 전문적인 치료를 받게 되었다. 처음 교수님은 우리가 북한에서 온 외교관 가족임을 알고 조심 반, 호기심 반의 심정으로 대했다. 북유럽에서 진행한 치료방식과 북한에서 진행한 치료 상황에 관해 묻는 그의 질문에 나는 10년간 기록한 주혁의 치료 일지를 보여주었다. 세계 각국에서 치료받다 보니 치료의 연장성을 보장하기 위해 모든 치료 과정을 투약내용과 함께 일지에 적어두었던 것이다. 치료 일지를 만족스럽게 읽은 그는 약과 식단 조절을 잘하면 사춘기에 오는 체질 변화와 함께 병이 나을 수 있다며 우리를 위안했다. 유능한 교수님의 치료를 받게 되었다는 것도 좋았지만 치료비와 약 값을 더는 걱정하지 않아도 된다는 것이 꿈만 같이 느껴졌다.

그의 예언대로 15살에 접어들면서 주혁이에게 기적 같은 일이 일어났다. 약을 끊어도 병이 재발하지 않았던 것이다. 나는 하느님을 향해 매일 마음속으로 기도했다. '평생 착하게 살겠으니 우리 애를 더는 고생시키지 말아 주세요.' 그렇게 조심스럽게 또 2년이라는 세월이 흘렀다. 약을 먹지 않으면 하루도 버티기 어려웠던 주혁이에게 더는 약이 필요 없어졌다. 12년 동안 병으로 고생하던 주혁이는 건강한 청년으로 성장하여 고등학교를 졸업하고 런던에서 대학생활을 하게 되었다. 아픈 애를 보면서 엄마 구실을 제대로 하지 못한 자책감과 미안함에 늘 무거운 마음으로 살아왔지만, 영국에서 그 모든 짐을 훨훨 털어버리게 되었다.

*

2004년 가을, 둘째 금혁이는 대사관에서 가장 가까운 국립학교인 베리 메드 초등학교 3학년에 입학했다. 학생들의 절반 이상은 인디아, 이집트, 아프가니스탄, 폴란드에서 온 이주민 자녀들이었다. 학교 측에서는 3학년 학생들은 등하교를 보호자와 함께할 것을 요구했다. 대사의 승인을 받고 나는 첫 일 년을 일곱 살 난 금혁이의 손을 잡고 학교를 오가는 즐거움에 살았다. 사실 금혁이의 학교를 핑계로 얻은 첫 자유의 시간이기도 했다. 아침에는 금혁이와 함께 런던인들 마냥 그들의 바쁜 출근길에 합류했고 오후에는 금혁이가 들려주는 신기한 학교생활 이야기를 들으며 여유로운 귀갓길을 즐겼다.

영국에서 첫 크리스마스를 맞으며 금혁이의 학교에서는 학생들의 공연이 진행되었다. 금혁이는 연극 《피리 부는 사람 (Pied Pipper Man)》의 주인공 '피리 부는 사람'의 역을 맡았다. 대본을 보니 금혁이가 외워야 할 분량이 제일 많았다. 담임선생님이었던 미스 고든에게 아직 공부를 시작한 지 6개월도 안 된 금혁이에게 대본 분량이 너무 많은 것 같다고 걱정하자 그는 금혁이라면 대본을 다 외울 거라며 오히려 나를 안심시켰다. 선생님의 믿음대로 금혁이는 그날 자그마한 실수도 없이 연기를 잘했다. 알락달락한 가운을 걸치고 피리 소리로 마을의 쥐들을 이리저리 끌고 다니며 피리 부는 사람의 역할을 자신 있게 해내는 금혁이를 보면서 남편과 나는 관람석에서 감동의 눈물을 흘렸다.

영국의 교육제도에는 좋은 점이 정말 많았다. 런던의 초등학교 수업은 학생들에게 최대한 자유를 주어 창의성을 유도하는 방식으로 진행되었다. 교실의 책상과 의자는 각을 맞춘 정렬이 아니라 토론에 적합하도록 자유롭게 양쪽을 향해 마주하고 있었고 수업에서는 질문을 많이 하는 학생들이 좋은 평가를 받았다. 숙제는 독서로 대신했다. 매주 2회씩 학교 도서관에서 빌려오는 책들을 집에서 읽고, 독서 일지를 정리하는 것은 부모의 몫이었다. 처음에는 글을 몰라 자동차에 관한 그림책만 뒤적이던 금혁이는 점차 자연과 과학 서적에 재미를 붙이게 되었고 어느 날은 지구 주위 위성들의 이름을 순서대로 외우며 우주에 관한 이야기를 신이 나서 들려주었다.

맞춤형 교육제도는 학생들의 실력을 높이는 데 일조했다. 영어를 모르는 학생들에게는 영어로 수업을 받는 데 지장이 없을 때까지 1:1 영어 교사를 붙여 주었다. 수학 과목은 같은 학급이라 해도 학생들의 실력에 따라 참가할 수 있도록 수업이 등급화되어 있었다. 학기 말이나 학기 중반에 치러지는 시험 결과에 따라 성적이 우수한 학생들은 한 계단 더 높은 수업에 참여할 수 있었다. 방과 후에는 수학을 잘하는 학생들로 컴퓨터 소조를 운영했다. 수학에 재미를 붙인 금혁이는 1년 만에 컴퓨터 소조에 들어갔고 학생들의 비밀투표로 학교의 학생대표가 되었다.

*

우리 집 기상 시간은 아침 6시였다. 6시부터 7시까지는 영어 문법 공부시간이었다. 처음에는 눈도 뜨지 못한 채 시작했지만 일단 경쟁이 붙으면 치열했다. 첫날은 문법 교과서를 예습하고 다음날은 연습 문제를 풀고 서로 채점하도록 했다. 7시부터 30분간은 아침 뉴스를 듣는 시간이었다. 우리 집 부엌 중형 냉장고 위에는 중고 상점에서 산 소형 TV가 있었다. 아침이면 네 명의 식구들은 5평 남짓한 작은 부엌 식탁에 둘러앉아 우유나 요구르트에 딸기잼을 바른 팬케이크를 먹으며 BBC 뉴스에 귀를 기울이곤 했다. 아이들은 서로 더 많은 뉴스를 알아내려고 애썼고 남편은 애들이 알아낸 뉴스를 다시 이해하기 쉽게 보충 설명을 해주는 것으로 아침 식사를 마무리하곤 했다. 학기 말이 다가오면 아이들은 과목별 성적과 선생님들의 코멘트가 적힌 성적표를 받아 오곤 했다. 아이들의 꾸준한 노력에서 밝은 미래가 보인다는 선생님의 평가를 읽고 나면 가슴이 먹먹해지곤 했다.

런던 체류기간 동안 남편은 어떻게 하나 아이들에게 런던의 문명을 다 보여주고 싶어 했다. 주말이면 무조건 아이들을 데리고 관광을 떠나곤 했다. 런던은 역사가 깊고 관광지와 박물관이 많은 도시다. 대영 박물관, 앨버트 박물관, 국립 미술관, 국립도서관, 전쟁 전람관, 샤일록 홈스 박물관, 동물원, 식물원 등 명승지들이 많다. 대사관 자녀들도 함께 데리고 다녔다. 일요일 아침이면 대사관 정문은 아이들을 바래다주러 나온 엄마, 아빠들로 북적거렸다. 어떤 날은 저녁 늦게까지 아이들과 한 팀이 되어 테니스와 축구 '대결'을 하고 나서 경기 결과를 놓고 온 동네가 시끄럽도록 떠들썩하며 돌아오기도 했다.

외국에서 보낸 8년 세월은 나의 사고를 완전히 바꿔놓았다. 언제나 우리 가족에게 도움의 손길을 내민 곳은 조국이 아니라 외국의 복지제도였다. 그 과정을 피부로 절감하며 사람답게 사는 나라, 국민을 위한 국가가 어떤 것인가를 실감하게 되었다. 특히 외국의 난민이나 외교관들도 포함한 영국의 국가보건제도(National Health System) 의 혜택이 없었더라면 큰 애는 병을 고치지 못했을 것이고 우리 가족의 오늘도 없었을 것이다. 영국에서 세금 한 푼 내지 않으면서 나를 포함해 대사관 성원들은 임기 기간 평생 받지 못한 의료검진과 병원 치료를 다 받으려고 기를 썼다. 아픈 곳이 없어도 무작정 떼를 쓰며 상급병원의 종합검진까지 받곤 했다. 이후 영국의 복지제도에 대한 소문은 평양 외교가에도 널리 퍼져, 런던은 외교관이나 자녀들의 병 치료를 위한 파견지로 인식되기도 했다.

*

북한은 가난한 나라지만 세상에서 유일하게 세금이 없는 나라다. 북한식 사회주의 무상치료제도와 무료교육제도가 세상에서 가장 으뜸이라고 자랑하는 나라다. 철없던 대학시절에는 나도 북한의 복지제도에 대해 열심히 선전하던 적이 있었다. 대학 4학년에 진학하던 해, 평양에서는 아시아 지역 세계 보건상 회의가 진행되었다. 나는 태국 대표단에 동원되어 태국 보건상과 함께 온 여의사의 통역을 맡게 되었다. 미래의 외교관이 될 꿈을 안고 나는 대외 일군 강습에서 배운 대로 북한의 사회주의 우월성에 대해 기회가 나는 대로 외국인들에게 선전하곤 했다. 특히 북한이 실시하고 있는 무상치료제도와 무료 의무교육 제도를 칭찬하면서 세상에서 유일무이한 세금 없는 나라라고 자랑스럽게 말했다. 내 말을 듣고 있던 여의사는 국민에게서 세금을 받지 않으면 나라가 어떻게 운영되는 거냐고 물었다. 나는 그 질문이 이해되지 않았다. 그렇다고 대부분 북한 사람들이 생각하듯 상냥한 여의사가 나를 골려 먹으려고 한 질문이라고도 생각되지 않았다. 국가가 무상치료제, 무료의무교육제를 시행하는 것이 세금과 무슨 상관이란 말인가?

그에 대한 의문은 훗날 남편과 함께 외국 생활을 하면서 풀렸다. 외국인들은 한 달 열심히 일하고 받는 월 소득의 일정량을 국가에 세금으로 내고 있었고 국가는 그 세금으로 국정운영과 국민을 위한 복지 정책을 실시하고 있었다. 그러나 북한에서 내가 받는 월급은 고기 한 근도 사 먹을 수 없는 보잘것없는 금액이었다. 국민에게 제대로 된 인건비를 준 적이 없는데 세금을 걷을 수 없는 것은 당연한 것이 아닌가? 세금 없는 나라라고 자화자찬하는 것은 어불성설이었다. 나는 차라리 세금을 걷고 국민이 제대로 살 수 있는 제도를 만들어 주었으면, 실속 없는 무상치료제도, 무료교육제도가 아니라 돈을 내고 제대로 된 치료와 교육을 받을 수 있는 제도, 열심히 일한 대가로 기본적인 생활권을 보장받을 수 있는 제도에서 살고 싶었다.

영국은 나에게 자유와 민주주의, 복지제도에 대해 많은 의문과 생각을 던져 준 나라였다. 복지제도는 사회주의 나라들의 전유물이라는 북한의 선동과 달리 영국과 같은 자본주의 나라들에서도 무료교육과 무상치료를 실시하고 있다는 걸 실제 생활로 체험했다. 영국의 지상파 TV 프로그램들에서는 서민들의 생활을 그대로 보여주는 리얼리티 쇼가 많았다. 나는 그중에서도 《제러미 카일 쇼》를 좋아했다. 여기서는 서민들의 일상에서 나타나는 문제들을 거짓말탐지기를 동원해 확인하고 그들의 문제점을 해결해 주는 것으로 끝나곤 했는데 영국인들의 실생활과 감정을 현실 그대로 보고 느낄 수 있어 애청하곤 했다. 평생 북한의 흑색선전에 속아온 내 눈을 뜨게 해 준 프로그램이기도 하다.

우리 가족은 크리스마스 날에는 영국 사람들처럼 제일 큰 칠면조와 감자를 구워 식탁에 올려놓고 크리스마스 선물을 서로 나누면서 한 해 동안 받았던 수많은 행운과 서로의 노력에 감사해했다. 그리고 저물어 가는 해를 보내고 또 새로운 한 해를 기대와 설렘 속에 맞이하곤 했다.

한인 타운 뉴몰든

런던의 동남쪽에 있는 한인 타운 뉴몰든에는 한인 마트들이 많았다. 따분한 대사관 생활에서 나는 한인 마트에 가는 날이 제일 좋았다. 외국에서 한국 사람을 만나는 것을 허용하지 않는 북한 실정에서 한인 마트에 다닌다는 것은 큰 처벌 감이었지만 나는 런던에 체류하는 내내 그 유혹을 떨쳐 버릴 수 없었다. 지난 해외 생활에서는 상상할 수도 없는 일이었다. 하지만 우리 집은 대사관 밖에서 살고 있기에 가능했다. 북한은 외국이라도 외교관들의 단독 외출을 절대 금지한다. 만약 대사관 안에서 다른 가족들처럼 집단생활을 하는 경우 대사관 밖으로 나가자면 가까운 곳이라도 가족이 아닌 다른 사람과 조를 만들어 대사의 승인을 받아야 했다. 비록 대사관으로부터 5분 거리밖에 안 되는 아주 가까운 곳에서 살고 있었지만, 우리 가족이 소중한 자유를 누리기에는 충분한 거리였다.

북한 대사관은 런던 서쪽, 뉴몰든은 런던 남쪽에 있어 가까운 거리라고는 할 수 없었다. 대사관에서 뉴몰든까지 가자면 대중교통으로 거의 반나절은 실히 걸렸다. 남편은 열흘에 한 번씩 차로 태워주겠다고 약속했지만, 나는 그때까지 기다릴 수 없었다. 집에서 뉴몰든까지 가자면 도보로 5분쯤 떨어진 전철역인 액턴에서 윔블던 역까지 전철 두 노선을 환승해야 했고 윔블던에서 다시 시내버스 131번을 타고 30분가량 남쪽으로 더 내려가야 했다. 그렇게 노상에서 반나절을 고생하면서도 한국 드라마를 볼 수 있다는 생각에 주에 한두 번씩 힘든 줄 모르고 다녔다.

그곳에 가면 먹고 싶었던 고향 음식들이 거의 다 있었다. 한인 타운에 들어설 때면 누가 보지 않을까 조심스러웠지만 일단 마트 안에 들어서면 내가 북한인이라는 것을 금방 잊어버리곤 했다. 쌀, 국수, 라면, 김치, 과자, 이것저것 정신없이 바구니에 담았다. 떡과 팥빵은 매번 빠지지 않는 가장 사랑하는 식품이었다. 남북의 음식은 질적인 면에서는 차이가 있었지만, 맛은 거의 비슷했다. 반세기가 넘는 분단의 세월 속에 남북 간 문화적 교류가 전혀 이루어지지 않은 상황에서도 남한 음식과 북한 음식의 맛이 같다는 게 늘 신기했다. 생활용품들 역시 그 생김새나 쓰임새가 북한 여성들의 기호에 딱 맞는 것들이었다. 나는 한국 식품에 대한 환상에 빠져 라면을 단번에 몇 개씩 먹고 탈이 난 적도 있었다.

*

한국 드라마는 여태껏 살면서 누려보지 못한 신세계였다. 뉴몰든 타운 입구에서 한국 상가를 몇 채 지나면 "한국 영화를 대여해 드립니다."라는 작은 나무 팻말이 붙은 흰 건물이 나타났다. 그 건물의 3층에 영화를 대여해 주는 작은 가게가 있었다. 혹시 대사관 성원들의 눈에 띌까 두려워, 문을 열 때마다 딸랑거리는 방울소리에 두근두근 마음을 졸이며 조심스럽게 삐걱거리는 나무 계단을 오르곤 했다. 조선말 악센트가 드러나면 금방 북한 사람이라는 것이 들통날 수도 있어 가능한 한 말을 자제했고 그래도 꼭 해야 할 상황이라면 영어로 물어보았다. 한국에서 휴학하고 잠시 영국에서 아르바이트를 하고 있다는 한국인 여학생은 자그마한 의심도 없이 나에게 연예 프로그램이나 리얼리티 쇼를 추천했다. 그래도 나는 한국 드라마가 더 좋았다. 《겨울연가》, 《가을동화》, 《파리의 연인》, 《하버드에서의 사랑》, 《풀하우스》, 《장밋빛 인생》… 가장 기억에 남는 드라마 제목들이다.

당시는 대량으로 자료를 저장할 수 있는 USB가 없었다. 녹화 테이프와 CD로 저장된 한국 드라마를 가방에 넣으면 기껏해야 서너 편밖에 가져올 수 없었다. 아무리 먹고 싶은 한국 음식이어도 드라마에는 기꺼이 자리를 양보했다. 당시 두 손 가득 큰 짐들을 힘겹게 지고 안고 오르며 버스와 전차를 갈아타는 승객은 런던시내에 아마 나밖에 없었을 것이다. 반나절을 고생해도 집으로 돌아오는 길은 즐겁기만 했다. 그러고는 동이 틀 때까지 밤을 새워 가며 한국 드라마의 세계에 풍덩 빠져 살았다. 낮에는 대사관에 나가 일해야 하므로 늘 잠이 부족했지만 몇 년 동안 그 일과는 계속되었다.

어디서 그런 힘이 나왔는지 지금 생각해 봐도 신기할 따름이다. 말과 옷차림뿐 아니라 마음까지도 점점 한국식으로 변해가고 있는 내 모습이 자랑스럽기도 하고 두렵기도 했다. 언제부턴가 가끔 옥스퍼드 거리에서 눈에 띄는 한국인 관광객들이 더는 적대적이거나 두렵지 않았다. 오히려 자유로운 그들에 대한 동경과 호기심에 끌려 그들 뒤에 바싹 따라붙어 그들의 말과 행동을 부러운 마음으로 지켜보곤 했다.

런던에서의 생활이 행복할수록 북한으로 돌아가야 한다는 현실이 암울하고 두려웠다. 지난날과 너무 달라진 내가 과연 북한에서 정상적인 삶을 살아갈 수 있을까? 자신이 없었다. 북한으로 돌아갈 시간이 다가올수록 두렵고 불안한 마음을 떨쳐버릴 수 없었다. 그렇다고 고향을 버릴 수도 없는 노릇이었다. 어린 시절에 본 중국 영화에서 나오는 한 구절이 생각났다. "자식은 부모가 못생겼다 탓하지 않고 개는 주인이 가난하다 탓하지 않는다."고 했다. 개보다 못한 삶을 살 수는 없었다. 못 났다고, 가난하다고 조국을 버릴 수는 없었다. 나를 키워주고 내세워준 고마운 조국이었다. 금혁이가 다니던 런던 교외의 작은 초등학교 교실에 인공기가 꽂혀있는 것을 보면서 얼마나 마음이 뿌듯했던가! 싫든 좋든 나는 북한 사람이었다.

소환장

어느 날, 영국 주재 북한 대사관 앞으로 친전[63] 한 건이 내려왔다. 둘 이상의 자녀들을 데리고 외국에 상주하고 있는 외교관들은 한 아이만 남겨놓고 모두 평양으로 돌려보내라는 김정일의 '친필 지시'였다. 원칙적으로 북한 외교관은 해외 파견 시 자녀 한 명만 동행하게 되어 있다. 이유는 국가의 외화 사정이 어렵다, 외국어를 배우는 나이에는 적령기가 있다, 자본주의 물을 먹을 수 있다, 등등 여러 가지였지만 진짜 목적은 자식을 인질로 외교관들의 이탈을 막자는 것이었다.

하지만 북한도 사람이 사는 곳이라 피치 못할 사정을 제기하면 통과되는 경우도 간혹 있었다. 어느 가족이나 아이가 지병을 앓는다든가, 돌볼 사람이 없다든가, 아이를 떼어 놓기 어려운 사정을 한두 가지씩 만들어냈다. 그 결정에는 주로 간부들의 입김이나 담당자들의 의견이 작용했다. 간혹 누이 좋고 매부 좋다는 식으로 인심도 쓰고 뒷돈도 조금 챙기려는 사람들도 있었다. 그렇게 어렵게 규정 밖으로 새어 나간 아이들이었지만 파견지에 도착한 이후에도 편안하지 않았다. 매해 연말이 되면 아이들을 한 명씩 남기고 평양으로 들여보내라는 회람전보

63) 외무상이 직접 보내는 전보

[64]가 어김없이 대사관에 내려오곤 했다. 외교관들은 통상적인 전보라고 애써 무시하려해도 조마조마한 마음은 어쩔 수 없었다. 상황이 어떻게 변할지 누구도 알 수 없었기 때문이었다. 그렇게 연말의 위기를 넘기고 나면 다음 일 년은 다시 조용해졌다.

하지만 이번의 경우는 사정이 달랐다. 전 세계에 나가 있는 모든 북한 외교관들에게 울린 경종이었다. 집행하지 않을 시에는 임기가 끝나지 않은 외교관이라도 소환 조치를 취하겠으니 대사와 당 비서들이 책임지고 무조건 집행하라는 으름장도 놓았다. 외교관 세대 수가 다섯밖에 안 되는 런던 주재 북한 대사관에는 두 아이를 데리고 있는 가족은 우리와 리광남 1등 서기관, 두 가족이었다.

일생에서 가장 어려운 선택을 해야 했다. 자칫하면 철없는 아이들은 부모가 진짜 사랑하는 자식이 누구인가를 확인하려 들 수도 있었다. 어린 나이에 부모와 생이별한 아이들은 평생 부모를 원망하거나 선택받지 못한 트라우마에서 벗어나지 못해 일생을 망치는 경우도 종종 보아왔다. 그렇다고 꿈의 직업인 외교관의 삶을 쉽게 포기할 수도 없었다. 외국에 나오면 자유롭기도 했지만 외화로 월급을 받으면서 북한에 있을 때와는 비교도 할 수 없이 나은 삶을 살 수 있기 때문이었다.

*

남편은 인편을 통해 평양의 지인에게 연락을 띄웠다. 만기가 되어오

---

64) 외무성에서 모든 대사관들에 보내는 전보

니 소환장이 나올 때까지 아이들을 둘 다 데리고 있다가 평양으로 함께 귀국할 수 있는지, 가능하면 눈 감아 달라는 부탁이었다. 하지만 곧 어렵다는 대답이 왔다. 김정일의 친필 지시가 내려온 지 얼마 지나지 않은 때라 누구도 감히 나서려 하지 않았다. 자칫 잘못하면 시범으로 걸려 엄중한 처벌을 받을 수도 있었다.

울며 겨자 먹기로 우리 부부도 둘 중 한 아이를 선택해야 했다. 둘 중 한 애는 평양에 가야 한다고 남편이 입을 떼자 아이들은 깊은 생각도 없이 저마다 먼저 들어가겠다고 자진했다. 차라리 둘 다 안 가겠다거나 아니면 둘 중 한 아이라도 떼를 쓰면 마음이 덜 아프련만 어린 것들이 감정을 참아내는 모습에 더 마음이 아팠다. 일단 들여보낼 가능성이 적은 작은 애를 들여보내겠다고 대사에게 보고하고 나서 차후 상황을 기다려 보기로 마음먹었다. 이미 고등학교를 졸업하고 대학에 입학한 큰 애는 귀국 후 대학에 편입하려면 가능한 한 런던에서의 대학생활 기간이 길어야 유리했다.

그 후 둘째를 빨리 들여보내라는 추궁, 독촉 전보가 주에 한 번씩 내려왔다. 대사도 다른 대표부들에서는 이미 한 아이씩 남기고 다 들여보낸 상태라며 은근히 압을 넣는 상태였다. 둘째를 보내겠다고 상부에 보고는 했지만, 아직 열 살도 채 되지 않은 어린아이를 혼자 비행기에 태워 보내는 것도 못 할 짓이라는 생각이 들었다. 남편의 소환시기도 다가오고 있으니 우리 부부는 무작정 뻗치기로 했다. 그렇게 4개월이 지나자 남편의 소환장이 떨어졌다.

온 가족이 함께 들어갈 수 있어 다행스러웠지만 행복했던 런던 생활과 이별해야 한다는 생각에 슬프기 그지없었다. 저번에 덴마크와 스웨덴에서 평양으로 귀국길에 올랐을 때와는 전혀 다른 감정이었다. 그때에는 4년 동안 많이 변했을 평양과 가족들의 모습이 그리웠고 상봉의 순간을 그려보며 마음이 설렜었다. 하지만 지금은 가능만 하다면 런던에 영영 눌러앉아 살고 싶었다. 런던에서 보낸 꿈같은 생활과 이별하기가 정말 싫었다. 그렇다고 선택의 여지가 있는 것도 아니었다. 늘 그래왔듯이 다시 온 가족이 함께 외국에 나올 수 있다는 막연한 희망을 품은 채 소환 준비를 서둘렀다. 모든 것이 부족한 평양에서 견디자면 식품이며 옷가지며 생활필수품을 대량 구매해야 했다.

남편은 런던을 향해 파견되어 올 때와 마찬가지로 소환 길도 유럽을 돌아보며 들어가자고 제안했다. 이유는 늘 하나였다. 세계를 봐야 아이들의 꿈이 커진다, 북한인으로 가족 유럽 여행의 기회는 많지 않다, 이번이 마지막 여행이 될 수도 있다는 것이었다. 훗날 남편은 꽉 막힌 북한에서 사는 아이들에게 더 큰 세상이 있다는 것을 보여주고 큰 꿈을 가지게 하고 싶었다고 했다. 하지만 나에게는 늘 가족의 안전이 최우선이었다. 그러다 이탈행위로 처벌받게 될까 두려웠다. 외교부에서 내려보내는 통보문들을 보면 내부 통제가 점점 더 심해지고 있다는 것을 느낄 수 있었다. 나는 며칠 동안 안전하게 직행해서 평양으로 들어가자고 우겼지만 결국 남편에게 지고 말았다. 남편은 출발 보름 전부터 인터넷으로 가장 편하고 저렴한 유럽 관광코스로 런던-파리-로마-베네치아-로마-빈-프라하 행 국제관광노선 열차표를 끊었다.

자유주의적 유럽 여행

드디어 출발 날짜가 다가왔다. 런던의 겨울 날씨치고는 꽤 추운 편이었다. 자성남 대사 부부를 비롯해 일진이네와 진명이네, 지웅이네, 현경이네, 대사관 모든 가족이 이른 새벽 우리 가족을 바래주려고 빅토리아 역에 나왔다. 그들은 출발 수속을 밟는 내내 추위에 떨면서 우리가 탄 파리행 관광버스가 보이지 않을 때까지 손 저어 바래주었다. 한 분 한 분이 평생 잊을 수 없는 따뜻한 분들이었다.

차창 밖으로 출근길에 붐비는 차들과 바쁜 런던 시민들이 보였다. 오랜 역사를 자랑하는 석탑 성당들과 아담한 주택들, 잘 가꾼 공원들, 그동안 나에게 너무나 익숙했던 런던의 풍경이었다. 문득 우리 가족이 모두 함께 런던에 다시 와 볼 수 있을까 하는 서글픈 생각이 들었다. 우리 가족의 행복한 추억이 깃든 런던의 정든 거리를 마음속에 깊이 담아 두고 싶어 오래도록 창가에서 눈을 떼지 못했다.

그날 밤, 늦은 시간에 파리에 도착했다. 영국에 파견되어 갈 때와 마찬가지로 북한의 유명한 소설 작가 리기영 선생의 손자 리쇠돌 참사네 집에 짐을 풀었다. 대표부에서 가장 바쁜 분이었지만 이번에도 역까지 마중 나와 우리를 맞아주었고 그의 부인은 제일 크고 편안한 안방을 우리 부부에게 내어주었다. 이른 아침 관광지로 떠날 때면 그의 부인은 괜히 노상에서 돈을 쓰지 말라며 직접 만든 김밥을 내 손에 쥐여 주었다.

파리의 손무신 대표와 부인 태오 엄마는 스웨덴 주재 대사관에서 함께 지냈던 지인들이었다. 항일투사 태병열의 맏딸과 맏사위다. 그때와 다른 점이 있다면 어느새 할아버지, 할머니가 되어 두 살배기 외손자를 키우고 있었다. 손 대표 부부는 어린 외손자 시중을 드느라 고생이 많은지 그동안 많이 늙어 보였다. 잠시도 가만있지 않는 손자를 따라다니느라 태오 엄마는 땀을 철철 흘렸고 그러면서도 손자가 귀여워 어쩔 줄 몰라 했다. 태오 엄마가 성의껏 차려준 저녁밥을 맛있게 먹으면서 밤이 새도록 지난날 스웨덴에서 함께 보냈던 즐거운 나날들을 추억했다.

파리 대표부 성원들은 지난 시기 외무성 유럽국에서 남편과 함께 일하던 분들이 대부분이어서 낯설지 않았다. 식사 시간이 되면 대표부 가족들은 번갈아 가며 성의껏 준비한 식탁으로 우리 가족을 초청했다. 식사나 휴식 도중, 한밤중에도 시도 때도 없이 사무실로 불려 나가는 그들의 모습은 영국에서 바삐 지내던 남편의 모습을 방불케 했다. 어딜 가나 북한 외교관들은 열심히 살았다. 북한인에게 해외 생활은 누구나 쉽게 누릴 수 없는 특전과 특혜였고 그들은 수천만 북한인 중에서 선택된 행운아들이었다. 특히 북한 주민들이 허리띠를 졸라매고 밥을 굶어가며 보내주는 귀중한 외화로 생활하고 있으니 밤낮없이 일하는 것을 응당한 도리로 여기고 있었다.

그들은 유럽을 반 바퀴 돌면서 귀국하는 우리 가족을 몹시 부러워했다. 함께 하는 식사 자리는 남편들이 아내와 자식들에게 앞으로의 유럽관광을 약속하는 장소가 되곤 했다. 얼마나 부러워하는지 나중엔 어떻게 되더라도 이번 여행을 끝까지 고집한 남편에게 고마운 생각이 들 정도였다. 혹시 비판을 받더라도 두 아들을 데리고 온 가족이 유럽을 여행할 기회는 다시 오지 않을 테니까. 매번 파리에 올 때마다 느끼지만 파리는 역시 멋지고 화려한 도시였다. 파리에 머무는 동안 삶의 희열이 넘치는 에펠탑, 베르사유궁전, 루브르박물관, 샹젤리제 거리, 개선문, 몽마르트르 언덕, 디즈니공원과 파리 과학기술 전시장을 돌아보면서 아이들에게 꿈을 갖고 열심히 살자고, 그러면 잘 살 수 있는 날이 꼭 온다고 당부하곤 했다.

진심으로 환대해 준 감사의 표시로 떠나기 전날 밤 대표부 전원을 세느강 유람선으로 초청했다. 어른, 아이 할 것 없이 유람선이 어둠 속에서 현란한 빛을 내뿜는 세느강의 다리 밑을 지날 때면 탄성을 지르곤 했다. 얼근하게 취한 어른들은 유람선 승객들과 잔을 부딪치며 목청껏 만세를 외쳤고 아이들은 어느새 친해져 유람선의 이 방 저 방을 뛰어다니며 어른들을 따라 환호하곤 했다. 파리에 도착한 지 몇 년이 지나도록 이런저런 이유로 유람을 미루고 있었다며 감사해하는 그들의 모습을 보니 남편과 나도 뿌듯했다. 대표부를 떠나면서 부인들에게는 달콤한 니나리치 향수를 하나씩 선물했다. 그리고 열차로 다음 여행지인 이탈리아로 향했다.

*

이탈리아 하면 제일 먼저 떠오르는 것이 강대했던 고대 로마제국이다. 체류 첫날 바티칸의 세인트 표도르 성당을 돌아보았다. 성당의 웅장함과 화려함, 정교함을 어떻게 다 표현할 수 있을까! 나는 난생처음

교인들처럼 촛대를 들고 북한으로 돌아가 모든 일이 잘 되도록 해달라고 빌었다. 그날 오후에는 콜로세움 원형극장과 로마 시내도 돌아보았다. 로마 시내는 그 자체가 유적이어서 개발을 금지하고 있었다. 지금은 주인을 잃은 옛 성터가 잔해로 남아있지만, 시내 곳곳 어느 곳에서나 고대 로마인들의 강인함과 슬기로움을 느낄 수 있었다.

둘째 날에는 기차를 타고 폼페이로 향했다. 서기 79년 베수비오 화산이 폭발하면서 천 년 이상 화산재에 묻혀 잠들었다 발굴된 도시다. 고대 로마 귀족들의 문명과 환락의 도시를 당시 상황 그대로 볼 수 있는 곳이었다. 가장 놀라운 것은 고대 로마인들의 생활이 현시대인들의 생활과 별로 큰 차이가 없다는 것이었다. 고대 폼페이에 닦은 마찻길의 폭은 오늘날 유럽 철도의 폭이 되었고 대리석으로 만든 목욕탕의 옷 보관함이나 음식을 만들던 아궁이는 지금의 것과 흡사했다. 머나먼 항행에서 지쳐 돌아온 선원들은 시내의 식당이나 환락가를 먼저 찾았다고 한다. 환락가로 향하는 길은 바닥에 박아놓은 남성 성기 모양의 흰 돌이 알려주었다. 폼페이는 로마 귀족들의 비인간성과 부패타락한 생활로 하늘의 저주를 받았다고 하지만 그들이 남긴 문화유적은 오늘날 천 년 전 그대로의 모습으로 후대들에 인간의 도리를 깨우쳐 주고 있었다.

폼페이 관광지에서 젊고 잘생긴 한국인 가이드를 만났다. 가이드는 금방 우리의 말투에서 북한인이라는 것을 알아챘을 테지만 다행히 별다른 기색을 보이지 않았다. 우리 가족은 한국에서 온 관광객들 속에 슬그머니 끼어들었다. 우리 모습을 북한인 중 누가 보면 금방 고소당

할 일이었지만 그 먼 폼페이에 우리 말고 북한인들이 또 있을 리는 만무했다. 타지에서 같은 말을 하는 동포를 만난 것이 마음속으로는 무척 반가웠지만, 인사는커녕 아이들에게 조심하라고 당부했다. 조선말을 크게 하지 말라고 하자 아이들은 머리를 끄덕였지만 금방 잊어버렸고 나는 아이들을 조심시키느라 애를 먹었다.

바다 한가운데 말뚝을 박고 둥둥 떠 있는 역사 속의 도시 베네치아도 돌아보았다. 마침 가는 날이 장날이라고 베네치아에서는 카니발 축제가 한창 진행되고 있었다. 산 마르코 광장에서는 아침부터 가면무도회가 진행되었고 모든 이들은 독특하고 화려한 가면을 쓰고 오케스트라에 맞추어 춤을 추었다. 우리도 마스크를 하나씩 사서 쓰고 광란의 축제에 끼어들었다. 길쭉하게 생긴 나무 곤돌라를 타고 바다 위의 베네치아를 돌아보는 것도 황홀했지만 세상에서 가장 오래되었다는 유리공장에서 유리그릇을 만들어 보는 체험도 그에 못지않았다.

유람선과 기차를 번갈아 타면서 다시 로마에 있는 대사관에 들어서니 자정이 훨씬 지났다. 덴마크에서 함께 생활했던 정순원 참사는 우리가 돌아올 때까지 기다리다 문을 열어 주었다. 미안하고 조심스러웠다. 대사관의 분위기는 우리 가족과 너무 달랐다. 외국에 나와도 가족끼리 자유롭게 여행할 수 없는 북한 외교관의 규정을 깨고 다니는 것도 미안했지만 대사 부부는 몇 년 전 원산 앞바다에서 외독자를 잃고 괴로운 시간을 보내고 있었던 것이다. 자유주의적인 우리 가족의 여행에 대해 평양에 보고할 수도 있었겠지만 그들은 조용히 눈을 감아주었다.

*

다음 여행지인 오스트리아의 수도 빈에서는 대사관에 들르지 않고 호텔에 묵기로 했다. 대사가 김일성의 사위[65]이니 시끄러울 것이 뻔했기 때문이었다. 여행 중 호텔에 묵기는 처음이었다. 숙박비는 좀 들었지만, 대사관의 눈치를 보지 않고 여행할 수 있어 한편 다행스러웠다. 남편은 런던 출발 전 약속대로 위치를 옮길 때마다 영국대사에게 현지 도착 보고를 하는 것을 잊지 않았다. 매일 보고하느라 조금 번거롭긴 했지만 오랜만에 조직을 벗어나 진정한 자유를 만끽하는 소중한 순간이었다. 역사에 도착하니 유럽국에서 남편과 한 부서에서 일했던 박광선 서기관이 마중 나와 있었다. 박광선 서기관은 그날 저녁 빈에서 가장 높은 산정의 맛 집으로 우리 가족을 초청했다. 그새 늦게 본 딸자식에게 온통 정신이 나가 있는 딸 바보 아빠가 되어 있었다. 그날의 행복했던 박광선 서기관은 몇 년이 지나 처형당했고 그의 가족은 어디론가 추방되었다.

빈은 유서 깊고 문명한, 부유한 도시였다. 시내 중심을 가로질러 다니는 트롤리버스를 타고 헬 브라운 궁전과 빈 종합대학, 유네스코 청사, 동물원을 돌아보았다. 빈 종합대학의 정문에는 대학에서 배출한 유명 인사들의 사진이 한쪽 벽면 전체를 차지하고 있었다. 대학 등록비는 없지만, 실력 있는 학생들만 입학할 수 있는, 세계적 인물들을 배출한 유명한 대학이었다. 북한인으로서 가능성은 거의 제로임을 알

65) 김평진의 남편

고 있으면서도 아이들에게 공부를 잘해서 훗날 이런 멋진 대학에서 공부하자고 약속했다.

빈의 겨울은 생각보다 추웠다. 아이들이 조르는 바람에 시내 한가운데 설치된 아이스 링크를 피해 갈 수 없었다. 남편과 함께 아이스 링크 맞은 켠 카페에 앉아서 따뜻한 커피를 한 잔씩 놓고 정신없이 스케이트를 타고 있는 아이들을 보고 있노라니 우리가 마치 빈 시민이 다 된 것 같은 느낌이 들었다. 아니, 빈 시민처럼 자유롭고 평화롭게 살고 싶은 부러움이었던 것 같다. 카페 곳곳에서 펼쳐지는 이들의 일상은 나에겐 이룰 수 없는 꿈이었지만 열심히 사노라면 어느 순간 우리에게도 자유로운 날이 올 것이라고 믿고 싶었다. 감상적인 나와 달리 실천형인 남편은 간이매점에서 시내 지도 한 권을 사 들었고 아이들과 나는 남편이 이끄는 대로 시내버스와 전차를 갈아타면서 빈 시내를 종횡 무진했다. 힘들게 결정한 관광이라 남편은 일정을 고도로 빼곡하게 잡았고 우리는 깊은 밤 녹초가 되어 숙소로 돌아오곤 했다. 빈에서의 마지막 밤에는 호텔 옆 중국 식당에서 오랜만에 풍성한 아시아 음식을 먹었다. 식사를 마치고 차를 마시면서 포춘 쿠키를 하나씩 집어 들었다. 내가 뽑은 쿠키 속의 말은 '고역을 견뎌냈으니 앞으로 좋은 날이 올 것이다'였다. 평양에 돌아가 힘든 생활을 시작하게 될 우리 가족에게 다행스러운 문구였다. 아이들과 식당 문을 나서면서 지난날과 마찬가지로 앞으로도 열심히 살아서 우리 힘으로 행운을 만들어 가자고 약속했다.

*

마지막 여행지인 체코 프라하에서는 런던 파견 전 유럽국 부국장으로 남편과 함께 일했던 리병갑 대사가 대사관 밖에서 기다리고 있었다. 마침 다음날이 음력설이어서 대사관 성원들은 음력설 겸 성대한 환영파티를 준비하며 우리를 기다리고 있었다. 대사 부부는 내가 마음속으로 많이 존경하는 분들이었다. 언젠가 평양에서 유럽국 송년회 때 그의 부인과 음식 준비를 함께 한 적이 있었다. 그날 밤늦게까지 찬물에 손을 담그고 궂은일 마른일 마다하지 않던 여인이었다. 처음에는 왜소하고 수수한 외모의 산골 여자가 어떻게 평양까지 왔을까 많이 궁금했지만, 헌신적이고 성실한 그의 아름다운 내면을 보고 나서는 대사가 반한 이유를 알 수 있을 것 같았다.

다음날 대사와 함께 프라하 시내를 돌아보았다. 서유럽의 명품 상가들이 시내 중심을 꽉 채웠고 가격도 원산지보다 비쌌다. 그 유명한 도깨비 다리, 유구한 시청광장을 돌아보았다. 체코 민족은 재능 있는 민족임이 틀림없었지만 아직은 시내 곳곳에서 빈궁이 느껴졌다. 체코는 사회주의가 무너지면서 자본주의 사회로 넘어가는 과도기에서 정체되고 있다는 생각이 들었다. 식당이나 역사도 한적했다. 사회주의 시절 질 좋고 아름답기로 유명했던 체코 산 구두를 꼭 사 신어야겠다고 결심했지만 아무리 신발가게를 돌아보아도 서방의 비싼 구두만 가득할 뿐 체코 산 구두는 어디에도 보이지 않았다.

관광을 끝내고 보니 지출된 여비가 만만치 않았다. 하지만 아이들의 기억 속에 자유롭고 발전된 새로운 세상을 새겨 주었다고 생각하니 마음만은 부자가 된 심정이었다. 유럽 여행은 우리 가족에게 유럽 생활과의 이별이자 꿈으로 간직되었다. 그리고 여행길에서 만났던 수많은 지인들과 은인들의 따뜻한 마음과 도움이 없었더라면 우리 가족의 자유주의적 유럽여행은 불가능한 일이었다.

아버지의 마지막 '선물'

우리 가족은 유럽 관광을 마치고 북한으로 향한 마지막 경유지인 베이징에 도착했다. 베이징 공항 대기실에 들어서니 동생이 기다리고 있었다. 가족과 함께 페루 주재 북한 대사관에서 생활하고 있는 남동생이었다. 동생과는 4년 만의 상봉이었다. 청색 와이셔츠에 진남색 솜옷을 받쳐 입은 동생은 이전보다 체중은 좀 늘었지만 잘생긴 중년의 자신감 넘친 행동거지며 시원한 말투는 조금도 변함이 없었다. 그는 평양 출장을 마치고 페루로 돌아가는 길에 우리 가족의 소환 소식을 듣고 잠시 얼굴이라도 보자고 출발을 늦추고 베이징에서 기다리고 있었다. 서로 포옹하고 등을 다독이며 반가운 상봉을 하고 나서 우리는 택시 두 대에 나누어 타고 베이징 주재 북한 대사관으로 향했다.

베이징 대사관 영접부에 들려 숙소를 배정받고 짐을 풀고 나니 어느새 날이 밝았다. 남편은 눈 한번 붙이지 못하고 다시 외출증을 떼러 나갔다. 대사관 밖으로 외출하자면 대사관 보위원[66]이 발급한 외출증이 있어야 했던 것이다. 애들이 잠들 때까지 내 옆을 지키고 있던 동생은 조용히 말을 뗐다. "누나! 마음을 든든히 먹어. 아버지가 돌아가셨어."나는 방금 들은 말이 믿어지지 않아 말없이 동생 얼굴만 쳐다보

66) 북한 보위부에서 파견한 사람으로서 대사관 성원들의 동향과 일거수일투족을 비밀리에 감시, 상부에 보고하는 사람

았다. 동생은 말을 이어갔다. “열흘 전에 아버지가 돌아가셨어. 처음엔 다리에 대상포진이 생겨 자리에 누우셨는데 합병증으로 폐렴이 오면서 다시 일어나지 못하셨어.”

4년 전 평양에서 출발할 때 연로하신 몸으로 평양역까지 나와 잘 다녀오라 바래주시던 아버지의 모습이 떠올랐다. 결국 그날의 모습이 내가 본 아버지의 마지막 모습이 되었다. 평양으로 돌아가도 사랑하는 아버지를 다시 볼 수 없었다. 대학생 시절, 아침 출근하려고 현관문을 나서시다 정문 앞에서 통근버스를 기다리고 있는 나를 발견하시고 “여보, 빨리 와서 우리 집의 이 뭐스따개[67]를 좀 보오!”하며 자랑스럽게 외치시던 아버지의 그 다정한 목소리를 다시는 들을 수 없었다. 형편이 어려운 시집살이로 고생할 때도 나에게 늘 힘이 되어 주시던 아버지를 더는 볼 수 없었다. 밥상에서 앓는 주혁이에게 밥을 떠먹이느라 제대로 먹지 못하는 내 앞으로 고기반찬 그릇을 슬그머니 밀어주시던 아버지, 남편과 다투고 집으로 달려오면 남편을 따로 불러 다독여 주시던 아버지, 배고플 때 먹으라며 언니 몰래 초콜릿을 주머니에 슬쩍 넣어주시던 인정 많은 아버지였다. 조금만 더 일찍 도착했더라면 아버지를 뵐 수 있었을 텐데, 고통스러워하셨을 아버지의 마지막 순간을 지켜드리지 못했다는 자책감이 밀려왔다. 세상에서 나를 가장 사랑해 주신 아버지에게 나는 불효한 딸이 되고 말았다.

“누나, 너무 슬퍼하지 마. 마침 내가 평양에 회의 참가하러 가 있던

67) ‘멋쟁이’의 북한식 사투리

중이어서 아버지 장례식은 잘 진행했어. 간부들도 많이 오고 친척들도 많이 와서 아버지가 외롭진 않으셨을 거야. 형제들이 있는 힘껏 잘 보내드렸으니 너무 마음 아파하지 마."

동생은 나에게 좀 쉬라면서 저녁식사 때 다시 만나자고 약속하고 자기 숙소로 돌아갔다. 그가 방을 나선 뒤 자리에 누워 아버지의 얼굴을 떠올려 보려 했지만, 이상하게 전혀 기억이 나지 않았다.

*

그날 저녁 베이징 해당화식당[68]에서 동생과 다시 만났다. 여느 때와 마찬가지로 식당 안은 북한에서 온 손님들과 한국에서 온 관광객들로 시끌벅적했다. 동생은 식당 주인과 몇 마디 말을 주고받더니 다행히 빈방 하나를 얻어냈다. 아버지의 명복을 빌면서 첫 잔을 비웠다. 그제야 주르륵 슬픔의 눈물이 내 볼을 타고 흘러내렸다. 온종일 목석같이 아무것도 느낄 수 없었는데 그 순간 아버지를 잃은 상실의 아픔이 한꺼번에 몰려왔다. 내 분신 같았던 아버지가 떠나가셨다. 든든한 버팀목이 되어 세상의 험한 바람을 다 막아 주셨던, 인간의 따뜻함과 세상의 아름다움을 실천으로 알려주신 은인이 떠나가셨다. 언젠가는 떠나실 줄 알았지만 이런 이별은 상상도 하지 못했었다. 아버지는 혼미한 상태에서도 혜선이가 언제 오는 가고 계속 찾으셨다고 했다.

*

동생은 출발 날짜를 며칠 더 미루고 베이징에서 우리 가족의 소환

---

68) 북한 사람들이 베이징에 상주하면서 운영하는 평양식 한식점

준비를 돕기로 했다. 딸만 둘인 동생은 남자 조카애들을 무척 대견해했다. 그는 나와 두 살 터울로 오빠 같은 동생이었다. 4년 전 런던에 파견되어 갈 때도 베이징에서 우리를 맞아 주었었다. 그때는 평양에서 나온 우리 아이들을 란도 백화점에 데리고 가 직접 새 옷을 골라사 입히고 여비도 쥐여 주었다. 남편은 난생처음 공짜 돈을 받아 보았다고 두고두고 고마워했다. 이번에도 소환 준비를 하느라 정신없는 누나를 위해 기꺼이 아이들을 맡아주었다. 동생은 유명 헤어숍에 들러 아이들의 머리도 다듬어주고 란도 백화점 6층 오락실에서 애들의 게임 상대가 되어주기도 했다.

동생과 나는 평양외국어학원과 평양외국어대학에서 11년을 함께 공부했다. 영어과에 다니는 누나 때문에 스페인어를 배워야 했지만[69], 공부 잘하고 친구들 사이에서 인기가 많은 자랑스럽고 책임감이 강한 동생이었다. 동생은 나보다 더 성숙해 보여 누가 위인지 구분하지 못하는 친구들도 많았다. 이번에도 집안의 가장답게 큰 역할을 했다. 마침 평양에 출장을 가 있으면서 외로운 어머니를 옆에서 지켜드릴 수 있었던 것도 정말 다행스러운 일이었다. 자식이 둘씩이나 부모님 곁을 떠나 있었더라면 어머니가 얼마나 힘드셨을까 생각하니 묵묵히 집일을 떠맡아 온 동생이 고맙고 자랑스러웠다.

평양으로 들어갈 날짜가 다가올수록 내 마음은 다시 무거워졌다. 마

69) 학원은 가정별로 한 애씩 받는 것을 원칙으로 하고 있었으므로 특별히 지망생이 많은 영어과에 한 가족에서 두 명 이상의 자녀를 받는 것을 불허했다.

치 죄수가 임시 석방을 받고 잠깐 자유를 누리다 감옥으로 다시 끌려 들어가는 기분이었다. 북한은 정말 다시 돌아가고 싶지 않은 나라였다. 세상 그 어디에 가도 북한보다는 나을 성싶었다. 속으로 끙끙 앓고 있던 나는 동생으로부터 뜻밖의 이야기를 듣게 되었다.

"장군님께서 자신을 대신해 유가족들을 잘 위로해 주라고 장례식장에 현철해 동지를 보내주셨어. 고인이 남기고 간 유가족들을 당에서 책임지고 잘 돌봐주라는 말씀도 계셨어." 동생은 계속해서 집 앞 주차장은 장례식에 문상하러 온 사람들의 차로 꽉 메웠고 방문객이 너무 많아 아버지가 누구인지 의아해하는 이웃들도 많았다고 했다.

그나마 다행스러운 소식이었다. 거의 30년간 입었던 군복을 벗고 인생 말년을 외롭게 보내신 아버지가 항상 마음에 걸렸는데, 가시는 길이라도 국가 지도자와 수많은 친지들의 배웅과 관심 속에 떠나셨다니 마음이 조금 놓였다. 북한으로 들어가기가 내키지 않아 고민하던 나에게도 동생의 이야기는 큰 위안이 되었다. 세상을 떠나시면서 아버지가 남기신 마지막 선물 같다는 생각이 들었다. '그래. 모든 일이 다 잘 될 거야.' 그렇게 스스로를 위안하며 나는 다시 평양행 열차에 몸을 실었다.

4부

버림받은 사람들

167 인생은 사랑이다
175 새 독재자의 출현
184 문제아들
193 가난한 총리
200 한 줄기 빛
207 바람과 함께 사라지다
213 어머니의 후회
219 사는 것이 범죄
227 마지막 겨울
238 작별

열차가 평양역에 들어서자 창 너머로 그리웠던 가족들의 모습이 보이기 시작했다. 양가 어머님들, 언니, 동생들, 조카들은 우리를 먼저 발견하고 손을 흔들고 있었다. 눈물에 젖어 서로를 얼싸안았다. 어머님들의 팔을 한 쪽씩 끼고 평양역을 나섰다. 맵짠 겨울 추위가 온몸에 파고들었다. 평양에서 만만치 않을 앞으로의 삶을 예고하는 듯싶었다. 친정어머니는 다음날 다시 찾아뵙기로 약속하고 우리 가족은 만수대 동상을 향해 출발했다. 옛날 장수들이 성곽 일대를 한눈에 내려다보며 군사를 지휘했다는 유례에서 이전에는 장대제로 불렸다던 만수대 언덕에 지금은 김일성과 김정일의 동상이 세워져 있다. 관례대로 우리 가족은 만수대 언덕 김일성의 동상을 찾아 정중히 도착 인사를 하고 집으로 향했다.[70] 시어머니를 모시고 보통강변에 있는 우리 아파트에 도착하니 정전으로 주변은 온통 적막강산이었다.

저녁상 너머로 촛불에 비친 시어머님의 얼굴은 그동안 더 늙고 몸은 많이 쇠약해지셨다. 가여운 생각이 들어 어머님을 다시 꼭 안았다. "어머니, 이젠 걱정하지 마세요. 제가 잘 모실게요." 어머니도 모든 시름이 놓이시는지 내 손을 꼭 잡아주셨다. 나는 형제들과 함께 저녁을

70) 북한 사람들은 외국으로 출발하거나 외국에서 돌아올 때 김일성 동상 앞에서 인사를 하는 관례가 있다. 자발적인 충성심의 표현이라고 하지만 그렇게 하지 않을 시 처벌을 받을 수 있다.

먹으며 회포를 나누다 새벽녘에야 잠자리에 들었다. 추운 겨울날 난방 없이 지내다 보니 벽지는 온통 들뜨고 이불에서는 곰팡내가 났다. 런던으로 출발하기 전에 시아버님이 지으셨던, 신혼 시절의 추억이 깃든 모란봉의 정든 집을 지금 집과 교환하고 남편과 함께 정성 들여 인테리어 공사를 했었다. 남편은 어머니에게 편안한 안식처를 마련해 드린다면서 런던 행 출발을 거의 보름이나 미루고 집안 내부를 전부 뜯어고쳤었다. 그때의 새집은 다시 낡은 집이 되어 버렸다. 집을 수리하기 위해 당분간 시어머니는 시동생 집에, 나는 아이들을 데리고 친정어머니 집에 가있기로 했다.

친정어머니는 그동안 크고 넓은 아들네 집으로 이사하셨다. 영국으로 떠나기 전 골조만 서있는 아파트 건설장을 지나치실 때면 저게 앞으로 우리가 이사 갈 집이라고 자랑하시던 아버지 생각이 났다. 남동생이 직장에서 건설하는 아파트에 투자해 배정받은 집이었다. 생각해보니 아버지가 그동안 아들네 집에서 여생을 보내신 것만도 다행스러운 일이었다.

*

젊은 시절에는 승승장구하시던 아버지는 1980년대 중엽에 들어서면서 정치일군에서 행정일군으로 밀려나셨다. 딱히 그 원인에 대해 알려주는 사람은 없었지만 분명한 것은 아버지의 주변 환경이 다시 변하기 시작했다는 것이었다. 아버지에게는 6.25 전쟁 시기 포로가 되었다 귀환병이 되어 돌아오신 형님이 한 분 계셨다. 큰아버지는 아무리 항일 투사의 아들이어도 귀환병이라는 '변절자'의 신세에서 벗어날 수 없었다. 발전의 길이 막혀버린 큰아버지는 하는 수없이 어린 시절을 보낸 중국 동북으로 돌아가 농사를 지으며 어머니를 모시고 살았다. 그러던 큰아버지가 인생 말년인 80년대 중반 무렵, 다 성장한 두 아들을 앞세우고 갑자기 귀국을 결심하셨다. 처음 평양에 도착했을 때 두 사촌 오빠들의 모습이 아직도 눈에 선하다. 훤칠한 키에 기타를 메고 남한 유행가를 부르며 디스코를 멋지게 추던 그날의 오빠들은 몇 년 후 북한의 평범한 의학대학 학생과 군관이 되었다. 북한 생활에 잘 적응하는가 싶던 큰 오빠는 사고 후유증으로, 작은 오빠는 지병을 만나 30대를 넘기지 못하고 새파란 나이에 저세상 사람들이 되고 말았다.

이후 아버지도 서서히 내리막길을 걷기 시작했다. 1990년 4월 김일성정치대학 총장에서 조국해방전쟁승리기념관 1부관장으로, 다시 무력부 체육위원장으로 지내시다 1995년 여름에는 완전히 군복을 벗고 지방으로 혁명화를 가게 되셨다. 아무리 늙어도 자식들 신세는 절대 지지 않는다고 호언장담하시던 젊은 시절의 아버지는 결국 해방 전 군수가 자랑할 것 하나 없어 돌 자랑만 했다는, 척박하기로 소문난 함경남도 덕성군에서 '고난의 행군'을 겪게 되셨다. 평양에서 내려갈 때 가지고 가셨던 돈과 물건을 팔다 못해 나중에는 이불 거죽까지 쌀로 바꿔가며 외지에서 겨우 연명하셨던 부모님은 몇 년 후 지인의 도움으로 간신히 평양으로 돌아와 맏아들에게 얹혀 외로운 여생을 보내셨다.

*

북한에서는 간부를 했다고 해서 재산이 많은 것은 아니다. 주어진 권력이 존재하는 기간에는 김 씨 일가에 대한 충성도에 따라 직급에 걸맞은 일반인들과 차별화된 편안한 생활을 누릴 수 있지만 일단 권력을 내려놓으면 남는 것이 없다. 따로 모은 재산도 없고 은행에 저축한 돈도 없다. 사실 누구나 못살게 만드는 것이 북한식 사회주의인 것 같다. 어쩌면 권력을 갖고 공관에서 살던 간부들의 말로는 일반인들보다 더 비참하다. 말년에 공관용 집과 차를 내놓고 완전히 새로운 삶을 살아야 하는데 나이가 들어 갑자기 하루하루 벌어먹고 사는 일반인의 삶에 적응하기란 그리 쉬운 일이 아니기 때문이다. 선배들의 삶에서 교훈을 찾은 요즘 간부들은 말년 준비를 알뜰히 하고 있다. 권력을 가지고 있을 때 한사코 공관이 아니라 자기 집을 괜찮은 것으로 마련하고 자식들을 잘 키워 간부로 등용한다. 집이라도 있으면 말년에 집 소유권을 팔아 받은 돈으로 얼마간 생계를 유지할 수 있고 자식이 간부면 대를 이어 권력을 누릴 수 있기 때문이다.

나는 조용히 아버지가 마지막 시간을 보내셨던 안방으로 들어갔다. 탁상 위에는 아버지의 영정사진이 모셔져 있었다. 커다란 별 두 개가 반짝이는 군복 입은 아버지의 얼굴은 여전히 나를 보며 웃고 계셨다. 아버지와 함께한 행복했던 어린 시절의 순간순간들이 한편의 영화처럼 선명히 지나갔다. 어린 시절 아버지는 늘 내 편이 되어 주셨다. 집안일에 거의 간섭하지 않고 말수가 적으셨던 탓인지 언니나 남동생들은 아버지를 몹시 어려워했지만, 나만은 예외였다. 가끔 학교에서 건설자재라든가 운송 수단을 부탁하는 선생님들의 부탁 편지[71]를 받아 오곤 했는데 그때마다 아버지는 다른 형제들에게 했던 것과 달리 늘 군말 없이 해결해 주곤 하셨다. 크진 않지만 늘 다정하게 웃으시던 눈, 우뚝 솟은 코, 아버지는 키가 170cm도 안 되는 작은 체구였지만 어린 시절의 나에게는 사랑과 열정이 가득한, 세상에서 제일 큰 사람이었다. 남달리 정이 많으셨던 아버지의 삶은 늘 나에게 인생은 사랑이라고 알려주시는 것 같았다.

조용히 방문을 닫고 어머니와 언니, 둘째 남동생, 셋째 남동생, 조카들이 기다리는 거실로 나갔다. 그들은 성의껏 준비한 음식상을 마주하고 나를 기다리고 있었다. 상에는 내가 좋아하는 약과와 꿀 꽈배기도 있었다. 어렸을 때 어머니가 자주 만들어 주시던 음식들이다. 지금은 식당과 매점들에서 흔히 사 먹을 수 있지만 그때는 돈이 있어도 사 먹을 수 없는 별식들이었다.

4년이란 기간이 이렇게 긴 시간이었던가 싶었다. 세월 속에 형제들도 많이 늙었다. 어린 시절 우리 가족의 모습이 떠올랐다. 뭐니 뭐니 해도 노래는 우리 집에서 넷째 학만이가 제일 잘했다.

풍년 분배 많이 탄 자랑 많은 우리 집
저녁이면 랄 라라 노래하는 집

---

71) 국가에서 교육 물자를 제대로 보장해 주지 않아 필요한 물자들을 능력 있는 부모들을 통해 해결하는 것이 관례다.

아버지는 하하하, 어머니는 호호호
원수님의 품속에 웃음 많은 우리 집

다섯 살 난 학만이가 유치원에서 독창을 해 아버지, 어머니를 즐겁게 해주었던 노랫말[72)]이다. 그가 유창한 목소리로 노래를 부를 때면 우리 집은 웃음으로 가득 차곤 했다. 그 애는 어릴 적부터 심성이 착했다. 언젠가 어머니는 몸이 아파 학만이에게 막냇동생을 유치원에 데려다 달라고 부탁한 적이 있었다. 어머니는 마음이 놓이지 않으신지 날 보고 급히 따라가 보라고 하셨다. 쫓아가보니 학만이가 냇가에서 동생 학건이의 흙 묻은 신발을 흐르는 물로 씻어주고 있었다. 자기보다 한 살밖에 차이 나지 않는 동생의 신발을 정성스레 닦아주는 그의 모습을 보면서 법이 없이도 살 수 있는 참 착한 동생이라는 생각을 했었다. 그 후 나는 그를 무조건 믿고 특별히 아꼈다.

*

학만이는 마음이 착해서 그런지 인생의 힘든 일은 다 겪는 것 같았다. 아버지는 군인의 신분으로 자식들을 군대에 보내지 않아 남들 보기 부끄럽다고 하시면서 그가 중학교를 졸업하자마자 군대로 보냈다. 어쩌다 휴가를 받고 집에 온 동생의 손등은 얼어 터져 쩍쩍 갈라졌고 상처투성이였다. 가슴이 아파 왜 이렇게 험해졌냐고 물었더니 저녁마다 땔나무를 열 단씩 하지 못하면 산에서 내려가지 못한다고 대답

72) 70년대 북한 어린이들이 부르던 노래로 북한 노래는 대부분이 김 씨 일가 칭송곡이다.

했다. 아버지가 장령이어서 꾀를 좀 피우고 집에 와 있어도 되련만 동생은 마지막까지 성실하게 복무하고 돌아왔다. 대학을 졸업한 후에는 당 일군이 되려면 노동 현장에서 경험을 해야 한다면서 열관리공이 되었다. 온종일 보일러의 고열 속에서 석탄을 퍼 넣다가 집에 돌아오면 그의 손바닥은 온통 물집이 잡혀있었고 나중에는 굳은살이 박여 딱딱해졌다. 내가 우리 집 '보일러공'이라고 놀려줄 때면 '열관리공'이라고 우직하게 바로잡아주던 동생이었다.

학만이는 타인에 대한 배려심도 많았다. 언젠가 대동강구역 당 위원회 간부과에서 일하고 있던 그에게 한 제대군관 노동자가 러시아 건설대로 보내달라고 찾아왔다. 담화를 마치고 나가면서 그는 메고 있던 전투 가방에서 주저하며 담배 세 갑을 동생에게 꺼내 놓았다. 동생은 가슴이 저려 꼭 보내주겠으니 그건 가져가 피우라고 다시 넣어주었다고 한다. 그리고 마지막까지 관심을 돌려 그를 러시아 파견 건설대에 보내주었다.

착하게 살다 보니 친구도 많아 늘 우리 집 해결사였다. 나도 평양에 있을 때는 큰일이든 작은 일이든 어려운 일이 생기면 남편보다 학만이를 먼저 찾곤 했다. 남보다 열심히 살아도 아들을 출산하면서 얻은 지병으로 고생하는 아내의 병구완을 하느라 집안에 가구 하나 변변한 것 없이 살았다. 아내를 위해 좋다는 치료, 좋다는 약은 다 구해주었다. 오랜 병에 효자가 없다는 말이 있지만 동생은 아내 병구완과 어린 아들의 육아를 혼자서 맡아 거의 10년 세월을 한마디 불평 없이 묵묵히 해나갔다.

*

막냇동생 학건이는 언제부턴가 더는 이전의 귀염둥이 막내가 아니다. 그도 가장의 역할을 하느라 자신을 잊어버린 지 오래되었다. 아내는 심장병으로 고생하고 있었다. 적십자병원에서 심장 박동기를 삽입하는 대수술을 받은 지 벌써 10년이 지났다. 열악한 환경에서 하는 위험한 수술이다 보니 당시 온 형제가 힘을 합쳐 도와주었다. 병원에서 수술은 받았지만 혈장부터 약품, 환자 식사에 이르기까지 모든 것을 환자 측에서 마련했다.

언제나 감사한 마음으로 생각하지만 우리 어머니는 바깥사람 복이 참 많으신 것 같다. 두 사위들과 세 며느리들은 하나같이 마음도 착하고 성실했다. 게다가 우리 형제는 동문의 배우자들과 결혼했다. 언니 내외는 김일성종합대학 어문학부와 철학부, 나와 남편은 외국어대학과 국제관계대학이지만 같은 외국어학원 출신이다. 첫째 남동생 부부는 외국어학원과 외국어대학 스페인어과에서 열두 살부터 한 학급에서 11년 동안 함께 공부한 사이다. 둘째 남동생 부부는 김일성종합대학 역사학부와 정치경제학부, 막내 남동생 부부는 평양미술대학 조선화 학부와 상업미술학부를 졸업했다. 살면서 제일 마음대로 되지 않는 것이 바깥사람 맞는 일이라고 하지만 평생 자식들을 위해 열심히 살아오신 보상인지 어머니는 며느리들과도 의좋게 잘 지내고 계셨다.

새 독재자의 출현

2008년 가을, 갑자기 김정일이 사라졌다. 그의 존재와 권력의 힘을 매 순간 느끼게 해주던 '보고 문건'과 '친필 지시'가 몇 달째 올라가지도 내려오지도 않았다. 김정일의 '친필 지시'나 '말씀'이 사라지자 북한의 모든 사업은 정지되었다. 아무리 늦어도 일주일을 넘기지 않는 관례로 볼 때 사람들은 설마 하는 의심을 품기 시작했다. 남편은 김정일이 심하게 앓고 있는 것 같다고 귀띔해 주었다. 그러면 어떻게 될까? 드디어 자유 세상이 오는 건가? 섞갈린 억측과 부풀었던 희망은 석 달을 넘기지 못했다. 김정일은 다시 나타났던 것이다. 하지만 그의 외모와 행동은 달라졌다. 그의 불편한 거동과 밤낮을 모르는 경제 부분에 대한 현지 지도는 그의 조바심을 보여주는 듯했다.

몇 달이 지난 2009년 1월, 어느 토요일이었다. 강연회를 시작하기에 앞서 여느 때처럼 노래보급이 진행되었다. 제목은《척척 척척 발걸음》이었다. 성인들에게 아이들 노래를 가르치는 것 같아 제목부터 불편했다. 하지만 강연자의 노래가 시작되면서 심장은 덜컹 내려앉고 절망에 숨이 턱 막히는 감을 느꼈다.

척척 척 척척 발걸음
우리 김 대장 발걸음
2월의 정기를 뿌리며

앞으로 척척척
발걸음 발걸음 힘차게 한번 구르면
온 나라 강산이 반기며 척척척

척척 척 척척 발걸음
우리 김 대장 발걸음
2월의 기상을 떨치며
앞으로 척척척
발걸음 발걸음 힘차게 한번 구르면
온 나라 인민이 따라서 척척척

척척 척 척척 발걸음
우리 김 대장 발걸음
2월의 위업을 받들어
앞으로 척척척
발걸음 발걸음 더 높이 울려 퍼져라
찬란한 미래를 앞당겨 척척척

혹시나 했던 기대는 산산조각이 났다. 그렇게 간절히 김 씨 일가의 독재가 끝나기를 기다렸지만, 또 누군가 우리 위에 군림하려고 준비하고 있었다. 또 누군가 우리 아이들의 운명과 미래를 거머쥐고 흔들려 하고 있었다. 하늘도 무심했다. 불안은 현실로 다가왔다. 얼마 지나지 않아 김일성의 모습을 판박이 한 그의 손자 김정은의 모습이 미디어에 나타나기 시작했다. 김정일은 평생 하지 못했던 현지 지도를 다 하려는 듯 매일 방방곡곡을 찾아다녔고 그의 곁에는 늘 젊은 김정은이 동행했다.

그러던 2011년 12월, 북한은 김일성이 사망했을 때와 꼭 같은 방법으로 김정일의 부고를 세상에 알렸다. 하지만 주민들의 반응은 김일성이 사망했을 때와는 확연히 달랐다. 주민들은 놀라지 않았다. 이미 김일성의 국상을 경험하기도 했거니와 김정일의 앓는 모습을 통해 머지않은 일임을 느끼고 있었던 것이다. 시민들의 반응은 민첩했고 조직적이고 경쟁적이었다. 이전의 불행을 똑똑히 기억하고 다시는 당하지 않으려는 듯 최선을 다하고 있는 모습이었다. 나도 그들과 마찬가지로 김일성이 사망한 1994년의 여름을 똑똑히 기억하고 있었다.

*

남북정상회담을 며칠 앞두고 있던 1994년 7월이었다. 무역부 공무원들은 아침부터 청사 내부와 외부를 대청소하느라 북적거렸다. 모두가 통일에 대한 기대와 희망을 안고 설레는 마음으로 힘든 줄 몰랐다. 김영삼 대통령이 평양에 올라와 김일성 주석을 만나기만 하면 통일은 저절로 될 것만 같은 분위기였다. 나도 선배 동료들과 통일에 관한 이야기로 꽃을 피우며 청사 주변 화단에 비비추를 심고 있었다. 갑자기 세포비서로부터 중대 방송이 있겠으니 낮 12시까지 전원 강당으로 입장하라는 지시가 내려졌다. 누구나 남북정상회담과 관련한 특별조치가 있을 것으로 추측했다. 조금 늦어 강당에 들어섰다. 어느새 뒤쪽

좌석들은 다 차 있어 머리를 살짝 수그리고 앞쪽으로 나아가 앉았다.

얼마 지나지 않아 강당 무대 한가운데 설치된 대형 TV에서 인민 방송원 리춘희가 검은색 한복 차림을 하고 나타났다. 소란스럽던 강당에 한순간 정적이 깃들었다. 일동이 굳어졌다. 설마 하는 사이 리춘희는 그 여자 특유의 힘 있는 저음으로 김일성의 사망 소식을 전했다. 청천벽력이었다. 나는 그동안 연로해 가는 김일성의 모습은 눈에 익었지만 김일성이 없는 세상을 한 번도 상상해 본 적이 없었다. 여기저기서 공무원들의 흐느낌 소리가 들리기 시작하더니 나중에는 통곡소리로 변했다. 온 강당이 울음바다로 변했는데 이상하게도 나는 눈물이 나지 않았다. 그날 오후에는 그 어떤 조직사업도 진행하지 않았다. 공화국 역사상 처음 겪는 일이라 누구도 그다음 행동으로 무엇을 해야 하는지 모르고 있는 것 같았다.

나는 퇴근길에 창전거리 만수대 언덕에 있는 김일성 동상을 찾았다. 나의 도리라고 생각했다. 비보를 듣고도 눈물을 흘리지 않은 자책의 발걸음이기도 했다. 만수대 언덕은 이미 인산인해로 발 디딜 틈이 없었다. 평생 명절날, 기쁜 날에만 찾곤 하던 장소였지만 그날은 달랐다. 남녀노소 모두가 손실의 아픔에 오열했고 위인을 잃은 슬픔의 눈물을 흘렸다. 나도 그들 대열에 합류했다. 대열은 천천히, 자동으로 그의 동상을 향해 움직이고 있었다. 지난날의 행복했던 순간들이 떠올랐다. 그의 각별한 관심과 배려가 있었기에 우리 일가는 잘 살아왔다. 그 시절은 다시 오지 않을 것이다. 김일성에 대한 그리움인지 아니면 지나가 버린 좋은 시절에 대한 그리움인지 확실한 이유는 모르겠지만 눈물이 볼을 타고 흘러내렸다.

그해 여름은 유난히 덥고 비가 많이 내렸다. 극한 날씨에도 평양 시민들, 특히 청소년들은 목숨으로 만수대 언덕의 김일성 동상 곁을 지켰다. 누가 시켜서가 아니었다. 무더위 속에서 열사병에 넘어지면서도, 폭우 속에서 온몸이 흘딱 젖어 추위에 이를 갈면서도 동상이 마치 살아있는 김일성인 양 다시는 잃지 않겠다는 심정으로 자발적인 호위에 나섰다. 생명의 은인을 잃은 비통함과 고마움에 대한 시민들의 솔직한 표현이었다.

*

그 후 얼마 지나지 않아 서거 기간 김일성에 대한 충실성을 검토하는 북한 주민들의 개인별 총화사업이 전국적으로 진행되었다. 전국의 당 조직들은 세포비서를 통해 애도 기간 주민들의 개인별 일상을 시간 아니, 분 별로 '장악'하는 조사 사업에 들어갔다. 애도 기간에 정치적으로 각성이 무뎌 병원에 계속 입원해 있었거나 외국 체류를 중지하고 돌아오지 않은 사람들, 추모행사에 제대로 참여하지 않았거나 정치적 각성이 무딘 행동을 했던 사람들은 반당·반혁명 분자로 엄중한 처벌을 받았다. 본인만이 아니라 그 가족들도 함께 처리되었다. 그들은 혁명의 동요계층으로 낙인찍혀 북한 사회에서 더는 발전할 기회를 잃게 되었다.

애도 기간 북한 주민들의 충성심을 검토하는 총화 결과로 북한 주민들의 계급 구성은 6.25전쟁 이후로 또 한 번 크게 흔들렸다. 그 과정을 지켜보면서 대부분 북한 사람들은 김 씨 일가에 대한 순수했던 충성심마저 접게 되었다. 이전의 충성심은 오히려 두려움으로 변했고 가식으로 표출되기 시작했다. 나도 마찬가지였다. 주혁이와 몇 달 동안 입원 생활을 하다가 다행히도 김일성이 사망하기 며칠 전에 퇴원했기에 망정이지 평소처럼 안일한 생각으로 서거 소식을 듣고도 그대로 병원에 남아있었더라면 온 가족과 함께 정치적으로 생매장되었을지도 모를 일이었다. 처벌은 그가 누구라도 무자비했다. 독재자에 대한 두려움은 과잉 충성을 낳기 마련이다. 자신의 충성심을 증명이라도 받으려는 듯 권력자들은 주민들을 상대로 '처벌'의 칼을 마구 휘둘렀다.

*

김정은 시대가 다시 열리자 북한 사람들은 이미 오래전에, 아니 태어날 때부터 자아를 잃어버린 듯 맹목적으로 김정은에게 복종하기 시작했다. 혹시나 새로운 젊은 지도자는 좋은 군주이기를 마음속으로 기대할 뿐이었다. 나도 같은 심정이었다.

하지만 날이 갈수록 당원들에 대한 당 위원회의 권한과 통제가 강화되기 시작했다. 당 위원회 전원총회에서는 이전과 달리 무역상이나 부상들이 주로 비판의 대상이 되었다. 상이나 부상[73]도 평당원에 불과하며 당의 신임을 떠나서는 존재의 의미가 없다는 것을 당원들에게 각인시켰다. 당 총회가 끝나면 당원들에게 회의실을 나가기 전에 무조건 감상문을 쓸 것을 요구했다. 수천 명의 당원이 작성하는 감상문

73) 한국의 차관급 인사를 의미한다.

내용은 거의 비슷했다. 북한의 공무원이라면 당의 입맛에 맞게 쓰는 방법을 알고 있었다. 회의의 정당성, 회의 정신과 자신의 생활을 결부한 반성, 결의로 구성되었다. 보통은 행정직위가 부국장인 당 세포비서들의 직능은 전문 당 일군의 직능으로 변한 것 같았다. 그들의 일과는 전날에 전달받은 당의 방침을 조회시간에 당원들에게 전달하는 것으로 시작해 저녁에 다시 당원들의 당의 방침 집행 여부를 파악하고 상급에 보고하는 것으로 끝나곤 했다.

특별한 후광 없이 권력을 잡은 김정은은 주민들의 환심을 사기 위해 가시적 성과를 낼 수 있는 수도 건설에 집중하기 시작했다. 창전거리, 여명거리가 확장되었고 과학자거리가 새로 건설되었다. 동평양을 중심으로 물놀이장, 유희장, 곱등어[74]관, 해당화관을 비롯한 현대적인 봉사시설들이 새로 건설되었고 순안비행장의 개건과 증축도 진행되었다.

하지만 개인 영웅주의에서 비롯된, 타산 없이 시작한 무수한 건설로 인한 고통은 오로지 주민들의 몫이었다. 주말에는 남녀노소 모든 주민은 무보수 건설 지원 노동에 시달려야 했고 가정 세대들은 식량공급도 받지 못하면서 군인 건설자들을 위한 도시락을 준비해야 했다. 간부들 역시 젊고 성급한 김정은과 보조를 맞추느라 쩔쩔맸다. 젊은 지도자는 간부들의 자그마한 변명과 구실도 허용하지 않았다.

간부들은 점차 모든 일 처리를 나누는데 습관이 되어갔다. 누가 생

74) 돌고래의 북한 말.

각해 냈는지 참 기발한 착상이었다. 책임과 부담을 서로 나누어 큰 피해를 피해갈 수 있는 좋은 방법이었다. 김정은의 말씀, 친필 지시가 떨어지면 내각은 과제를 성, 중앙기관들 사이에 골고루 나누어 분담했다. 성, 중앙기관들은 산하 부, 처들 사이에 다시 나누어 분담했고 부, 처들은 또다시 공무원들 사이에 나누어 분담했다. 실제적 부담은 아무런 실권도 없는 일반 공무원들이나 대학생들, 평양시민들의 몫이 되었다.

*

북한의 모든 건설은 전문가가 아니라 지원자들에 의해 진행되다 보니 늘 위험이 도사리고 있었다. 특히 2012년 창전거리 건설장은 밤이고 낮이고 군인들과 대학생들, 평양시민들과 공무원들로 바글바글했다. 모든 일은 기계의 도움 없이 인력으로만 진행되었다. 우리 집도 미성년인 둘째를 제외하고 모두가 건설에 동원되었다. 남편은 외무성에서, 나는 무역성에서, 큰 애는 의학대학에서 창전거리 건설에 동원되었다. 무역성은 주거용 아파트 한 동을 맡았다. 건설 기일이 계획보다 늦어지자 내각에서는 성, 중앙기관들 사이에 경쟁을 붙였다. 기관별로 건설조가 조직되었고 책임자들은 시와 때를 가리지 않고 공무원들을 작업에 내몰았다. 주말 휴식도 없었다. 자재 운반, 시멘트 혼합, 축조, 미장 등 모든 건설 과정이 비전문가들에 의해 진행되었지만, 아파트 골조는 쭉쭉 올라갔다.

얼마 지나지 않아 우려하던 일들이 생기기 시작했다. 어떤 날은 올라가던 아파트가 갑자기 무너지는 사고가 나는가 하면 또 어떤 날은 아파트가 기울어져 시민들 사이에 화제가 되기도 했다. 시민들은 기울어진 아파트를 보면서 불안에 떨었고 결국 아파트의 측면에 보조벽을 다시 쌓아 올리는 방법으로 해결되었다. 사고 원인은 늘 적대분자들의 반공화국 행위였고 시민들에게 경각성을 더 높일 것을 주문했다. 하지만 엄동설한에 춥고 배고픈 시민들은 시공한 콘크리트 부재가 채 굳기도 전에 버팀 목재를 뽑아 땔감으로 사용했고 건설장의 시멘트를 훔쳐 장마당에 내다 팔았다. 주민들의 생활조건을 해결하기 위한 국가적 조치가 취해지지 않는 한 인재의 위험성은 어디에나 도사리고 있었다.

김정은 집권 이후 북한의 상황은 최악에 이르렀고 어느 하루도 스트레스를 받지 않는 날이 없었다. 김정은은 선친들을 능가하는 독재자였다. 늙고 병든 아버지와 달리 젊은 혈기로 여기저기 '현지 지도'를 한다며 들쑤시고 다녔고, 문제가 생기면 인내하지 못하고 즉석에서 간부들을 처벌했다. 강화된 당 조직의 통제를 통해 주민들은 김정은의 감정 기복을 고스란히 느낄 수 있었다.

문제아들

영국에서 돌아온 지 얼마 되지 않아 큰아들은 평양의학대학에 입학했다. 희망하던 복부외과는 아니었지만, 다행히 심장외과에 편입할 수 있었다. 그렇다고 의학 공부가 아들의 꿈은 아니었다. 아이 적부터 지병으로 고생을 많이 한 주혁이가 다시는 앓지 않기를 바라는 부모의 바람이 그의 등을 의학대학으로 떠밀었다. 첫 등교 날은 우리 집의 큰 경사였다. 나는 실력을 쌓아 훌륭한 의사가 되어야 한다고 몇 번이나 주혁이에게 당부했다.

하지만 주혁이의 대학 생활은 내 기대와는 너무나 다르게 흘러갔다. 대학에서는 공부보다 작업이나 행사가 더 많았다. 첫 학기가 시작되자 오전 강의가 끝나면 저녁 늦게까지 대학 청사 건설에 동원되었고 마감 출석에 학급 재적인원 중 한 명이라도 빠지는 경우에는 늦은 밤이라도 비상소집을 시켜 학급 전원을 대학으로 불러들였다.

어느 날 대학 생활에 늘 지쳐있는 주혁이에게 맛있는 점심이라도 사주려고 그의 대학으로 찾아간 적이 있었다. 교실은 텅텅 비어 있었다. 지나가는 여학생에게 물어보니 대학 청사 건설장에 가보라고 했다. 그 학생의 말대로 한창 골조를 올리고 있는 새 청사 건설장에서 낯익은 그의 학급 학생들이 눈에 띄었다. 그들은 시멘트 지대를 옮기고 있었다. 얼마 지나지 않아 건설장 입구에 시멘트 지대를 어깨에 멘 주혁이의 모습이 나타났다. 그 짧은 점심시간마저 시멘트 두 지대씩 대학 정문부터 건설장까지 날라 와야만 밥을 먹을 수 있다는 것이었다. 온통 시멘트를 뒤집어쓰고 땀을 철철 흘리는 그가 측은했지만 나도 믿지 못할 말이 불쑥 튀어나왔다. "대학 생활은 단련 기간이야. 엄마도 대학 시절이 제일 어려웠어. 지금은 힘들겠지만 견디고 나면 더 강해질 거야."

사실 주혁이의 대학 생활은 나의 대학생 시절과도 너무 달랐다. 실제 공부하는 기간은 손가락으로 꼽을 정도였다. 매해 5월 초 모내기로 시작되는 농촌지원은 모내기부터 시작하여 김매기, 가을 추수까지 일 년 내내 계속되었다. 게다가 창전거리를 비롯한 평양시 수도 건설과 아리랑 행사, 횃불 행진 등 명절마다 각종 국가 행사에 학생들이 동원되다 보니 강의는 늘 밀려있었다. 밀린 강의를 끝내기 위해 하루 종일 집중 강의를 조직하는가 하면 주말에는 보충강의를 진행하곤 했다. 강의가 밀려 두 학년 위 학생들의 졸업은 지속적으로 연기되고 있었지만 국가에서 조직하는 행사나 동원이다 보니 누구도 그 책임을 묻거나 책임을 지는 사람도 없었다. 그보다 더 안타까운 것은 대학가에 만연하고 있는 부정부패 행위였다.

*

어느 주말이었다. 주혁이와 함께 장을 보러 가려고 집을 나서는데 거실에서 전화벨 소리가 울렸다. 받을까 말까 주저하는 사이 큰 애는 신발 한 짝만 벗고 달싹달싹 뛰어 들어갔다. 금방 나올 것 같던 주혁이는 5분이 지나도록 나오지 않았다. 기다리다 못해 다시 거실로 들어가 보니 전화를 받고 있는 주혁이의 얼굴색은 어두웠다. 무슨 일인지 궁금해 스피커폰 버튼을 눌렀다.

"너 대학생이 맞아? 너처럼 혁명역사를 모르는 학생이 어떻게 대학에 입학했어? 당 위원회에 제기하면 넌 당장 퇴학 감이야. 그래도 나는 너에게 관심을 더 돌리려고 마음먹고 있는데…. 어머니께 사정을 잘 말씀드리고 월요일 아침 강좌실로 와."

위협 반, 회유 반이었다. 자초지종을 물어보았다. 몇 주 전, 큰 애에게 딸의 결혼식 준비에 쓸 50달러를 부탁했던 선생님이었다. 이번에는 대학에서 교원들에게 나눠준 《의학용어대사전》을 50달러에 사달라고 주혁이에게 부탁했다고 한다. 주혁이가 거절하자 그는 화가 나서 아이를 혼 내우고 있었던 것이다. 그분의 관점으로 보면 큰 애는 정치적 문맹자가 맞았다. 주혁이는 초, 중, 고등학교를 외국에서 다니다 보니 김일성 일가의 혁명역사를 잘 몰랐다. 아이 적부터 김 씨 일가의 역사와 활동에 대해 달달 외우고 있는 북한 사회에서는 있을 수 없는 일이었다. 그렇다고 그렇게 노골적으로 돈을 요구하며 위협하는 선생님은 처음이었다. 나는 내막은 잘 모르면서 날마다 돈을 요구한다고 큰 애를 꾸짖곤 했다. 어떻게 해야 할지 방도를 찾아야 했다.

다음날 아침, 사무실에 가방을 내려놓기 바쁘게 선배들에게 어제 있은 사실을 상세하게 설명했다. 그들의 자녀들도 우리 아이들과 비슷한 교육 코스를 밟고 있으니 분명 좋은 해결책이 있을 것이라는 생각에서였다. 예상대로 그들은 이미 경험자라 아무런 놀라움도 분노도 없었다. "오 동무, 그럼 그 교원은 어떻게 먹고 살겠소? 월급도 없고 배급도 안 주지, 그 선생도 가족이 있으니 먹고살아야 할 게 아니오.

우리 집도 아침마다 아이들과 전쟁이요. 날마다 무슨 부탁이 그리 많은지. 하지만 선생의 부탁을 들어주지 않으면 애들이 학교생활을 견디기 어려울 거요." 그들의 설명은 계속되었다. 이미 교육 부분에서는 교권이 무너진 지 오래다, 특히 시험 기간이 다가오면 교원들이 한몫 챙기려고 별짓 다한다, 학생들에게 능력 밖의 시험 과제를 주어 자발적으로 찾아오도록 만들고 뇌물을 주면 공부할 시험문제 범위를 줄여준다든가, 몰래 시험문제를 알려 주기도 한다, 오히려 5점 만점자가 너무 많아 도대체 누가 실력자인지 분간하기 어려울 정도다, 교원들도 먹고살기 위해 어쩔 수 없어 하는 짓이니 대학 당국에서도 크게 여론화되지 않는 범위 내에서 눈감아 주고 있다, 이젠 교육 부문의 뇌물 행위가 막을 수 없는 하나의 추세로 되어 버렸다, 한 세대는 잃어버린 것 같다며 안타까운 소리를 늘어놓았다. 부모의 도움을 받을 수 없는 대다수 학생은 밀매나 되거리 같은 불법 상거래에 뛰어들고 있다고도 했다.

*

배급체계가 무너지면서 교원들은 먹고살기 위해 학생들의 주머니를 털어내고 있었다. 학점을 높이기 위해 교원들과의 '사업'은 필수였다. 대학 시절을 그렇게 보내고 어떻게 의사가 되겠는지 걱정을 하면 의술은 대학에서가 아니라 배치받는 병원에서 배우게 된다고 안심시켰다. 그러고 보니 병원에서 의료사고도 자주 발생했다. 그래도 주민들은 항변할 줄 몰랐고 어디 고소할 곳도 없었다.

교육 환경이 주혁이를 망치고 있었다. 덴마크와 스웨덴, 영국에서 세계 최고의 교육 환경을 경험한 것이 오히려 주혁이에게는 독이 되었다. 차라리 서방 세계를 경험하지 못했더라면 말없이 복종하였을지도 모른다. 학생들에게 날마다 금전을 요구하는 교원들도, 자기 이름으로 주점들에 외상을 세우는 제대군인 학생들도, 주말 휴식조차 없이 강요하는 대학의 강제 노동과 형식적인 대학 강의, 불공정한 점수 관리, 위험하기 짝이 없는 건설 동원 … 아들은 늘 억울해했고 반항했다. 집 밖에서는 들어온 지 얼마 안 되는 해외 편입생으로 약탈의 표적이 되었고 집 안에서는 믿지 못할 거짓말쟁이로 날마다 꾸중을 들었다. 나는 그를 믿지 못하고 늘 잔소리를 했다. 무조건 견딜 것을 요구했다. 치열한 경쟁 사회에서 오늘을 버티지 못하면 앞으로 평생 낙오자의 삶을 살게 될 것이라고 했다. 생각해 보니 약육강식의 세상에서 주혁이에게 공기만 먹고 살라고 한 것이나 다름없었다.

*

금혁이도 달라진 교육 환경에서 고생을 많이 했다. 금혁이는 평양에 도착한 후 시급 외국어학원 영어과에 입학했다. 이전에는 중앙 외국어학원에 바로 갈 수 있었지만 지금은 중앙 외국어학원의 1학년부터 3학년을 없애고 그 과정을 시급 외국어학원에서 이수한 후 4학년 진학 시 다시 시험을 거쳐 중앙 외국어학원으로 편입하도록 규정을 바꾸었다. 입학 경쟁률은 갈수록 치열해졌고 자식이 외국어학원에 다닌다는 것만으로도 권력이나 경제력의 상징으로 통했다. 입학 열기를 식히기 위해 시급 외국어학원을 학생들이 통근하기 어려운 평양시 교외 락랑구역 통일거리에 건설했지만 큰 효과는 없었다. 입학시험 기간에는 평양 시내 택시들이 전부 통일거리로 향했다.

금혁이는 외국에서 공부하다 온 편입생이라 큰 경쟁 없이 입학할 수 있었지만 금혁이가 속한 학급의 학생들은 하나같이 배경이 이만저만 아니었다. 몇 년 전 큰 애가 외국어학원에 입학할 때와도 많이 달라졌다. 괜히 주혁이처럼 학급 간부로 나섰다가는 집 재산이 다 거덜 날 판이었다. 학급 열성자 선거에서 금혁이는 아무 자리도 차지하지 못했다.

그나마 금혁이의 장점은 다른 애들보다 영어를 잘 한다는 것이었다. 어릴수록 외국어를 배우기도 쉽지만 잊기도 쉽다. 런던에서 돌아온 이후 남편은 애들이 영어를 잊을세라 아침에 눈을 뜨자마자 거실에 영국에서 가져온 영어 녹음교재를 틀어놓곤 했다. 학교에 갈 준비를 하는 짧은 시간이었지만 같은 교재를 반복적으로 매일 듣다 보니 애들은 녹음기 버튼을 누르기만 해도 교재를 줄줄 따라 외웠다. 그 덕분인지 이전보다는 못하지만, 그럭저럭 이전 실력을 유지하고 있었다. 금혁이는 다른 학급에도 영어를 잘하는 학생이 한 명 더 있다고 했다. 미국 뉴욕에 파견되었던 외교관의 딸인 그 애는 미국식 영어를 잘했다. 합동강의가 진행될 때면 선생님들은 금혁이와 그 애에게 자유 회화를 시켜 누가 먼저 말문이 막히는가 경쟁시키곤 했다고 한다. 나중에 그 애는 부모와 함께 다시 미국으로 발령받았지만 109 사건[75]으로 평양역에서 출발 직전, 그의 아버지는 보위부에 체포되었고 가족은

75) 남한 드라마가 그의 컴퓨터에서 발견되었다고 한다.

지방으로 추방되었다.

금혁이의 학원 생활은 어느 하루도 조용한 날이 없었다. 어떤 날은 패싸움에서 머리를 맞아 정신을 잃고 친구들에게 부축을 받으며 들어오는가 하면 또 어떤 날은 허벅지에 칼을 맞고 피를 흘리며 들어왔다. 어떤 날은 통일거리 건달꾼 패거리들에게 가방과 코트를 빼앗기고 돌아왔고 또 어떤 날은 축구를 하다 발목이 골절되어 돌아왔다. 북한은 영국처럼 민주주의적 방법이 아니라 힘이 통하는 나라라는 것을 알아차렸는지 금혁이는 힘에 의존하기 시작했다. 결국 힘깨나 세다고 도전하는 학생들을 물리치고 학년의 코[76]가 되었다. 런던 학교에서는 공부 잘하고 품행이 밝아 학생들의 추천으로 학교 학생대표가 되었다면 평양에서는 싸움을 잘하고 힘이 센 걸로 유명해져 학년의 코가 되었고 이듬해에는 학교 소년단 단위원이 되었다.

학원 3학년에 진학하면서 부모들의 말없는 경쟁이 다시 시작되었다. 4학년 진학 시에는 중앙 외국어학원으로 편입해야 나중에 외국어대학에 입학할 수 있었지만 편입생은 재적인원의 절반으로 제한되어 있어 시급 외국어학원에서 중앙 외국어학원으로 편입하는 과정은 시급 외국어학원에 입학할 때보다 더 치열했다. 추천받기 위해서는 성적 관리가 필수였다. 시험 기간이 다가오면 학부모들은 담임 교원뿐 아니라 학과목 교원들을 일일이 찾아다니며 인사[77]를 했다. 금혁이도

76) 제일 힘이 세고 인기 있는 실세 학생

77) 뇌물의 은어.

이 경쟁 과정을 넘어야 했다. 남편이 재차 해외로 파견되면 괜찮았지만 만약에 어긋날 경우에는 외국어대학은 물론 외국으로 드나드는 삶의 기회를 영영 잃어버릴 수도 있었다. 외국에 데리고 나갈 수 있는 자녀들의 나이도 점점 제한되고 있었다.

*

어느 날 금혁이의 학교생활이 어떤지를 알아보기 위해 학원을 찾아갔다. 담임교원은 금혁이가 성적이 낮은 국어 과목을 비롯해 여러 과목 선생님들을 만나볼 것을 권고했다. 한 마디로 다른 부모들과 마찬가지로 인사를 좀 하라는 것이었다. 어느 과목이 약한지 확인하기 위해 금혁이를 교실 밖으로 조용히 불러냈다.

"엄마가 성적이 낮은 학과목 선생님들을 만나 인사를 하려고 하는데 어떤 과목이 어려워?" 잠깐 생각에 잠겼던 금혁이는 다시 물었다.

"얼마씩 주려고요?"

"한 50달러씩은 줘야겠지?"

"엄마, 괜히 찾아다니지 마세요. 우리 집도 돈이 없잖아요. 그리고 돈으로 받은 점수는 해서 뭣해요? 엄마만 괜찮다면 내가 더 노력할게요. 시간은 좀 걸리겠지만 내 힘으로 점수를 올리도록 할게요."

아직 철부지인 줄로만 알았던 금혁이가 오히려 엄마보다 나았다. 당장 성적이 오르지 않는다 하더라도 금혁이를 믿어주는 것이 엄마의 도리인 것 같았다. 걱정은 좀 되었지만, 금혁이의 용기와 자신감을 지켜주고 싶어 그냥 돌아오고 말았다. 금혁이는 약속을 지켜 더 열심히 공부했고 다음 해 중앙 외국어학원에 입학했다.

아이들은 냉온탕을 드나들 듯 가치관이 완전히 다른 두 교육 제도의 차이를 극한으로 체험하면서 자랐다. 자유민주주의 국가들인 덴마크나 스웨덴, 영국에서는 자유와 민주주의, 창의성에 대해 배웠다면 독재주의 국가인 북한에서는 무조건적인 복종과 충성을 배워야 했다. 자유민주주의 사회에서는 행운아의 밝은 삶을 살았다면 독재 체제하에서는 문제아의 삶을 살았다. 아이들은 늘 가치관에서 혼란을 겪었고 나와 남편은 그 과정을 지켜보면서 아이들을 놓칠세라 항상 노심초사했다. 자칫 철없는 아이들이 서방세계에서 경험한 것을 찬양하거나 김 씨 일가에 반하는 말을 발설하는 경우, 한순간에 온 가족의 운명이 달라질 수 있었기 때문이다. 아이들이 북한 사회나 제도에 정신, 육체적으로 적응하기 힘들어하는 것을 뻔히 보면서도 그들을 이해하기보다 늘 엄격해지려고 애썼다. 우리 가족뿐 아니라 북한의 모든 외교관 가족들이 겪는 일상이기도 했다. 한 지인은 자식에게 늘 이렇게 말했다고 한다. "너희들 하루아침에 풀 먹는 짐승이 되기 싫으면 입을 조심해라."

가난한 총리

평양에 도착한 후 몇 달이 지난 어느 날, 무역성을 찾아갔다. 나는 평양외국어대학을 졸업한 20대 시절부터 외국에 파견되어 나가기 직전까지 줄곧 무역성에서 일했다. 이번에도 무역성에 다시 입사하기로 마음먹었다. 지인들에게 도착 인사를 하고 나서 간부처장[78]을 찾아갔다. 간부처장은 내가 무역성에 처음 배치되었을 때 만나 함께 나이 들어가는 사이였다. 그에게 지역국이나 가격국에서 일해보고 싶다고 말하자 그는 이미 기구 정원이 다 찬 상태라며 시일이 좀 걸릴 거라고 했다. 그의 말대로 꼬박 3개월을 기다리고 나서야 무역성 6국 담당 부원으로 임명받았다.

6국은 무역상의 오른팔 격으로 무역성에서 가장 주요한 부서 중의 하나였다. 중근동을 포함하여 아시아, 아프리카 지역 나라들과의 경제 무역사업을 담당한 부서로서 이 지역에 파견되어 근무한 경험이 있거나 파견되어 나갈 능력이 있는 공무원들로 구성되어 있었다. 처음 무역성에 입사했을 당시 6국의 텃세는 대단했다. 무역성 여자들은 우스갯말로 6국 사무실 앞은 냄새마저 다르다고들 했다. 늘 챙겨주는 간부 처장이 고마워 그를 다시 찾아갔다. 건강이 급격히 나빠져 병원 출입이 잦아졌다는 말을 듣고 약 값이라도 보태주고 싶었다. 그는 펄

78) 한국의 인사처장

쩍 놀라며 아무리 어려워도 오 동무에게서 돈을 받겠냐며 일을 잘하는 것으로 보답하면 된다고 마음만 받겠다고 거절했다. 한 걸음만 옮겨도 돈을 요구하는 어지러운 북한에서 아직 양심적인 사람이 있다는 것이 놀라웠고 그런 분이 나의 오랜 지인이어서 더욱더 감사하고 다행스러웠다.

다음날 6국에 인사하러 갔다. 조회시간을 이용하여 간부처 담당 책임부원이 국 성원들에게 잠깐 나를 소개했다. 대부분 초면이었다. 국장과는 안면이 없었지만, 말투와 행동거지로 보아 진중한 분임이 틀림없었다. 20여 명 되는 성원들 속에 여자는 두 명뿐이었다. 그중 1과장은 김정일의 매부이며 오른팔이었던 이전 외무상과 당 국제부장을 지낸 그 유명한 허담의 딸, 허영희[79]였다. 남편과 소년유학시절부터 함께 공부한 사이이기도 했다. 내가 소속된 3과는 정원이 과장을 포함해서 네 명이었다. 퇴근 후 집에 돌아와 '윤순걸'이라고 과장 이름을 말했더니 남편은 소년유학 동창 친구라며 반가워했다. 예멘 무역참사를 지내다 귀국한 지 얼마 되지 않은 과장은 아랍어를 잘하고 성격이 온순한 사람이었다. 연구원은 이미 구면이 있는 사람이었다. 10여 년 전 국제상품전람회 참가를 위해 시리아를 방문했을 당시 시리아주재 무역참사로 일하던 그에게서 도움을 많이 받은 인연이 있었다. 그는 시리아 참사를 마치고 돌아와 보위부 검열을 받았다. 처벌로 혁명화를 갔다 온 후 구사일생으로 무역성에 다시 복귀했다. 그의 자리는 장

---

79) 훗날 독일 주재 북한 대사관 참사로 활동함.

기 해외 출장으로 당분간 비어 있었다.

*

2008년 당시 북한의 국가 경제 상황은 날이 갈수록 점점 더 어려워지고 있었다. 식량이나 영농 물자, 기름과 같은 전략물자들은 중국 상무부에서 제공하는 협조에 전적으로 의지해 간신히 버티고 있었다. 저조해진 수출입 활동마저 중앙당과 무력부 등 김정일의 혁명자금을 담당한 특수 단위들이 독차지하고 있어 내각 산하 상, 회사들의 활동은 거의 멈춘 상태였다. 수출입 활동이 제대로 진행되지 않으니 무역성의 대외사업도 이전에 비해 훨씬 줄어들었다. 무역성 공무원들은 일감이 없어 수도 건설이나 농촌지원으로 허송세월을 보내고 있었다. 노력동원과 행사 동원이 너무 잦다 보니 어느 부서나 인력을 보장하는 것이 골칫덩이였다. 평시에는 그렇게 친절하던 사람들도 행정조직국에서 하루 전날 동원 나갈 성원들의 명단을 제출하라고 하면 긴장해하는 기색이 역력했다. 구실을 대며 저마다 빠지려 하자 나중에는 순번제로 동원 날짜를 정하고 개인별 총화를 진행하는 방식으로 국 성원들의 불만을 불식시키곤 했다.

무역성 지역국에서 가장 활기를 띠는 시기는 매해 1월 말 혹은 2월 초였다. 이 시기에는 재외 대표부 무역참사들의 회의가 진행되곤 했다. 지역국들인 2국(중국 담당), 3국(유럽, 미주 담당), 6국(아시아, 중근동, 아프리카 담당)이 순번제로 주최하곤 했다. 참사들은 이 기간에 김정은의 신년사를 비롯한 새로운 당의 정책으로 재충전하고 전 년도 사업 총화와 신년 사업 계획, 내각에서 제시하는 경제 과제들을 받아가곤 했다. 무역참사들의 실적 총화는 국가들 사이의 경제무역 발전을 위한 활동이 아니라 김 씨 일가에게 올릴 혁명자금 실적과 시기 별로 제기되는 김정일의 방침 관철 수행 여부, 농촌이나 국가 건설 지원 실적을 놓고 진행되었다. 국가로부터 재정적 지원이 전혀 없는 상황에서 자체의 힘으로 참사부 월급과 혁명자금을 마련한다는 것은 쉬운 일이 아니었다.

*

2011년 무역참사 회의는 내가 속한 6국에서 주최하게 되었다. 경제 침체가 장기화되고 국가무역 활동이 여느 때보다 저조한 상황에서 무역참사 회의는 심각하게 진행되었다. 무역상과 부상들은 침체한 무역 활동을 활성화하기 위한 방도를 모색하기 위해 참사들과의 실무회의를 거듭 소집했지만 뾰족한 방법은 나오지 않았다. 참사회의 마지막 날 내각 회의실에서 최영림 총리의 주관 하에 참사회의가 진행되었다. 나는 회의 속기를 담당했다.

총리는 김일성의 책임서기를 오래 한 사람으로서 번성했으나 이미 지나가버린 7080년대 김일성 시대의 추억에서 벗어나지 못하고 있었다. 베트남 무역참사를 불러 세우고 지난날 베트남 전쟁 후 북한과 베트남 사이의 경제 돌파구가 어떻게 열렸는가를 장황하게 설명하는가 하면 몽골 참사를 세워 놓고는 이전에는 몽골과 그렇게 경제활동이 활발했는데 오늘의 침체 원인이 어디에 있는가 하고 따지기도 했다. 그때와 달라진 국내외 상황에 관해 설명하려는 참사들의 말에는 전혀 귀를 기울이는 것 같지 않았다. 회의 내내 총리와 참사들 사이에 공감은 이루어지지 않았고 총리는 의식적인지 아니면 보청기 탓인지 딴소리를 하곤 했다. 자신의 힘으로 어쩔 수 없는 현 경제 상황이 안타까운 듯 "총리인 내 주머니에 단돈 1달러도 없소."라고 하소연하는 것으로 회의는 종결되었다. 물론 총리 본인이 쓸 돈이 없는 것이 아니라 총리가 나라의 살림살이를 위해 쓸 수 있는 돈이 없다는 말이었다.

북한 경제 상황의 악화는 어제오늘 시작된 것이 아니었다. 무역부에서 처음 일을 시작했던 1990년대 초에도 침체된 경제를 살리기 위한 수많은 토론이 진행되곤 했다. 무역부의 당, 행정 간부들은 회의 때마다 경제정책 수립에 도움이 될 수 있는 창의적인 제안을 내놓으라고 들볶곤 했고 연구원들은 의욕을 잃고 자리 지킴만 했다. 그들이 침묵을 지키는 데는 그럴만한 이유가 있었다. 언젠가 경제침체가 지속되자 중앙당으로부터 중국식의 독특한 사회주의 경제정책을 연구할 데 대한 지시가 내려왔다. 연구원들은 용기를 내어 우리도 경제를 발전시키자면 중국처럼 우선 농민들에게 땅을 나눠주어 그들의 생산 의욕을 높이고 농업 생산량을 늘리는 것을 시작으로 전반적인 경제를 개선해야 한다는 정책안을 상부에 제출했다. 하지만 그들은 혁명성과 계급성이 투철하지 못하다는 이유로 당 회의에서 비판받았고 그나마 관대하게 용서받아 퇴직하고 집에 들여보내는 것으로 해결되었다. 그 이후로 공무원들은 보신주의에 사로잡혀 창의적인 사고라든가 정책적 제언을 더는 하지 않았다.

*

북한의 체제하에서는 실제적인 경제정책의 변화를 기대할 수 없음을 잘 알고 있는 북한 관리들은 늘 경제침체에서 벗어나기 위한 출구로 기구 개편에 매달리곤 했다. 1990년대 초 경제 상황이 개선되지 않자 북한 당국은 무역부를 대외경제위원회로 확대하는 기구 개편 사업을 진행했다. 대외사업부와 무역부를 하나로 통합하여 대외경제위원회를 내오고 무역사업을 하는 북한의 모든 무역 부문 상, 회사들을 대외경제위원회 산하로 귀속시켰다. 대외경제위원회의 기구 정원은 몇 배로 늘었지만, 무역사업을 활성화하기 위한 국가적 투자나 정책적 변화는 전혀 이루어지지 않았다. 오히려 중앙당의 혁명자금(김정일 자금)을 마련하거나 군수 산업부문인 2경제위원회, 무력부 군사물자 관련 업무를 수행하던 무역회사들은 비밀 보장의 명목하에 독립해 나갔다. 그들은 특수성과 독자성을 구실로 무역부의 감독과 통제에서 벗어난 독자적인 무역 활동을 진행하면서 더욱더 비대해졌지만, 내각 산하의 무역회사들은 점점 더 실권을 잃게 되었다.

당시 대외경제위원회 위원장은 김일성의 조카사위인 김달현이었고 부위원장은 김정오였다. 그들은 북한의 경제개방과 한국과의 경제협력을 선도했던 북한의 첫 개혁파들이기도 하다. 한때는 그들에 대한 김정일의 신임은 하늘을 찌르는듯했고 그들의 행보는 막힘이 없어 보였다. 무역부의 널따란 강당에서 김달현 위원장이 공무원들에게 남한과의 경제협력을 통한 북한의 경제 발전 전망에 대하여 일일이 숫자를 열거하며 열변을 토할 때면 공무원들은 그의 명석함에 혀를 차곤 했다. 그렇게 영리하고 김정일의 총애를 독차지했던 사람들도 하루아침에 반당·반혁명 분자, 남한 간첩으로 몰려 숙청당했다. 김달현은 관대하게 용서받아 함흥 화학공장 노동자로 내려갔으나 울분을 삭이지 못해 자살했다고 한다. 김정오 부위원장은 남북협력사업 중 남한의 '검은 돈을 받은 혐의'를 받고 고용 간첩으로 몰려 가족과 함께 없어졌다. 하루아침에 총망 받는 충신으로부터 반혁명분자로 전락되어 가는 과정을 보면서 대외경제위원회뿐만 아니라 북한의 공무원들은 큰 교훈을 얻게 되었다. 똑똑하다고 나서는 자체가 어리석고 위험한 짓이었다. 그때부터 공무원들은 두텁고 짧게 사느니 차라니 얇고 길게 사는 삶을 선호하게 되었다. 이후에도 경제 분야에 대한 김정일의 지적이 있을 때면 합쳤다, 헤어졌다 똑같은 방식의 기구 개편만 반복될 뿐 실질적인 개선대책은 나오지 않았다.

20여 년이라는 세월이 흘러 김정은 시기에 들어섰지만, 나라의 경제 상황은 조금도 개선되지 않았다. 국가 경제체계는 마비되고 국고는 텅텅 비었다. 나라의 재부는 김 씨 일가의 자금을 마련하는 중앙당 39호실, 38호실에 집중되었다. 국방위원회, 작전부, 무력부, 보위부, 보안성 등 김정은과 지근거리에서 실권을 쥐고 있는 기관들은 제 몫을 챙기기에 바쁘다. 실제로 인민 생활을 담당한 내각 산하 성, 중앙기관들은 외면을 당한 채 자력갱생을 강요당하고 있다. 수십 년 동안 국가적 투자나 지원이 없이 겨우 버티고 있는 내각이 그나마 할 수 있는 선택은 외국이나 비정부 기관들로부터의 지원과 협조, 개인들의 주머니에 의존하는 것이었다. 주인이 없는 북한 경제를 실권 없는 가난한 총리가 어떻게 살려낼지, 늘 막막하기만 했다.

한 줄기 빛

나는 남편을 따라 수년간 외국에서 살다 평양으로 돌아가면 정치와는 늘 담을 쌓고 살았다. TV 뉴스는 지루했고 《로동신문》은 거짓 선동과 자화자찬으로 가득했다. 세상에서 가장 가난한 나라가 어떻게 그렇게 꾸며낼 수 있는지 이해가 되지 않았다. 신문이나 뉴스를 보지 않다 보니 북한 간부들의 이름조차 아는 것이 별로 없게 되었다. 언젠가 남편은 공무원이 《로동신문》을 읽지 않고 어떻게 일하냐며 나에게 핀잔을 주었다. 일하다 사고를 낼 수 있으니 조심하라는 충고였다.

북한 당국의 선전선동사업이 한때는 예술작품을 통해 최절정의 인기를 누리던 시기도 있었다. 6070년대 김일성의 후계자로 등장한 김정일은 영구집권을 마련하기 위한 첫 사업으로 주민들에 대한 선전선동사업을 선택했다. 그는 영화제작 부문을 가장 먼저 장악한 후 영화창작에 큰 관심을 돌렸다. 얼마나 잘 진행되었는지 주민들은 자연스럽게 북한 당국의 선전선동을 믿게 되었다. 특히 해방 후와 전쟁 시기, 전후 복구건설시기를 반영한 작품들은 북한 사람들의 마음을 사로잡았다. 지주와 빈농의 계급투쟁을 주제로 한 《대지의 아들》, 전쟁 시기 반미사상을 주제로 한 《최학신의 일가》, 남한 학생들의 반미, 반정부 투쟁을 주제로 한 《성장의 길에서》, 자본주의에 비한 사회주의 사회의 우월성을 선전하는 《사회주의 조국을 찾은 영수와 영옥이》 등이 대표적인 작품들이다. 이 시기 예술작품들은 이후 북한 주민들의 혁명적 계급의식을 형성하고 그들을 사회주의 건설에 동원하는 데 크게 이바지했다.

하지만 1990년대에 들어서면서 북한 당국의 독재가 심화되고 선전, 선동의 내용이 현실과 괴리되어 가면서 더는 북한 사람들의 마음을 잡지 못했다. 점차 북한의 영화시장은 소련과 중국 등 이전 사회주의 나라들에 밀리게 되었고 북한 주민들은 일주일에 한 번씩 상영되는 외국영화를 날짜를 세어가며 기다렸다. 이전 사회주의 나라들의 영화는 재미도 있었지만 같은 사회주의 나라라도 북한보다는 훨씬 자유로웠다. 내 주변의 월요일 아침은 으레 전날 저녁에 감상한 외국 영화에 대한 이야기로 꽃을 피우곤 했다.

*

그 후 사회주의 진영이 무너지고 시장이 발달하면서 그 자리를 한국 드라마가 차지하게 되었다. 2000년대 초 한국 정부의 햇볕정책과 함께 북상한 한국 드라마는 한국에 대한 북한 사람들의 인식을 완전히 바꿔놓았다. 한국 사회의 발전된 모습과 한국인들의 화려한 모습은 북한 당국의 위선을 깨우쳐주었을 뿐 아니라 북한인들에게 한 줄기 희망의 빛이 되었다. 같은 생김새에 같은 말을 하는 한국인들의 자유로운 모습을 보는 동안만이라도 북한인들은 괴로운 현실을 잊을 수 있었다. 외국 출장자들은 귀국길에 한국 드라마를 자그마한 USB에 저장해서 돌아왔다. 주민들은 한국 드라마를 볼 수만 있다면 목숨을 건 모험과 희생도 두려워하지 않았고 열악한 전기 사정도, 국가의 단속도 용기와 지혜로 극복했다.

나도 외국 출장이 잦은 지인에게서 새로운 드라마가 왔다는 연락이 오면 시간과 장소를 가리지 않고 한달음에 달려가곤 했다. 그러던 어느 날에는 한국 드라마를 저장한 USB를 직장에서 잃어버린 적이 있었다. 분명 잘 건사하느라 주머니에 넣은 것 같은 데 아무리 찾아도 나타나지 않았다. 혹시 복도에 흘리지 않았는지 다른 사람들의 시선을 피해가며 복도를 샅샅이 훑었으나 나타나지 않았다. 한순간 누가 찾아서 당 위원회에 보고하지 않을까 불안에 떨기도 했다. 그러나 곧 생각을 바꾸게 되었다. 한국 드라마가 든 USB를 내놓을 사람도, 당 위원회에 바칠 사람도 있을 것 같지 않았다. 나의 추측은 맞았다. USB를 찾았다는 사람도 없었고 당 위원회에서 나를 찾지도 않았다.

어느 날 밤에는 109호 단속반에 걸린 적도 있었다. 그날은 국에서 외국 공관으로 발령받은 국 성원을 축하하는 회식이 있던 날이었다. 회식이 한창 진행되고 있을 때 핸드폰이 울렸다. 전화를 받아 보니 아들의 숨 가쁜 목소리가 들려왔다.

"엄마, 지금 어디예요? 빨리 오세요. 지금 집에 109 단속반이 왔어요."

"거짓말!" 처음 나는 큰 애가 엄마에게 빨리 오라고 장난치는 줄 알았다. 주위에서 109호 단속반에 걸렸다는 말은 많이 들었어도 늘 남의 일이었다.

"엄마가 아침에 보다가 그대로 놓고 간 컴퓨터에서 한국 드라마 USB를 발견하고 지금 온 집안을 벌컥 뒤지고 있어요." 순간 심장이 졸아들었다.

“아버지는?”

“아버지도 지금 당황해서 어쩔 줄 모르고 있어요.”

황급히 야간 택시에 몸을 실었다. 이 일을 수습할 만한 지인에게 전화를 걸었다. 그는 보위부에서 오랜 기간 일했으니 도와줄 수 있으리라는 생각에서였다. 대충 사정을 알리고 나서 우리 집으로 좀 와달라고 부탁했다. 처음에는 너무 늦어 택시를 잡을 수 있을 지 걱정하던 그는 다시 확고한 목소리로 절대로 자기가 도착하기 전까지는 돈을 주지 말고 시간을 끌라면서 가능한 한 빨리 출발하겠다고 했다.

집에 도착하고 보니 아들의 말대로 단속반원들은 방안을 샅샅이 훑고 있었다. 안방은 온통 뒤죽박죽되었고 침대 위는 옷장과 이불장에서 나온 옷들과 이불들이 되는 대로 쌓여 있었다. 두려움에 가슴이 할랑거렸다. 살면서 이런 상황에 놓이기는 처음이었다. 늘 정전이 계속되는 환경에서 단속반이 나올 줄은 꿈에도 상상하지 못했다. 평시에는 누가 문을 두드려도 상대를 확인하지 않으면 문을 절대로 열어주지 않았다. 그들은 어둠 속에서 계단 밑에 대기하고 있다가 옆집 며느리가 반장의 회람편지를 주기 위해 우리 집 문을 두드리는 순간 덮쳤다. 아이들은 옆집 아줌마의 목소리를 듣고 안심하고 문을 열어주었던 것이다. 더 큰 실수는 내가 아침에 바삐 출근하면서 전날 저녁에 보던 USB를 컴퓨터에 그냥 꽂아둔 것이었다. USB는 정전 속에서도 안방에 들어온 그들의 눈에 금방 띄었고 그들은 가지고 온 랩톱에서 USB의 내용을 확인할 수 있었다. 꼼짝 못 하고 독안에 든 쥐의 신세가 되었다.

아이들은 숨을 죽이고 자기 방에서 꼼짝하지 않았다. 남편은 단속반원들 옆에서 사정하고 있었다. 어디 가나 당당했던 남편을 죄인으로 만들고 아이들에게는 부끄러운 엄마가 되었다. 증거물을 확보한 그들은 그야말로 범 잡은 포수마냥 기고만장했다. 그 어떤 말로도 순순히 해결될 것 같지 않았다. 돈을 몇 천불 주더라도 당장 해결하고 싶었지만, 단속원들이 앉아 있는 방에 돈을 건사하고 있었으니 돈을 꺼낼 수도 없는 상황이었다. 북한에서는 집에 미 달러를 건사하고 있다는 것 자체가 불법이었다. 물론 눈 가리고 아웅 하는 식이었다. 2009년 화폐개혁이 실패한 후 집에 미 달러를 몇 장이라도 건사하고 있지 않은 집은 없었지만, 법은 법이라서 귀에 걸면 귀걸이, 코에 걸면 코걸이처럼 집에 미 달러를 보관하고 있다는 자체로도 처벌을 받을 수 있었다.

*

남편은 가까이에서 사는 지인의 집에 가서 3천 달러를 빌려 오라고 나에게 귀띔했다. 금방 외국 생활을 마치고 돌아왔으니 그만한 금액은 갖고 있을 것이라고 했다. 늦은 밤이었지만 염치를 불문하고 찾아갔다. 언제 체면을 생각할 상황이 아니었다. 단속반원들이 돈을 받지 않고 물러갈 일은 거의 없었고 만에 하나 그들과 오늘 밤 해결을 보지 못할 경우에는 온 인민반에 소문이 나게 될 것이고 그렇게 되면 직장에까지 통보될 것은 불을 보듯 뻔했다. 직장까지 흘러간다는 것은 곧 더는 손을 쓸 수 없는 마지막 단계임을 의미하기도 했다. 부국장의 직책을 맡은 남편이 어떤 화를 당할지는 상상만으로도 끔찍했다. 도움을 청했던 지인이 이 밤중에 올 수 있다는 확신도 없었다.

빨리 남편을 살려야 한다는 생각에 지인 집의 벨을 정신없이 눌렀다. 한밤중에 느닷없이 찾아와 몇 천 달러를 빌려달라고 하면 나를 미친년으로 생각하지 않을까, 어떻게 설명을 할까, 혹시 문을 열어주지 않으면 어떻게 할까, 온갖 생각들이 꼬리를 물었다. 다행히 여주인은 나의 목소리를 확인하고 금방 문을 열어 주었다. 당황한 얼굴로 말을 더듬는 나를 보고 상황을 짐작했는지 조금만 기다리라고 하더니 돈을 들고 나왔다. 얼마나 감사하던지 그 바쁜 경황에서도 몇 번이나 머리를 숙여 감사하다고 인사를 하고 돌아섰다.

황급히 집 문을 여는 순간 뒤에서 전화했던 지인의 말소리가 복도계단 쪽에서 들려왔다. 그는 단속반에게 돈을 주었는가부터 물었다. 아직 주지 않았다는 말을 듣고 그는 곧바로 단속반원들이 있는 안방으로 들어갔다. 한 시간 정도 지나 어떻게 그들을 설복했는지 거실로 나온 단속반원들의 언행은 이전과 완전히 달라졌다. 숨이 막힐 것 같았던 위협 공갈은 사라지고 그래도 얼마 만이라도 생각해달라고 그들은 오히려 우리에게 부탁하고 있었다. 결국 지인의 도움으로 3천 달러가 2백 달러로 줄어들었고 그날 밤의 소란은 무난히 조용하게 해결되었다.

한국 드라마를 보려면 검찰이나 보안원을 끼고 있어야 한다는 말의 의미를 그제야 깨달았다. 단속하는 사람들도 가족들을 먹여 살리기 위해 단속을 좋은 돈벌이 수단으로 삼고 있었다. 그들 자신도 단속 과정에 회수한 한국 드라마를 저희들끼리 돌려보거나 돈을 받고 팔기도 했다. 나중에 북한 당국은 주민들 사이에서 확산하는 한국 드라마 열기를 막기 위해 단속반원들이 돈을 받는 것도 문제시하지 않겠다, 오히려 받은 돈을 상여금으로 주겠다며 무자비한 색출을 지시했다. 그래도 한국 드라마 열기를 막을 수 없게 되자 다음 대책으로 전 국민을 대상으로 자수 노름판을 벌이기도 했다. 자수하면 지금까지 본 것은 무죄로 하겠다, 그 대신 앞으로 절대 보지 않겠다는 서약을 해라, 다시 보다 단속되면 그 처벌은 더 무자비할 것이다, 총살까지도 불사하겠다며 다시는 한국 드라마를 보지 않겠다는 서약서를 서면으로 제출할 것을 요구했다. 많은 사람이 서약서를 썼다. 철없는 어린 학생들은 부모님들의 '죄행'까지 자수하며 다시는 보지 않겠다고 서약했다.

몇 년 후 다시 런던에서 해외 생활을 하면서 평양에서 나온 출장자들에게 아직도 평양시민들이 한국 드라마를 보는가하고 물었다. 자수 사업까지 진행했으니 한동안은 평양에서 한국 드라마 열기가 식었을 것이라는 생각에서였다. 하지만 그의 대답은 시들했다. "그게 그렇게 쉽게 없어지나요? 몇 천 달러를 버리면서도 계속 보고 있어요. 돈이 없는 사람들은 몸으로 때우고 있어요. 일반 사람들이야 까짓것 혁명화를 몇 년 하고 돌아오면 되는데요 뭐. 오히려 더 대담해진 것 같아요."

북한에서 사는 동안 한국 드라마는 나에게 자유를 향한 한 줄기 빛이었다. 한국 드라마를 보는 동안은 북한의 암울한 현실을 잊을 수 있었고 언젠가 누리게 될 자유로운 미래를 그려볼 수 있었다.

바람과 함께 사라지다

아직도 명희를 마지막으로 만났던 2008년 가을을 잊을 수 없다. 그날 나는 집 앞 북성 봉사소에 사우나를 하러 갔다. 사우나 실에서 한창 몸을 덥히고 있는데 봉사소 관리원이 주혁이 엄마가 있으면 나와 달라고 소리쳤다. 아들이 밖에서 찾고 있다는 것이었다. 지금껏 한 번도 경험하지 못했던 일이라 황급히 옷을 입고 나왔다.

뜻밖에도 봉사소 앞에는 아들이 아니라 명희가 나를 기다리고 있었다. 하도 오랜만의 상봉이라 서로 반가워 발을 동동 굴렀다. 명희는 40대라고 믿기 어려울 만큼 이전의 미모를 그대로 간직하고 있었다. 오히려 더 현숙해졌다. 90년대 남편과 함께 오스트리아에 체류한 이후로 10년도 더 넘게 해외 생활을 못했지만 명희는 머리부터 발끝까지, 외국에서 얼마 전에 돌아온 나도 무색할 만큼 멋스러웠다. 명희는 봉사소 정문 앞에 세워두었던 차로 나를 잡아끌었다. 모란숙소로 가자는 것이었다. 명희는 내가 사우나를 하러 갔다는 말을 듣고 더 좋은 사우나에서 함께 하자고 주혁이를 시켜 나를 불러냈던 것이었다. 한참 증기가 오른 내 모습이 조금 당황스러웠지만, 동무 따라 강남 간다고 머리를 대충 묶은 후 짐을 다시 챙겨 가지고 그의 차에 올랐다.

명희와 나는 10대 소녀 시절부터 창광원[80] 사우나 단골이었다. 그

80) 미용실, 수영장, 사우나 등이 모인 북한에서 가장 현대적인 복합레저시설이다.

때는 수단 좋고 인맥 넓은 명희가 통행증이었다. 그와 함께 가면 이른 아침부터 줄을 서지 않아도 표를 구할 수 있었고 목욕하고 나오면 청량음료 매점에 들러 빵과 사이다도 마실 수 있었다.

*

명희는 평양외국어학원 소녀 시절에 만나 엄마가 되어 세상을 살아갈 때까지 거의 반생을 함께 한 친구다. 친구를 넘어서, 나는 인생에서 처음으로 해본 거의 모든 일들을 그와 함께했다. 짝사랑과 첫사랑의 비밀도 그와 함께 나누었다. 어떤 면에서는 명희가 피를 나눈 언니보다 나를 더 잘 알고 있을지도 모른다. 명희와 함께 유쾌하고도 은밀한 사춘기를 맞고 보냈다. 어른들의 세계도 그가 건네는 책에서 알게 되었다.

명희는 남달리 키가 크고 예뻤다. 검고 큰 눈에 도톰한 빨간 입술, 희고 갸름한 얼굴이 어딘가 서구적인 매력을 가진 명희는 학원에서도 손꼽히는 미녀였다. 노래도 잘 부르고 춤도 잘 췄다. 인생의 목표를 영어에 둔 듯 그 누구보다 열심히 공부했다. 하지만 학창 시절이나 처녀 시절이나 주변으로부터 늘 시기와 질투, 미움의 대상이 되곤 했다. 착한 명희는 누구에게나 속마음을 쉽게 열었다. 쉽게 보였고 쉽게 질타를 받았다. 누구나 명희를 이름 대신 '돌피'라고 불렀다. 남달리 키가 큰 이유도 있었지만 논판의 잡초라는 의미가 컸다. 학원 시절 명희를 짝사랑하던 남학생이 붙인 별명이었다. 웬일인지 명희는 '돌피'라는 별명을 지어낸 남학생을 싫어하지 않았다.

다른 친구들은 나쁜 물이 든다며 내가 명희와 함께 다니는 것을 한

사코 말렸다. 가끔 명희의 이해할 수 없는 돌발행동은 나에게 반면교사가 되기도 했다. 명희와 반대로 행동하면 사람들의 사랑을 받을 수 있다는 것을 깨달았던 것이다. 지금 생각해도 참 이상하다. 다른 사람에게 쉽게 마음을 열지 않은 나였지만 주위의 욕을 먹는 명희에게는 유일하게 마음의 문을 열었다. 명희는 내성적이던 나의 성격을 밖으로 이끌어주었을 뿐 아니라 인생의 가장 큰 복을 가져다준 고마운 친구다.

명희의 말대로 모란봉 한가운데 위치한 모란숙소는 북성 봉사소 보다 훨씬 더 현대적이고 조건도 좋았다. 가격도 조금 더 나갔다. 집 앞의 봉사소는 입장료가 3유로라면 모란숙소는 5유로였다. 깊은 산속에 위치하고 있어 가격보다 차가 없으면 이용하기 어려울 것 같다는 생각이 들었다. 어느 재일교포가 운영하고 있다고 하는데 일본에서 직접 물자를 들여오는지 봉사용 제품들은 대부분 일본산이었다. 봉사소 한구석에는 자그마한 의류점도 있었다. 얼핏 보기에 가격도 높고 질도 꽤 좋았다. 사우나 시설도 현대적이었다. 벽 전면은 안이 들여 다 보이지 않는 투명 유리로 되어 있었고 솔나무 향이 은은하게 풍겼다. 3단 나무계단으로 된 사우나 실 바닥에는 대형 흰색 수건이 폭신하게 깔려 있었다.

그와 함께했던 수많은 추억이 떠올라 감개무량해 하는 나와 달리 명희의 안색은 어둡고 말이 없었다. 한껏 몸이 달아올라 더는 참을 수 없게 되자 우리는 사우나 칸에서 나와 찬물이 콸콸 바닥으로 흘러넘치는 원형 찬물 탱크 안으로 들어갔다. 한참 후 눈에서 눈물인지 땀인지 분간할 수 없는 것을 손바닥으로 닦아내며 명희가 대성통곡하기 시작했다. 다행히 욕탕 안에는 우리밖에 없었고 수돗물 소리가 그의 울음소리를 삼키고 있었다.

"나 이혼해야 할 것 같아."

수돗물 소리는 목욕탕의 모든 소음을 집어삼킬 듯 요란했지만, 명희의 말소리는 또렷하게 들렸다. 그는 분명 이혼을 말하고 있었다. 믿어지지 않아 되묻는 나에게 명희는 자신의 불행한 결혼생활에 대해 털어놓기 시작했다. 나는 그들이 젊어서 연애할 때처럼 알콩달콩은 아니어도 그렇게까지 사이가 험악해진 줄은 꿈에도 상상하지 못했었다. 아이들을 생각해서라도 이혼은 절대로 하면 안 된다고 설복했지만, 명희는 이제는 어쩔 방도가 없다며 실망하고 있었다. 김정일의 말씀을 받고 한 결혼이라 재판도 없이 중앙당 조직부 간부가 내려와 이혼을 선포하면 결혼생활은 끝난다고 했다. 그의 남편이 야속했다. 뭐니뭐니 해도 사랑하는 자식들의 엄마가 아닌가!

평범한 집에서 자란 명희는 어려서부터 권력에 대한 부러움이 남달리 컸다. 주변 권력가나 재력가 자녀들의 영향도 받았겠지만 그런 학생들을 편애하는 일부 선생님들에 대한 강한 반발의 결과이기도 했다. 늘 이리저리 무사분주하고 자신이 원하는 것은 무조건 성취하고야 마는 열정, 어떤 순간에도 소홀히 할 수 없는 외모 관리. 그의 주변 사람들은 항상 명희가 부러우면서도 천박하다고 비난했고 언제나 그를 궁금해하면서도 관심이 없는 척했다. 명희는 무시당할 때마다 만약 자신이 권력가의 딸이라면 선생님이 그렇게 함부로 대하지 못했을 것이라고 격분해하곤 했다.

명희는 어떻게든 운명을 바꿔보려고 피 타는 노력을 했다. 외모 관리는 필수였고 영어 공부에 열정을 바쳤다. 대학에서도 영어 실력에서는 그를 따를 학생이 없었다. 팔방돌이처럼 선배들을 쫓아다니며 금지 서적인 영어권 소설들을 빠짐없이 읽었다. 권력에 목말라하던 그는 나이 들어 결혼 대상자도 평범한 사람이 아닌 권력가의 자식들 사이에서 찾았다. 결국 그는 외무상의 막내아들과 결혼하면서 북한판 신데렐라의 주인공이 되었다. 나중에는 북한에서 서열 2위라고 하는 최고인민회의 상임위원장 며느리로 부러운 것 하나 없는 특권층의 삶을 사는 듯했지만 그런 명희가 나에게는 오히려 더 외롭고 불안해 보였다. 무대 위의 화려한 삶은 그에게 맞지 않는 옷이었다.

*

얼마 후 명희가 이혼했다는 소식이 들려왔다. 설마 했는데 명희의 말대로 이혼은 재판도 없이 진행되었다. 다행히 아이들은 명희가 데리고 살던 집에서 한동안 그대로 살고 있는 듯했다. 얼마 안 있어 명희는 없어졌다. 정말 명희가 제일 좋아하던 영화의 여주인공 스칼릿처럼 바람과 함께 사라져버렸다. 어떤 사람들은 통제구역에 끌려갔다고 하고 또 어떤 사람들은 남한 간첩으로 총살되었다고도 했다. 한 아파트에서 사는 지인의 말에 의하면 웬 군복 입은 남자들이 인민반장을 시켜서 문을 두드리게 한 후, 옷가지 몇 벌을 챙기게 하고는 어디론가 데려갔다고 한다. 그리고 돌아오지 않았다. 명희는 소박한 삶 속에 따뜻하고 안정된 삶이 있다는 것을 평생 깨닫지 못하고 뜬구름 속을 걷다 그렇게 사라져 버렸다.

그 후 영국으로 출발하기 며칠 전, 지인에게서 명희에 대한 뜻밖의 소식을 전해 듣게 되었다. 자기 동무가 통제구역에서 나왔는데 거기서 명희를 보았다는 것이었다. 지인의 말에 의하면 그곳에서 명희의 처지는 정말 불쌍하다고 했다. 이는 다 빠지고 찢어진 옷을 입고 다닌다, 살은 빠져 가죽만 남았고 일하면서도, 걸어 다니면서도 영어 노래만 부른다고 했다. … 나는 직감으로 명희가 살아있음을 확신했다. 이전에도 명희는 힘들 때면 늘 영어 노래를 흥얼거리며 다니곤 했다. 분명 명희였다. 희망은 있어 보였다. 명희야, 제발 살아만 있어주렴.

나는 지금도 생각하곤 한다. 명희가 외국어학원에 입학하지 않았더라면, 차라리 권력의 세계를 모르고 평범한 청년을 만나 결혼했더라면 오늘날의 비극을 당하지 않았을 텐데. 아니, 북한과 같은 독재적이고 폐쇄적인 나라에서는 태생적으로 자유로운 명희가 설자리는 애당초 없었다.

어머니의 후회

평양에 도착한 후, 오랜만에 어머니와 함께 나들이에 나섰다. 날이 갈수록 어두워지는 어머니에게 새 안경을 사드리기 위해서였다. 어머니는 과묵한 편이라서 평시에는 감정 표현이 별로 없으신 분이셨지만 그날만은 딸과 함께하는 길이라 그런지 무척 즐거워하셨다. 언제 그렇게 늙으셨는지 얼굴에 붓질 한번 안 해도 고왔던 젊은 시절의 아름다움은 흔적으로 남았고 그 곧고 도고하던 자세도 어느새 구부정해졌다.

우리 어머니, 김상숙은 1939년 2월 14일 자강도 자성군에서 태어났다. 자강도는 예로부터 산 좋고 물 맑아 미인이 많이 나기로 유명한 고장이다. 어머니도 외할머니를 닮아 인물이 뛰어났고 어려서부터 공부를 잘하고 예절이 밝아 동네 어르신들의 예쁨을 많이 받았다고 한다. 일찍 아버지를 잃은 어머니에게는 뗏목을 타고 몇 달 동안 집을 나가 목숨 걸고 번 돈을 노상에서 술값으로 다 떼 우고 고주망태가 되어 돌아오곤 했다는 외할머니의 푸념이 부친에 대한 추억의 전부였다.

어머니는 신의주 의학대학 재학 중 김일성과 그 일가의 호위를 맡은 호위총국의 검식준의로 선발되어 군복을 입게 되었다. 검식준의란 김일성 일가의 식사 안전을 책임진 호위군관을 의미한다. 조선시대의 군복 입은 수라간 상궁이라고나 할까? 먹어보지 못한 음식이 없어서

인지 어머니는 음식 솜씨가 좋으셨다. 제대하면 대학 공부를 계속하는 것이 어머니의 소망이었다. 하지만 제대 나이가 되자 당시 호위총국 총국장을 지내시던 작은 할아버지 오백룡의 소개로 그의 조카인 7년 연상 아버지를 만나 결혼하게 되셨다.

어머니는 배우지 못한 한을 자식들에게 대물림하지 않겠다며 출퇴근길에는 늘 자식들을 위해 책이 든 머리임을 이고 다니셨다.[81] 그 덕에 우리 5형제는 인쇄잉크가 채 마르지 않은 따끈따끈한 신간 도서들을 제일 먼저 읽을 수 있었다. 외국 문화를 접하기 어려운 북한의 실정에서 나는 외국 소설을[82] 특별히 좋아했다. 소련의 명작들인《고난의 길》,《고요한 돈》,《전쟁과 평화》,《안나 카레니나》,《부활》,《용감성》,《붉은 청년근위대',《강철은 어떻게 단련되었는가.》, 중국의《인력거군 상자》,《청춘의 노래》,《홍루몽》,《붉은 모래》, 영국의《제인에어》,《테스》,《허영의 시장》, 프랑스의《몽테크리스토 백작》… 나는 책을 읽으면서 내가 모르는 미지의 바깥세상을 그려보곤 했다. 상상의 나래 속에 책을 다 읽고 나면 주인공과 헤어지느라 한참이 걸렸다.

어머니는 성실하고 강인한 분이셨다. 쉬는 날이면 뙤약볕 내리쬐이는 더위에도 땀을 철철 흘리시며 집 주변의 밭김을 매곤 하셨다. 부대

81) 어머니는 아버지를 따라 계속 이사하면서도 어딜 가나 도서관 사서로 정년퇴직 때까지 일하셨다.

82) 북한에서는 소련이나 중국의 좌익성향 소설이나 세계적인 명작들을 일부 허용하고 있음.

장의 집이니 농사를 짓지 않아도 탓할 사람 없겠지만[83] 어머니는 간부 가족일수록 모범을 보여야 한다며 집안일, 바깥일 가리지 않고 억척스레 하셨다. 아무리 힘들어도 딸들에게는 험한 일을 시키지 않으셨다. 혼자 일하고 있는 어머니가 안쓰러워 언니와 내가 호미를 들고 밭에 나설 때면 어머니는 극구 말리곤 하셨다. 여자는 시집가면 평생 고생하니 데리고 있는 기간만이라도 가능한 한 딸들에게 일을 시키지 않겠다는 것이 어머니의 철칙이었다. 대신 시원한 감주나 사이다를 가져다 달라며 가벼운 심부름으로 우리의 미안함을 덜어주곤 하셨다. 자식들의 점심 도시락을 준비하느라 평생 제일 먼저 일어나 새벽밥을 지으셨고 남편과 자식들이 모두 귀가할 때까지 기다렸다 들어서는 식구마다 따끈한 밥상을 차려주곤 하셨다. 추운 겨울이면 어머니는 장거리 통학을 하느라 꽁꽁 언 내 발을 검정콩 자루 안에 넣고 주물러주시며 언 독을 빼주셨고 명절날에는 전날 밤을 꼬박 새우시며 맛있는 음식을 만들어주곤 하셨다. 기회가 될 때마다 어머니는 언니와 나에게 음식 만드는 법과 화장하는 법, 여성의 걸음걸이와 옷차림에 대하여 자상하게 가르쳐주곤 하셨다.

*

안경을 맞추러 가는 길에 나는 문득 젊은 시절의 아버지가 생각나 어머니에게 물었다.

83) 부대 주변에 땅이 있는 경우 군관 가족들이 농사를 지어 수확물을 부대에 지원할 것을 장려한다.

"엄마, 엄마는 아버지와 함께 사는 동안 행복하셨어요?"

"그럼. 행복했지."

"나도 아버지가 있어서 정말 행복했어요. 난 아버지가 하늘인 줄 알았다! 항상 고맙고. 난 아버지가 세상에서 제일 좋았어." 아버지라는 단어만 떠올려도 마음이 흐뭇해져 미소가 번지는 내 얼굴을 보시며 어머니는 나에게 물으셨다.

"아버지가 그렇게 좋았니?"

"응."

"넌 유별나게 아버지를 따랐지." 긴 한숨을 내쉬고 나서 다정스럽게 나를 바라보시던 어머니는 다시 말씀을 이으셨다.

"엄마는 아버지에게 지은 죄가 참 크다."

"아니에요. 엄마는 가족밖에 몰랐잖아요. 어머니는 아버지와 우리 형제들을 위해서 열심히 살아오셨어요."

어머니는 깊은 한숨을 내쉬더니 아버지의 마지막 나날에 대한 이야기를 들려주셨다. "아버지가 사망하시기 몇 달 전 중앙당 통일전선부[84]에서 사람들이 왔었다. 아버지에게 헤어진 딸이 있는가하고 묻더라. 그러면서 그 딸이 지금 카자흐스탄[85]에서 살고 있는데 아버지를 만나게 해달라고 연락이 왔다면서 아버지의 의향을 물었어. 이젠 나이도 많으신데 마지막 기회가 될 것 같아 아버지와 나는 만나겠다고 대답

84) 해외교포들과의 사업을 전문으로 하는 북한 노동당 부서

85) 우즈베키스탄이었던지 장소는 정확히 기억나지 않는다.

했다. 그날부터 아버지는 헤어진 딸을 곧 만나게 된다는 기쁨으로 마음을 진정하지 못하고 하루하루 애타게 기다리셨다. 그런데 다시 곰곰이 생각해 보니 너희들의 앞날이 걱정되더라. 그 애를 만나고 나면 너희들의 앞날에 걸림돌이 될 것이 뻔한데. 그래서 가족 토론을 진행했어. 결론은 만나면 안 된다는 것이었다. 나는 너의 아버지에게 딸을 만나지 말아 달라고, 평생 참고 견디었는데 지금에 와서 여기 있는 다섯 자식과 그 애 한 명을 바꾸겠냐고 했다. 마지막에 처신을 잘못해서 자식들의 한을 사지 말자고, 지금까지 잘 참고 살아왔으니 만나지 말자고 말했어. 그다음 날부터 아버지는 맥을 놓고 자리에서 일어나지 못하셨다." 잔잔하게 하시는 어머니의 말씀에서 깊은 죄책과 고뇌가 느껴졌다. 평생 아버지의 아픔을 옆에서 보아오신 어머니가 반대를 결정하실 때까지 얼마나 고민이 많으셨을지 가늠할 수 있었다.

아버지의 마지막 나날에 대한 어머니의 말씀을 듣고 나서 나는 너무 마음이 아파 말을 이을 수가 없었다. 우리 가족은 왜 이렇게 아픔을 안고 살아야 할까. 일생을 기다려온 딸과의 상봉을 눈앞에 두고 다시 막막한 기다림으로 세월을 보내야 하셨을 아버지는 아마 그 몇 주간에 천당과 지옥을 오가셨을 것이었다. 끝내 희망을 잃고 쓰러진 아버지를 생각하면 이 세상이 너무 저주로웠다. 그런데 누구를 탓해야 할까? 김일성에게 충성하기 위해 딸과 아내를 떠나보낸 아버지의 잘못이었을까, 아니면 자식들의 미래를 위해 아버지의 소원을 막은 어머니의 잘못이었을까? 누구를 원망해야 할까? 자신과 자식들의 미래를 위해 아버지의 소원을 외면해야 하는 형제들을 탓해야 하는가, 아니면 평생 부녀간의 상봉을 막아오다가 김 씨 일가의 추종 인물로 만들기 위해 갑자기 상봉을 조직한 북한 당국을 원망해야 할까? 과연 나도 그 자리에 있었다면 그들과 다르게 처신할 수 있을까? 분명 나도 형제들과 같은 결정을 했을 것이었다. 어머니나 형제들과 마찬가지로 나에게도 지켜야 할 가족, 자식들이 있었다.

아버지는 생전에 술을 무척 좋아하셨다. 술을 마시지 말라고 어머니가 아버지에게 하시던 잔소리가 내 귀에 딱지가 앉을 정도였다. 지금 생각해 보니 아버지는 현실이 너무 고통스러워 현실을 잊으시려고 술을 자주 드신 것 같다. 아버지는 마음속 상처로 우리를 사랑해 주셨고 우리는 아버지의 그늘진 마음을 늘 느끼며 자랐지만, 아버지의 마지막 소원을 풀어 드리지 못했다. 아버지의 임종에 관한 이야기는 평생 우리 가족 모두를 아프게 할 것이다. 평생 찾고 기다려온 딸과의 상봉을 눈앞에 두고 아버지의 희망을 꺾어버린 죄의식에서 벗어나지 못할 것이다. 하지만 북한 땅에서 살아가는 한 우리 가족은 살아남기 위해, 형제들은 자신과 가족을 지키기 위해 같은 결정을 해야 할 것이다.

우리의 할아버지, 할머니, 아버지, 어머니들이 목숨 바쳐 지켜온 조국의 모습이, 그들이 꿈꿔온 북한의 모습이 과연 이런 것이었을까? 부모님의 삶은 나에게 큰 교훈을 주었다. 자유는 자신뿐 아니라 자식의 미래와 직결된 목숨보다 소중한 것이며 그 어떤 순간에도 삶의 선택은 자유를 향한 것이어야 한다.

사는 것이 범죄

평양에서는 자본주의 바람이 세차게 일고 있었다. 사람들은 너도 나도 장사를 하며 살아갔다. 이전에는 상품이 귀했지만 가는 곳마다 상품이 넘쳐났다. 사람들의 구매력도 놀라웠다. 농민시장은 늘 인산인해를 이루었고 부르는 게 값이었다. 고가의 상품도 주저 없이 구매하는 사람들을 쉽게 볼 수 있었다. 어머니는 국내산 부자들이 많아졌다고 했다. 이전에는 외국에 다니는 사람들이 잘 살았다면 세상이 변해 오히려 국내에서 권력을 쥐고 있거나 시장에서 장사하는 사람들의 생활수준이 더 높아졌다. 골목까지 식당, 상점들이 들어왔고 상품의 종류도 다양해졌다. 당국은 국가 경제를 살리기 위해 농민시장 밖에서 진행하는 개인들의 장사를 통제하고 있었으나 주민들의 실제 생활은 전부 개인 장사로 유지되고 있었다. 전화 한 통에 식자재와 생필품은 물론 김밥, 떡, 자장면, 초밥, 케이크 등 원하는 식품들은 그 열악한 생활환경에서도 정확한 시간에 배달되곤 했다.

자본주의 바람이 불면서 북한인들의 살림집에 대한 관심도 높아졌다. 북한인들에게는 살림집에 대한 사적 소유권이 없다. 국가에 언제든지 빼앗길 수 있는 소유권 없는 '사용허가증'이었지만 시민들은 좋은 집을 마련하기 위해 목숨을 걸고 달려들었다. 살림집 건설은 이전에는 국가 계획에 따라 수도 건설 사업소가 전문적으로 맡아 진행했지만 경제침체로 국가 건설기관들은 제대로 기능을 하지 못하고 있었다. 그 틈을 타 건설과 상관없는 권력기관들과 특수기관들이 나서서 개인들과 거래를 하기 시작했다.

건설 부지나 건설 승인을 쉽게 받을 수 있는 힘 있는 기관이나 단체들은 개인들로부터 직접 투자를 받았다. 개인 투자자들은 모험을 감수하며 수만 달러에 달하는 투자금을 서슴없이 내놓았다. 개인 투자자와 국가 기관 사이에 맺은 계약은 불법이므로 아무런 법적 담보나 효력을 갖지 못했다. 하지만 분양계약은 쉽게 맺어졌고 대다수 경우 그대로 집행이 되었다. 간혹 '친필 지시'나 '말씀'과 같은 어쩔 수 없는 더 큰 권력의 개입으로 투자한 아파트가 통째로 날아가는 경우[86]도 있었지만 어쩔 수 없는 하늘의 뜻으로 받아들였다.

생존경쟁이 치열해지면서 자식들을 향한 학부모들의 교육열은 이전과 비교도 할 수 없을 정도로 뜨거워졌다. 국가 경제가 침체되고 시장이 활성화되면서 능력 있는 사람들이 더 인정받고 더 많은 수입을 벌 수 있는 시기가 왔던 것이다. 한마디로 실력전의 시대였다. 웬만한 가정들은 자식들을 위한 가정교사들을 두었다. 국립학교의 실력 있는 교사들은 월급이 없는 학교를 떠나 외화로 정상 수입이 들어오는 부유한 가정들을 찾아 종횡 무진했다. 평양 1고등중학교 출신의 실력 있는 교사들일수록 수입이 더 좋았다. 당국에서는 교사들의 이탈행위를 막기 위해 아파트에 드나드는 가정교사들을 보고할 것을 요구했으나 학부모들은 인민반장이나 아파트의 경비원들에게 돈을 주면서 그들

86) 간혹 김정일의 지시로 완공된 살림집이 다른 기관으로 넘어가기도 한다.

을 먼 친척이나 지인으로 둔갑시키곤 했다.

그 누구도 법을 어긴다고 말하는 사람은 없었으나 법을 어기지 않으면 살아갈 수 없는 사회였다. 당국에서는 화폐 암시장을 국가 경제 혼란의 주범으로, 돈 장사꾼[87]들을 반당·반혁명 분자로 낙인하고 체포하면 극형에 처한다고 여러 차례 포고문도 발표했지만, 말단의 일대일 대면 체제로 활동하는 장사꾼들의 세밀한 망을 끝내 색출하지 못했다. 오히려 화폐 암거래는 주민들의 생활과 점점 더 밀접해져 갔다. 집에서 화폐 교환도 가능해졌다. 전화만 하면 돈 장사꾼들이 금방 달려왔다. 외무성이나 무역성, 외화상점과 같은 해외여행자가 많은 공관 앞은 늘 돈 장사꾼들의 알짜배기 터전이었다. 그들은 보안성이나 보위부 담당관들을 뇌물로 매수한 후 오히려 그들의 비호를 받아 가면서 비가 오나 눈이 오나 그 자리를 지켰다.

*

2009년 11월 30일 북한은 화폐교환을 단행했다. 시장이 활성화되면서 화폐가 국고가 아니라 개인의 수중으로 흘러 들어가자 중앙은행은 현금 부족에 시달리게 되었던 것이다. 북한 당국은 화폐교환을 하는 목적을 '화폐제도를 강화하고, 화폐유통을 공고히 함으로써 경제강국 건설을 다그치고, 근로자들의 이익을 옹호하고 생활 안정을 향상하기 위한 것'[88]이라고 발표했다. 화폐교환 기간은 12월 6일까지

87) 외화를 밀교환하는 화폐거래상들을 의미한다.

88) 김주원, "화폐개혁의 흑막", 자유아시아방송 기사, 2020년 11월 25일

약 일주일이었다. 구화폐와 신화폐의 화폐교환 비율을 100 대 1로 정하고 한 가구당 구화폐 10만 원이라는 개인별 교환 한도를 정해놓았다.

화폐교환이 한창 진행되던 어느 날, 옆집 할머니가 나를 찾아왔다. "주혁 엄마, 그래도 주혁 엄마는 무역성에 다니니 좀 알 것 같아 찾아왔어. 우리 며느리가 그러는 데 화폐교환이 끝나면 미국 달러도 사용하지 못하게 된다는 데 그게 사실이요? 딸 결혼식에 쓰려고 지금까지 모아 둔 돈이 한 3백 달러 되는 데 그냥 가지고 있다가 휴지가 되지 않을까? 아무리 생각해도 지금 써야 하는지 아니면 그냥 건사하고 있어야 하는지 잘 모르겠어서. 이번처럼 그냥 가지고 있다 쓰지 못하고 또 휴지가 되면 어떡하지?"

나도 잠깐 머뭇거렸다. 북한은 주민들의 외화 소유를 법적으로 금지한다. 외화관리법에는 국경을 넘으면 지참하고 있는 외화를 은행에서 북한 돈으로 교환할 것을 요구한다. 교환 환율은 너무 낮아 국고에 공짜로 바치는 것이나 다름이 없고 비리로 몰릴 수도 있어 모두 외화를 감추고 들어온다. 북한이라는 나라가 원래 폐쇄적이고 비정상적이라 또 어떤 금융정책을 실시할지 사실 나 자신도 불안했다. 정말 북한 내에서 외화를 사용할 수 없도록 강하게 통제하는 경우 나 자신도 다시 외국에 나가지 않는 한 집에 보관하고 있는 외화는 사용하지 못할 수도 있었다. 하지만 아무리 생각해도 미 달러를 사용하지 못하게 된다는 말은 이해가 되지 않았다.

"나는 지금까지 미국 돈을 쓰지 않는 나라는 보지 못했어요. 지금 일

시적으로 불안하니 이런저런 소문이 나긴 하지만 미국이라는 나라가 있는 한 절대로 달러가 휴지가 되는 일은 없을 거예요. 절대로 막 쓰지 말고 잘 건사하세요."

하지만 화폐교환에서 이미 손해를 본 옆집 할머니는 끝내 교환 마지막 날 외화상점으로 달려가 3백 달러로 냉장고를 샀다. 결국 전기 공급이 끊기면서 그 냉장고는 찬장이 되고 말았다. 옆집 할머니뿐 아니라 많은 사람들은 앞으로 외화를 쓰지 못한다는 소문을 듣고 외화상점으로 달려가 자신에게 필요한가 생각할 사이도 없이 외화를 던져버리듯 물건을 마구 사들였다. 결국 화폐교환 기한의 마지막 날에는 평양시의 거의 모든 상품이 텅텅 비는 사태가 발생했다.

북한 역사에서 화폐개혁은 1959년, 1979년, 1992년에도 시행되었으나 2009년의 화폐교환은 가장 반인민적이고 약탈적이었다. 2000년대 초부터 시장에서 개미처럼 일하며 저축했던 화폐들이 교환 한도를 초과하는 경우 모두 휴지 조각이 되어버렸다. 북한 사람들의 자산은 화폐교환을 기점으로 평등해졌다. 남의 돈을 빌려서 장사를 하던 사람들은 하루아침 사이에 빚더미 위에 올라앉는 신세가 되었고 채권자와 채무자 사이에 싸움이 벌어졌다. 전 재산을 며칠 사이 억울하게 잃은 시민들의 격분은 폭발하기 직전까지 갔다. 이에 겁을 먹은 당국은 관련 책임자의 사죄와 처벌로 민심을 달래려 했다. 결국 화폐개혁 실패의 총책임을 지고 당 계획재정부장 박남기가 공개 처형되었다.

*

화폐개혁으로 주민들은 더는 당국을 믿지 않게 되었다. 사라질 거라고 우려했던 미 달러에 대한 믿음은 오히려 더 굳건해졌다. 국가가 개인의 미화 소유를 법으로 금지하고 있음에도 불구하고 모든 주민은 수익이 생기면 곧바로 미화로 저축했다. 그 결과 전국적으로 달러 소액권 부족 현상이 발생하면서 외화상점들에서는 껌이나 사탕, 과자로 잔돈이나 코인을 대체하는 현상이 발생했고 외국인들로부터 불만이 확산되는 상황까지 이르렀다. 외화 관리 담당자들은 달러 소액권과 코인을 구하러 외국에까지 나가야 했고 이후 현금 충전식 '나래 카드'[89]가 나오게 되었다.

화폐교환을 통해 강제로 끌어내린 국정 가격으로 모든 식당에서는 한동안 공짜나 다름없는 식사를 할 수 있었다. 만 원은 훌쩍 넘기곤 하던 한 끼 식사가 단돈 몇 십 원으로 해결되다니! 믿기지 않는 현실에 너도나도 어리둥절했다. 하지만 시장의 원리를 무시하고 억지로 끌어내린 신화폐의 환율이 시장의 자기 가치를 찾아 다시 오르기까지는 그리 긴 시간이 걸리지 않았다.

마치 보이지 않는 큰 손이 온 나라를 조종하는 것 같은 느낌이었다. 국가 은행이 아닌 누군가가 매일 시장의 외화교환 환율을 제시했고 전국의 시장들은 그 환율에 따라 일사불란하게 움직였다. 북한 시장의 환율뿐만 아니라 북한의 시장경제 전체를 중국이 조종하고 있다고 말하는 사람들도 있었다. 환율 가격이 가장 정확하게 반영된 상품은 북한에서 생산하는 크라운 담배였다. 북한 주민들이 가장 선호하

89) 상점에서 외화를 직접 충전하고 현금 대신 이용할 수 있는 카드

는 북한산 크라운 담배는 교환 환율과 쌍둥이처럼 오르내렸다. 환율 발표가 늦는 날은 크라운 담배가 그날 환율의 기준이 되기도 했다.

얼마 못 가서 국가 경제도 시장에 굴복하고 말았다. 국가은행은 시장의 환율을 인정하고 공식 환율로 받아들이기 시작했던 것이다. 은행뿐 아니라 큰 국영 백화점들에서도 현지에서 시장 환율로 외화를 내화로 교환한 후 상품을 구매할 수 있게 되었다. 이전에는 국가가 정하는 가격이 아닌 시장 환율로 거래하는 주민들의 상업 활동을 모두 불법으로 규정했다면 이번에는 국정 가격과 시장 가격을 둘 다 승인한 셈이었다.

결국 주민들을 상대로 국가의 공식적인 수탈이 시작되었다. 두 가지 환율을 공식 인정하면서 주민들에게 주는 월급에는 죽어있는 국정 가격을, 주민들에게서 세를 받는 상품유통에는 살아있는 시장 가격을 적용했다. 시장 환율을 공식 인정하지 않던 이전의 상황에서는 국가가 주민들에게 보잘것없는 월급을 준다고 해도 국가도 손해를 보고 있으니 그럴 수밖에 없다고, 경제 일군들이 무능하다고 탓할 수밖에 없었지만 시장 환율을 승인한 이후에도 현실적인 생활을 유지할 수 없는, 보잘것없는 월급을 주는 현 당국을 이해할 수 없었다.

북한 당국은 주민들의 개별적 경제활동을 통제하기 위한 반인민적, 반시장적 경제정책을 계속 쏟아냈고 그럴수록 주민들은 암암리에 시장 영력을 확대해갔다. 혼란 속에서 북한의 국가 경제는 더 쇠약해졌고 회사들은 모두 비리로 운영되고 국가 검열을 피해 이중장부를 작성했다. 국가 경제가 무너지면서 주민들에 대한 통제력을 잃게 되자 북한 당국은 개인의 시장 활동에 대한 통제를 강화했다. 시장 활동은 여성 주부들과 퇴직한 60살 이상의 남성들에 국한했다. 기타 주민들의 일자리는 국가에서 배치했고 자유대로 직장을 그만두거나 이탈하는 경우에는 처벌했다. 월급이나 배급이 끊긴 상황에서 주민들의 자유로운 시장 활동마저 통제한다는 것은 주민들에게 죽으라는 것이나 다름없었다. 주민들의 삶에는 전혀 관심이 없는 북한 당국의 경제정책은 북한 주민들을 범죄자로 몰아갔다. 아니, 북한에서는 먹고살기 위한 삶 자체가 범죄였다.

마지막 겨울

2012년 겨울에 들어서면서 북한의 전기 사정은 최악의 상황이었다. 일주일 내내 정전되는 날들이 잦아졌다. 석탄 부족과 설비 노후로 화력발전소들은 정상 가동을 멈추었고 그 속에서도 전기를 먼저 공급해야 할 특수 단위들은 늘어만 갔다. 최고 권력기관인 중앙당과 무력부는 이미 국선[90]과 분리된 별도의 전기 공급망을 확보했다. 위력을 과시하듯 온 평양 시내가 캄캄해도 그 주변은 훤히 밝았다. 일반 시민들을 위해서는 낮에는 공공기관, 밤에는 주민 주택가로 공급하는 제도가 나왔다.

그것마저 지역의 정치적 중요도에 따라 순서가 정해졌다. 김정은과 외국인들의 시선이 집중된 중구역은 공급 1순위에 들어갔고 수도 중심에서 멀어질수록 공급 순서도 멀어졌다. 우리 집이 위치한 서성구역은 중구역, 보통강구역 다음으로 3순위에 들어갔다. 같은 구역 관내라도 아파트 주민 구성에 따라 또 차별이 있었다. 간부들과 공로자들이 많이 사는 아파트일수록 전기 공급 시간이 더 길었고 가난한 사람들이 살고 있는 아파트일수록 더 짧았다.

동 배전소의 권한도 높아졌다. 그들도 먹고살아야 했기에 기회를 놓치지 않았다. 재력가가 많은 고급 아파트들에 전기를 우선순위로 공

90) 전국적인 전기 공급망

급하면서 뇌물을 받았다. 고급 아파트의 인민반장들은 시민들의 눈이 두려워 반원들에게 밤에는 꼭 커튼을 칠 것을 요구했지만 그 사이로 희미하게 새어 나오는 불빛은 가뜩이나 전기 부족으로 고생하는 시민들에게 더 큰 스트레스로 작용했다. 어떤 날은 주민들이 참다못해 배전소로 몰려가 그들의 멱살을 잡고 소요를 일으키기도 했지만 언제나 그렇듯 처벌은 소요를 일으킨 주민들의 몫이었다.

*

우리 집도 정전으로 고생하기는 마찬가지였다. 언제면 전기가 올까 하루하루 간신히 버티곤 했다. 정전을 대비해 만들었던 화장실의 커다란 물탱크도 자주 바닥이 드러났다. 전기가 오면 바로 알 수 있도록 전등을 항시적으로 켜놓고 잠자리에 들곤 했다. 오랜만에 전기가 들어오는 날이면 남편과 나는 한밤중에라도 일어나 전기제품을 돌리기 시작했다. 남편은 아침마다 무거운 충전 조명등을 들고 출근길에 올랐다. 그것도 출퇴근 차가 있어 가능한 일이었다. 사무실에서 충전을 완료하고 저녁 퇴근시간에 집으로 가져오면 학교에서 돌아온 아이들이 숙제할 시간은 보장할 수 있었다.

문제는 겨울 난방이었다. 전기가 와야만 시동하는 경동 보일러는 오랫동안 가동하지 못해 나중에는 베란다에서 동파되었다. 대신 베란다에 석탄을 땔 수 있는 작은 보일러를 설치했지만, 열량이 작아 실내라 해도 겨우내 솜바지를 벗을 수 없었고 아침에 일어나면 밤새 얼어든 몸은 잘 펴지지 않았다.

낮에 사무실에서 만이라도 몸을 녹였으면 좋으련만 사무실 난방도 열기가 미미해 몸은 서서히 얼어들었다. 사무실에서 장갑을 끼고 일해도 손가락 동상을 입는 사람들이 많았다. 개인 살림집은 전기가 들어오지 않아 고생했다면 직장은 들어오는 전기를 사용할 수 없어 고생했다. 개인용 전열제품 사용마저도 엄격히 통제했다. 정 견디기 어려워 의자에 전기방석을 깔고 도적 전기[91]로 몸을 덥히다 행정 조직국이나 청사관리과에서 조직하는 내부 단속반에 자주 단속되기도 했다. 그들도 먹고살기 위해 순순히 넘어가지 않았다. 일단 담배든 돈이든 뇌물을 주어야 했다. 소소하게 제기되는 껄끄러운 일들은 대부분 담배로 해결하곤 했다. 현금이 오가다 걸리는 처벌보다 담배는 인간적인 행위로 보다 너그럽게 넘어갔다. 사무실에서 '통통이'[92]로 불리던 솜 덧신도 추위를 피하는 데 일조했다. 평양의 추위는 중국 동북삼성 밀수업자들의 주머니를 잔뜩 불려주었다. 반자동 변압기, 12V 텔레비전, 솜옷, 솜바지, 평양의 생활 맞춤형 상품들은 주문하면 며칠 내로 평양에 도착하곤 했다.

그나마 겨울철 직장인들에게는 사우나가 유일하게 몸을 녹일 수 있는 장소였다. 크든 작든 평양시의 웬만한 직장에서는 겨울이면 사우나를 운영하곤 했다. 무역성 사우나에도 겨울이면 여성 공무원들이 몸을 녹이려 모여들곤 했다. 보통 일주일에 한두 번씩 사우나에 모여 이야기꽃을 피우곤 했다. 사우나는 무역성의 실정을 가장 쉽고 빠르

91) 몰래 쓰는 전기

92) 바닥에는 전열 장치를 깔고 발목까지 솜을 두툼하게 넣은 실내 보온 신발.

게 알 수 있는 정보 공유 장소이기도 했다. 눈이 펑펑 쏟아지는 창밖을 내다보면서 사무실의 난로[93] 앞에 모여앉아 커피를 나눠 마실 때가 직장에서의 일과 중 가장 평화로웠다. 커피믹스가 북한에 들어오기 전에는 즉석 병 커피가 유행했다. 커피 잔에 커피 한 숟가락, 설탕 두 숟가락, 물 서너 방울 떨어뜨리고 힘껏 휘저어 설탕이 완전히 풀린 페스트 상태가 되었을 때 끓는 물을 부으면 거품이 나면서 달콤하고 맛있는 커피가 탄생하곤 했다. 섞는 비율도 중요했지만 사실 정성이 커피의 맛을 좌우했던 것 같다.

북한 주민들은 열악한 주거환경과 추위와 배고픔에 하루하루 고통스러운 삶을 살아가고 있었지만 북한 당국은 주민들의 고통은 안중에도 없었다. 어느 날 인민반장으로부터 아파트 베란다 창문을 해체하라는 지시가 떨어졌다. 주거지 단위인 인민반뿐만 아니라 내가 다니던 무역성 당 조직을 통해서도 지시가 전달되었다. 이유는 중국 방문을 마치고 돌아오던 길에 김정일이 평양시 아파트에 설치된 베란다 창문을 보고 나서 우리 식이 아니라 중국식이다, 조선 사람들의 정서에 맞지 않는다는 지적이 있었다는 것이었다. 시민들에게 주어진 기한은 3일이었다. 평양시 당 위원회는 즉시 김정일의 '말씀' 관철을 위한 행동으로 넘어갔다. 늘 그렇듯 예외는 있었다. 국가계획에 따라 건설된 것으로 시공 당시에 베란다 창이 설치된 아파트와 특수 기관에서 건설한 고급 아파트의 수지 창은 허용되었다. 앞으로 건설하는 아

93) 나중엔 화재 위험으로 사무실에서의 사용을 금지했다.

파트들에는 이유 여하를 불문하고 베란다 창을 절대로 설치할 수 없다는 규정도 발표했다.

*

평양시에서 아파트 베란다에 창문을 다는 추세는 2000년대 초반부터 유행되기 시작했다. 국가에서 전기 부족으로 열 난방을 제대로 보장해 주지 않자 시민들은 자체로 베란다에 석탄 난로를 설치한 후 열 손실을 막기 위해 비닐 박막을 설치하기 시작한 것이 베란다 창문의 시초가 되었다. 베란다를 막으면 일산화탄소가 잘 빠지지 않아 바람 방향이 안쪽으로 바뀌는 경우 인명사고로 이어지는 경우도 종종 있었지만, 그보다 실내 온도를 2, 3℃라도 올릴 수 있어 겨울이면 평양시 거의 모든 아파트는 베란다를 막고 창문을 만들어 달았다. 그 후 베란다 창문을 놓고 평양시 당 위원회의 지시가 여러 번 번복되어 내려왔다. 베란다 창을 개별 세대 별로 설치하다 보니 일관성이 없고 도시미화에 지장을 준다며 몇 번이나 강제 철거를 요구했었고 그때마다 인민반장[94]들은 세대별로 돈을 모아 집체적으로 다시 설치했다. 그 과정만 벌써 두세 번 반복되었다. 경제 형편이 어려운 가정들은 번복되는 상부의 결정에 베란다 창 문제만 나오면 고달파했고 인민반장들은 앞으로 다시는 베란다 창문을 떼라는 지시는 없을 것이라고 장담을 한 상태였다. 하지만 지금까지는 평양시 당 위원회 자체 결정이었지만

94) 주거지에서 주민들의 생활을 장악 통제, 상급에 보고하는 말단 책임자, 한국의 통장 격임.

이번에는 김정일의 '말씀' 관철 사업이라 이유 여하 불문하고 무조건 시행해야 했다.

철거 집행을 요구한 마지막 날인 일요일 오전, 사무실로 출근해 과장에게 눈도장을 찍고 집으로 돌아오고 있었다. 우리 집도 오늘 안으로 무조건 베란다 창을 해체해야 했다. 집행하지 않으면 직장 당 위원회에 통보한다고 인민반장이 아침 새벽부터 집집마다 돌며 위협하는 상황이었다. 직장에서 도보로 보통강변을 따라 걸어오다 북새거리에 들어서는 순간 눈앞에 펼쳐진 광경에 나는 깜짝 놀랐다. 북새거리의 고층 아파트 베란다에 사람들이 새까맣게 붙어있었다. 그들은 망치로 베란다 창틀을 있는 힘껏 깨부수고 있었다. 창틀이 부서져 창문이 베란다 밖으로 떨어져 나가고 다시 땅에 부딪혀 유리가 산산조각 나는 소리가 온 북새거리를 가득 메웠다. 일상이라면 아파트 밑을 지나가는 사람들이 다치지 않을까 걱정도 하련만 오히려 누가 더 힘차게 창문을 깨부수는지 서로 경쟁이라도 하는 것 같았다. 북새거리를 가득 채웠던 요란한 망치 소리가 내 귀에는 김 씨 일가를 향해 절규하는 주민들의 분노의 외침 소리로 들렸다. 한 사람의 기분과 말 한마디에 수천만 백성이 복종해야 하고, 백성들의 고통을 외면한 채 충성을 강요하는 당국에 대한 반항의 목소리로 들려왔다.

나도 당의 방침을 무시할 수 없어 마지못해 베란다 창문을 해체하기 시작했다. 시멘트로 고정한 틀은 끄떡도 하지 않았다. 한겨울의 추위를 생각하면 창틀만은 남기고 싶었다. 창틀을 남겨두면 창문은 언제든지 다시 달 수 있었다. 수지 틀은 제작한 지 얼마 되지 않아 새것이나 다름없었다. 당의 방침이라 해도 일정 시간이 지나면 매번 흐지부지되곤 했으니 혹시 시간이 지나면 통제가 약해질 수도 있었다. 아파트 밑으로 내려가 15층 우리 집 베란다를 올려다보았다. 창문을 뗀 창틀은 앙상한 게 더 잘 보였다. 창틀을 남겼다 괜히 문제가 생기면 더 골치가 아플 것 같아 망설이고 있을 때, 옆집 며느리가 창문을 떼어낸 베란다 턱에 화분을 내다 놓으라는 인민반장의 회람편지를 가져왔다. 화분은 생화든 조화든 상관없다고 했다. 회람장에 읽었다는 사인을 하다 피뜩 묘수가 떠올랐다. 창틀을 플라스틱 인조 꽃의 넓은 풀잎으로 감싸면 허옇게 드러난 창틀을 감출 수 있을 것 같은 생각이 들었다. 시장에 간다는 언니에게 전화로 장마당에서 인조 꽃을 가득 사 오라고 부탁했다. 언니는 그러다 걸리면 평양시에서 추방될 수 있다고 극구 말렸지만 나는 고집을 부렸다. 언니와 나는 몇 시간 동안 플라스틱 넓은 잎줄기로 창틀을 휘감아 감추는 작업을 진행했다. 저녁에 퇴근한 남편과 아이들은 오후 내내 애쓴 내 묘수에 감탄하면서도 한편 걱정스러운지 몇 번이나 15층을 오르내리며 고민했다. 다행히 반장은 눈을 감아 주었다.

겨울이 다가오자 베란다 창틀에서 위장용 잎줄기를 벗겨내고 창문을 다시 끼워 넣었다. 얼마 지나지 않아 우리 아파트에서 한두 집씩 베란다 창문이 다시 나타나기 시작했다. 곧이곧대로 창틀까지 해체한 집들은 후회했다. 하지만 이번만은 내가 예측했던 대로 쉽게 넘어가지 않았다. 반장은 아침저녁으로 베란다 창문을 단 집들을 확인한 후 저녁 인민반회의에서 당의 방침을 관철하지 않는 세대들이라고 일일이 호명하며 비판했다. 나는 매번 앓고 있는 시어머니를 구실로 반장을 이해시키려 했지만 구역이나 시의 도시미화과에서 불시에 나오는 검열원은 반장도 어쩔 수 없었다. 검열원들은 당의 방침 집행에 저항한다며 당장 직장에 통보하겠다, 3방송[95]에서 망신 주겠다고 위협했다. 그럴 때마다 앓는 시어머니가 추운 집에서 떨고 있어 떼지 못했는데 당장 떼겠다고 사정하곤 했다. 그래도 통하지 않으면 슬그머니 가방에서 달러 소액권을 몇 장 꺼내 손에 쥐어주면 금세 그의 고압적 자세는 부드러워졌다.

*

우리 집 수지 창은 정말 경제적으로 수지가 맞지 않는 창문이었다. 연중에 그 창문을 고수하기 위해 뇌물로 나가는 돈은 창 자체를 새것으로 몇 번은 바꿔 달았을만한 금액이었다. 그보다 더 힘든 것은 스트레스였다. 도저히 이해가 되지 않았다. 추운 겨울날 바람이라도 막아 몸을 덥히려는 행동이 죄란 말인가? 난방도 보장해 주지 않으면서 자기 집 창문도 마음대로 달 수 없는 이 사회제도가 이해되지 않았다.

이후에도 창틀을 떼라는 반장의 요구는 계속되었지만 나는 베란다 창문을 영국으로 출발하는 날까지 고수했다. 남편은 두 아들과 함께 날마다 저녁이면 창문을 달고 새벽에는 창문을 떼곤 했다. 나름 우리식의 반항이었다. 시간이 가면서 인민반장은 회의 때마다 베란다 창문을 떼라고, 평양시민의 자격이 없다고 싸잡아 비판했지만 그럴수록

95) 평양시민을 대상으로 하는 방송

누가 견디나 보자는 배심만 커갔다. 아무리 생각해도 엄동설한에 추위를 막기 위해 창문을 다는 것은 죄가 될 수 없었다. 훗날 한국에 온 후 금혁이는 그때를 회상하면서 당시에는 아빠, 엄마에게 말은 못 했지만, 창문을 떼고 달 때마다 무거운 창문과 함께 떨어질 것 같아 늘 무서웠다고 고백했다.

이 힘든 시기에 시어머니는 하늘나라로 떠나가셨다. 어머니의 병은 척추의 통증으로부터 시작되었다. 몇 년 동안 복용했던 진통제의 영향인지 우리가 런던에서 돌아왔을 때는 이미 어머니의 병이 깊어지신 후였다. 출처가 불명확한 약들이 어머니의 침대 옆에 쌓여 있었다. 어머니는 종종 아파트 지인분들과 함께 어딘가에서 영양제 주사를 맞고 돌아오시곤 했다. 시장화가 심해지면서 정체불명의 약들이 시중에 떠돌았고 특히 어르신들이 그 피해자가 되곤 했다. 어머니에게 약에 의존하지 말고 운동을 늘리시라고 말씀을 드렸다. 하지만 어머니는 이미 육체와 마음이 너무 쇠약해져 나의 권고를 받아들일 여력이 없으셨다. 아침에 출근하면서 본 어머니의 모습은 저녁에 퇴근해 와도 같은 장소, 같은 모습이었다. 어떤 날은 어머니가 조금이라도 움직일 수 있도록 쌀자루를 꺼내놓으면서 겨와 돌을 골라 달라고 부탁했다. 그런 날은 어머니는 옆집 아줌마를 불러 도움을 청했다. 나중엔 어머니가 잔소리로 들으시는 것 같아 나도 운동시키는 것을 포기하고 말았다. 결국 어머니의 몸은 점점 더 굳어서 움직이기 힘든 지경에까지 이르렀다. 가족의 도움을 받으며 겨우 화장실 출입을 하시다 업혀 가게 되시고 나중에는 자리에서 대소변을 받아내게 되셨다.

북한에는 양로원도 없고 병원은 가정집보다 생활환경이 더 열악하다. 운신하기 어려운 늙은이를 병원에서 받아 줄 리도 없지만 나도 어머니의 대소변을 받아 낼 자신이 없었다. 지난번 시아버지가 자리에서 일어나지 못하실 때는 시어머니가 전적으로 맡았었다. 그때 겪어본 경험이 있는 남편은 자기가 하겠다면서 나를 안심시켰다. 그런 일은 친자식이 아니라면 할 수 없는 일이라고 나를 위안했다. 하지만 정작 남편이 하는 것을 보고서는 옆에서 구경만 할 수 없었다. 결국 남편과 함께 시어머니를 돌보게 되었다. 남편은 아무리 바빠도 주말에는 어머니의 몸을 직접 씻어드리곤 했다. 아버지를 본받아 아이들도 도와 나섰다. 어머님이 아주 맥을 놓게 되면서부터 아이들의 도움이 없이는 체중을 혼자서 견디기 어려웠던 것이다. 결국 어머니는 그 추운 겨울을 다 이겨내시고 봄이 막 찾아온 3월 말의 어느 날, 세상을 떠나셨다. 할머니가 이상한 것 같다는 아이들의 전화를 받고 황급히 직장에서 달려왔지만, 어머님은 이미 세상을 떠나신 뒤였다. 시어머님의 눈을 직접 감겨드리지 못한 것이 평생의 한으로 남았다. 지금도 죄스럽기 그지없다.

*

하지만 내가 진심으로 시어머님에게 죄스러움을 느끼게 된 것은 그 후 친정어머니가 우리 집에서 며칠 묵으실 때였다. 내가 외국에 출장을 가게 되면서 어머니가 우리 집으로 넘어와 아이들을 돌봐주기로 했다. 저녁 식사 때 마주 앉은 어머니는 이가 불편하신지 제대로 음식을 씹지 못하셨다. 어머니를 치과 의사에게 뵈어야겠다고 남편에게 말했더니 남편은 바쁜 와중에도 다음날 차로 어머니를 치과로 모시고 갔다. 친자식처럼 어머니를 곁에서 살뜰히 챙기는 남편을 보는 순간 시어머님이 떠올랐다. 시어머님도 맞지 않는 틀니로 한동안 고생하셨던 것이다. 그때는 왜 어머님을 병원으로 모셔갈 생각을 못 했는지 속이 뜨끔했다. 내가 어머님에게 관심을 조금만 더 가졌더라면 분명 치과에 모셨을 텐데 늘 옆에 계시다 보니 오히려 관심을 더 돌리지 못했던 것 같다. 맛있는 음식이나 좋은 옷을 사드리는 것으로 며느리의 도리를 다했다고 생각했다. 시어머님과 반생을 함께 보내면서도 한 번도 그 마음을 제대로 이해한 적이 없는 것 같다. 사실 자리에서 일어나지 못하게 되셨을 때 속으로 어머니를 많이 원망했다. 나이 들어 나약해져 몸을 움직이지 않아 병이 심해졌다고 생각했다. 친딸이었다면 분명 어머니를 탓하기 전에 어머니가 얼마나 힘드실까 먼저 생각했을 텐데. 평생 고생만 하신 시어머님을 가장 힘들어하실 때 제대로 지켜드리지 못해 늘 죄송하다.

지금도 겨울이 오면 북한에서 보낸 끔찍했던 마지막 겨울이 떠오른다. 저녁 잠자리에 들기 전이면 돌을 데워 발밑에 깔아주고 페트병에 온수를 넣어 내 몸에 안겨주던 남편의 사랑이 없었더라면, 엄혹한 환경에 굴하지 않고 씩씩하게 잘 자라준 내 힘의 원천인 사랑하는 아들들이 없었더라면 아마 북한의 엄혹한 겨울을 이겨내지 못했을 지도 모른다.

작별

그 어느 때보다 간절하게 북한의 현실로부터 탈출하고 싶던 시기에 남편은 다시 런던으로 발령받았다. 먹고살기 위한 치열한 생존경쟁에서 나는 점점 자신감을 잃어가고 있었다. 북한은 무법천지 강자들의 세상으로 변해가고 있었다. 북한 사회에 대한 반감이 쌓여 갈수록 순응하지 못하는 나 자신이 한편 두려웠다. 그대로 주저앉는다면 영원히 일어나지 못할 수도 있었다. 생활비도 지난번 재외 생활 기간 절약했던 돈으로 겨우 버티고 있었지만 일 년도 못가 동이 날 것이 뻔했다. 다시 활력을 찾기 위해서는 나만의 무언가를 먼저 시작해야 했다. 간절했던 첫 해외 파견 때와 마찬가지로 이번에도 외국의 기운을 찾기 위해 영국 캔터베리 출장도 다녀왔다. 한 달 기간으로 영국 정부가 조직한 북한 공무원들의 어학실습 대표단이었다. 영국에서 돌아온 후 6개월이 지나서부터 남편의 해외 파견 간부사업이 시작되었다.

최선을 다해 해외 파견에는 성공했지만 주혁이는 평양에 남게 되었다. 지금껏 단 한 번도 아이들과 헤어져 본 적이 없었다. 주혁이는 덴마크, 스웨덴, 영국행을 모두 항상 함께했다. 이번 영국행도 함께 가려고 갖은 노력을 다했지만 모두 수포로 돌아갔다. 이미 써오던 방식대로 큰 병원의 진단서를 붙이고 환자라고 우기기도 해보고, 학생 파견 담당자를 만나 돈을 찔러주며 사정도 해보았다. 과한 욕심이라는 것도 알고 있었지만, 혹시 예외가 있지 않을까 여기저기 직성이 풀릴 때까지 찾아다녔다. 하지만 큰 애는 평양에 혼자 떨어지게 되었다.

주혁이는 이젠 성인이 되었으니 혼자서도 잘 지낼 수 있다고 우리를 안심시키려 했지만 그 어느 때보다 거칠고 어려운 북한의 상황에서 장기간 이별해야 한다는 점이 마음에 걸렸다. 출발하기 마지막 일주일을 앞두고 남동생 집에서 지내시던 친정어머니를 집으로 모셔왔다. 어머니가 우리 집으로 넘어와 주혁이를 돌봐주기로 형제들과 약속했던 것이다. 어머니가 큰 애와 함께 조금이라도 더 편하게 지낼 수 있도록 짐을 정리하고 대청소를 하면서 당분간 먹을 찬거리도 준비했다. 다 큰 자식인데도 왜 그렇게 마음이 놓이지 않는지. 장을 보고 남은 잔돈을 주혁이의 나래 카드에 계속 충전해 주었다. 평시에는 용돈으로 한 번에 20달러 이상을 주지 않는 것을 원칙으로 삼았지만, 이번만은 예외였다. 애처로운 마음에 넣어 준 돈이 3백 달러는 실히 될 것 같았다. 어머니에게는 생활비로 쓰라고 3천 달러를 드렸다. 다음 인편이 있을 때까지 그 돈이면 넉넉할 것이었다.

드디어 평양을 출발하는 날이 왔다. 평양-베이징행 국제열차가 천천히 평양 역사로 들어섰다. 플랫폼에서 사사 오오 모여 이야기꽃을 피우던 사람들은 약속이나 한 듯 우르르 열차 쪽으로 몰려왔다. 열차가 출발하려면 아직 10분은 실히 기다려야 했으나 벌써 열차 칸은 짐을 올리는 사람들로 북적였다. 커다란 트렁크들이 좁은 복도를 메웠고 구수한 냄새를 풍기는 점심 도시락들과 과일 꾸러미들, 음료수들이 열차 문 앞에 쌓였다.

가족, 친척들, 외무성과 무역성에서 함께 일하던 친지들이 이른 아침부터 우리를 배웅하려고 평양역에 나왔다. 늘 바쁜 형부와 첫째 남동생과는 며칠 전 식사 자리에서 작별 인사를 나눴다. 가족들과는 이번이 세 번째 작별이었다. 단 며칠만이라도 외국에 가보는 것이 소원인 조카들은 신이 나서 여기저기 역사가 좁은 듯 뛰어다니며 웃고 떠들었다. 늘 그렇듯 한 번도 외국에 가보지 못한 언니와 동생들, 조카들에게는 외국으로 떠나는 일가친척이 있고 그들을 바래다주러 역에 나왔다는 자체가 명절처럼 즐거운 일이었다.

드디어 열차의 출발을 알리는 경적이 울렸다. "혜선아, 인편이 있을 때마다 편지해. 주혁이는 걱정 말고." 잡은 내 손을 놓지 못하시는 어머니의 주름진 눈가에는 어느새 눈물이 고였다. 나도 목이 메어 말을 잇지 못하고 어머니를 꼭 안았다. 어머니의 몸은 생각보다 작았다. 전번에도 평양역에서 이별한 후 영국 생활을 마치고 돌아오니 아버지는 하늘나라로 떠나셨다. 그날 평양역에서 나눈 작별 인사가 아버지와의 마지막 인사가 되었다. 이번에는 그런 일은 없을 것이라고 애써 불길한 생각을 털어버리며 어머니에게 부탁했다. "어머니, 몸조심하세요!" 어머니의 손을 놓으며 다시 만날 때까지 더 늙지만 말아 달라고 마음속으로 기원했다.

열차는 금방 떠날 듯 덜컹거렸다. 언니와 남동생들, 시누이와 시동생, 조카들의 손을 번갈아 잡으며 작별 인사를 나누면서 주위를 둘러보았다. 주혁이가 보이지 않았다. 어머니와 형제들은 주혁이를 찾느라 법석했다. 하는 수 없어 출발하는 열차에 몸을 싣고 주위를 둘러보았다. 순간 사람들과 따로 떨어진 멀리 열차 앞쪽에서 손을 흔들고 있는 주혁이가 눈에 띄었다. 나는 애써 웃음을 짓고 주혁이의 모습이 보이지 않을 때까지 손을 흔들었다. 눈물을 훔치고 천천히 열차 칸 안으로 들어섰다. 금혁이는 침대 위에 등을 돌려 앉은 채 헉헉 어깨를 떨고 있었고 남편은 안경을 벗고 손수건으로 두 눈을 닦고 있었다.

평양에서 일단 출발하면 임기 내에 평양 방문은 불가능했다. 여비도 문제지만 당국으로부터 입출국 승인을 받아야만 했다. 북한 당국은 공무 목적이 아닌 사적 방문은 승인하지 않는다. 정상적인 서신 거래도 없었다. 국제우편물은 보위부 검열을 거쳐야 하므로 바보가 아닌 이상 누구도 이용하지 않는다. 가끔 생기는 인편을 이용하곤 하지만 몇 년을 기약하고 떠나는 길이어서 그런지 평양을 떠날 때면 늘 영영 이별하는 심정이었다. 이전에는 '혹시'라는 생각에 새로운 기대를 걸어보기도 했다. 혹시 그동안 북한이 와해되지 않을까, 혹시 하느님이 천지조화를 부려 가엾은 북한 사람들을 해방하는 날이 오지 않을까, 평양을 떠날 때면 늘 자유에 대한 희망과 행복의 환희에 젖곤 했지만, 이번에는 마음이 천근만근 무거웠다. 큰 애를 인질로 잡혔으니 그 어떤 기대나 희망도 가질 수 없었다. 외국으로 나가는 순간을 그렇게 간절히 고대했건만 결국 눈물의 이별이 되고 말았다. 이전과는 달리 우리는 파견지로 가는 가장 빠른 노선을 선택했다. 베이징에서 3일 체류한 뒤 다시 런던 행 비행기에 올라 평양 출발 4일 만에 런던에 도착했다. 주혁이와의 이별로 인한 괴로움에서 하루라도 빨리 벗어나고 싶었다. 하지만 그 순간이 어머니와의 마지막 작별이 될 줄은 꿈에도 생각하지 못했다.

5부

기적

243 다시는 헤어지지 말자
251 '작은 공화국'
260 불안한 아이들
269 자유를 향한 갈망
277 선택

다시는 헤어지지 말자

런던에 도착한 지 그럭저럭 1년이라는 시간이 지나갔다. 그동안 돈을 모으려고 부지런히 살았다. 점점 자본주의적으로 변해 가는 평양에서 살아남자면 돈이 있어야 했다. 이번이 외국으로 나오는 마지막 기회가 될 수도 있었다. 잘만 벌어 가면 소유권은 없지만 자그마한 식당이나 목욕탕, 오락실은 운영할 수 있을 것 같았다. 세일 기간이 오면 상품을 무더기로 사들였다 인편이 생기면 배달 운임을 쥐여주면서 평양까지 운반을 부탁했다. 중국에서 들여온 저렴한 상품이 대부분인 평양에서는 유럽 상품에 대한 수요가 꽤 있었다. 그렇게 안 먹고 안 쓰고 모아 돈이 좀 모이려고 하면 지원금을 내라는 독촉 전보가 내려왔다. 지원금이 사업 실적으로 평가되곤 하다 보니 외교관들은 지원 사업에도 경쟁적으로 참가하고 있었다. 지원을 많이 하는 방법으로 해외 체류를 연장하는 외교관들도 많았다.

우리 가족의 런던 생활은 이전과는 완전히 다르게 흘러갔다. 웃음이 사라졌고 누구나 바빴다. 말은 하지 않았어도 누구나 주혁이를 잊지 못하고 있었다. 게다가 몇 년 전 주혁이와 함께 했던 추억들이 런던 곳곳에 묻어있었다. 웃음이 넘쳐나던 이전의 셋집을 피해 나는 항상 돌아다녔다. 형님이 다니던 중학교에 입학한 금혁이는 선생님들이 형님의 안부를 묻는다고 했다. 마트며 병원이며 가는 곳마다 주혁이와 함께 했던 추억들이 따라다녔다. 특히 좋은 것을 먹고 입을 때면 평양에서 고생하고 있을 주혁이가 마음에 걸렸고 그런 부모를 보면서 금혁이도 위축된 생활을 했다.

그 해 국경절을 맞으며 대사관에서 청년동맹원들의 공연이 진행되었다. 금혁이는 남성중창《당신이 없으면 조국도 없다》에 참가하게 되었는데 모두 검은 슈트를 입을 것을 지시했다. 아직 중학교 학생이라 슈트가 꼭 필요한 건 아니었지만 그렇다고 혼자만 입지 않을 수도 없는 노릇이었다. 처음으로 런던 옥스퍼드 거리에 있는 데본햄 백화점에서 금혁이에게 프렌치커넥션 브랜드의 검정 슈트를 사주었다. 백화점 밖에서 아빠가 오기를 기다리고 있던 금혁이는 다정히 내 팔을 끼며 말했다. “엄마, 형님은 조국에서 고생하고 있는데 이렇게 비싼 옷을 사주어 고마워요. 형님 몫까지 내가 더 열심히 공부할게요.” 가슴이 뭉클했다. 내가 어떻게 살았기에 슈트 한 벌을 입고 이런 결심을 다 할까! 금혁이는 그 약속을 지켰다.

한 학기가 끝나고 학부형 총회에 참가하려고 금혁이가 재학 중인 액튼 고등중학교를 찾아갔다. 강당 맨 뒷줄 좌석에 앉아 회의 시작을 기다리고 있는데 30대 중반의 아름다운 여선생이 금혁이 엄마냐며 찾아왔다. 그녀는 금혁이의 영어 선생님이라고 자기를 소개하고 나서 금혁이 칭찬을 늘어놓기 시작했다. 일 년 동안 금혁이가 영어 공부를 열심히 해서 영어점수 A를 받았다, 작문을 잘 지어 모범답안으로 학생들에게 돌렸다, 수업 시간에 가장 적극적으로 참가하는 학생이다, 도대체 어머니가 어떤 분인지 보고 싶어 왔다는 등 금혁에 대한 아낌없는 찬사를 듣고 있자니 오히려 선생님이 더 고마울 지경이었다. 아마도 북한에 대한 어수선한 소문이 전해지는 가운데 북한에서 온 학생이 열심히 공부하는 모습이 선생님에게는 무척 대견한 모양이었다.

*

주혁이와 헤어진 지 꼭 1년이 되어 오던 어느 날, 아프리카에서 공관 생활을 하고 있던 지인으로부터 전화가 걸려왔다. 그에 의하면 재정 사정으로 국가가 유학생들을 보낼 수 없는 실정에서 현재 국내 대학에서 재학 중인 외교관의 자녀들을 본인 부담으로 외국에 데리고 나가 공부시키도록 하는 김정은의 방침이 떨어졌다는 것이었다.

외교관이 대학생 자녀를 외국에 데리고 나가 공부시킨다는 것은 공화국의 외교 역사에서 있어 본 적이 없는 일이었다. 북한 학생이 외국 대학에 입학하는 경우라도 나이 찬 자녀들이 외국에서 사고를 일으킨 적도 많아 대학 입학 나이가 되기 바쁘게 평양으로 불러들였고 평양 대학으로 편입시키는 것이 관례였다. 게다가 6년 전 주혁이가 평양외국어대학이 아니라 평양의학대학에 입학한 것도 천운 중의 하나였다. 평양의학대학은 6년 과정이어서 주혁이는 현재 졸업을 앞둔 대학생이었지만 5년 과정인 평양외국어대학에 입학했더라면 이미 졸업하고 사회생활을 하고 있을 것이었다. 서둘러야 했다. 방침이 언제 어떻게 다시 변할지 모를 일이었다. 마침 남편에게 평양 출장 지시가 떨어졌다. 모든 일을 접고 남편은 평양 출장 준비를 서둘렀다.

평양으로의 출발을 하루 앞두고 나는 남편과 함께 영국 공산당의 열성 여당원이 입원 생활을 하고 있는 일링 구역병원을 찾아갔다. 그녀는 폐암으로 오늘내일 임종을 기다리고 있었다. 병원에서는 사식을 금지한다고 하여 가는 길에 꽃다발을 하나 샀다. 그녀와 우리 가족과의 인연은 깊었다. 그는 10년 전 주혁이가 다니던 중학교에서 수학 교원으로 일했었다. 영국 공산당원들과의 친선 모임에서 여러 번 만나 안면도 익혔고 그의 사람됨에 대해 남편을 통해 여러 번 들었던지라 나도 그에 대해 각별한 정을 갖고 있었다. 그런 그녀가 얼마 전 폐암에 걸려 고생한다는 말은 들었지만, 임종의 순간이 이렇게 빨리 다가올 줄은 몰랐다.

입원실은 5~6개의 침대가 양쪽으로 놓여 있는 널찍한 방이었다. 침대마다 칸막이 커튼이 달려 있었지만, 낮이라 활짝 열어젖히고 있어 옆 침대의 환자들을 자세히 볼 수 있었다. 금방 수술을 받았는지 신음이 새어 나오는 중환자도 있었고 수액을 맞고 있는 가벼운 환자도 있었다. 방 한가운데는 외래 방문자들을 위해 커피와 차, 우유, 쿠키가 놓여 있는 테이블이 준비되어 있었다. 침대에서 일어나 휠체어에 앉아 수액을 맞고 있던 그녀는 우리를 발견하고 애써 웃음을 지어 보였다. 그의 곁에는 젊어서부터 같은 당에서 동지로 함께 늙어 온 친구분이 지키고 있었다. 공산주의에 대한 신념이 투철한 그분들의 모습은 이미 알고 있었지만, 병원과 같은 사석에서조차 가족처럼 마지막 임종을 지켜주는 그들의 동지애가 새삼 감동스러웠다. 그들은 진실로 공산주의에 대한 믿음을 갖고 일생을 공산주의 위업의 승리를 위해 살아온 소박한 사람들이었다. 가끔 그들의 모습에서 우리 부모님의 모습을 볼 수 있어 더 정이 갔던 것 같다.

그런 모습을 지켜보던 나에게 갑자기 의문이 들기 시작했다. 그렇게 모든 것을 바쳐 지지하고 옹호하는 공산주의 사회가 과연 지상낙원이라고 그들은 아직도 믿고 있는 걸까? 나에게는 오히려 그들이 거부하고 비판하는 영국의 자본주의 사회가 지상낙원으로 느껴진다. 나는 산목숨이지만 동지의 보살핌 속에 고가의 무상치료 혜택을 받으며 안정된 마음으로 이 세상을 떠날 준비를 하는 그가 오히려 부럽다. 나는 어떻게 하면 영국과 같은 자유롭고 민주주의적인 세상에서 살 수 있을지, 자식들을 공부시킬 수 있을지 고민하고 있는데 그들은 이론상으로만 그럴듯한 사회주의, 공산주의에 매혹되어 이 사회를 비판하고 변화시키기 위해 일생을 바쳤다. 그들이 원하는 삶이 과연 북한인들의 삶이란 말인가? 갑자기 그들이 다르게 보였다. 그들은 공산주의 이념에 현혹되어 자신을 무료로 공부시켜주고 무료로 치료해 주는 자유민주주의 제도의 우월성을 알아보지 못하고 있었다. 그들이 지향하는 사회주의, 공산주의 이념 국가인 북한에서 온 남편과 나는 그들이 부정하는 자본주의 사회의 한 끝자락이라도 붙잡고 싶어 고민하고 있음을 그들은 이해하지 못할 것이었다. 평생 사상의 이념에 속아 사회주의, 공산주의 이념의 진실을 모르고 이 세상을 떠나는 그가 오히려 불쌍한 생각이 들었다.

돌아오는 길에 그녀를 보며 들었던 생각을 남편에게 털어놓았다. 그리고 임종을 앞두고 있지만 좋은 병원에서 편안하게 이 세상을 하직할 수 있는 그가 부럽다고, 나도 사람답게 살고 싶다고, 자식들이 마음 편하게 공부할 수 있는 세상에서 살고 싶다고 말했다. 한 생을 외교관으로 일했지만 아무런 보험이나 저축도 없이 농민시장에서 하루

품을 팔며 비참한 여생을 보내고 있는 선배 외교관들의 초라한 모습이 떠올랐다. 그들의 현실이 우리의 미래임을 남편도 부정하지 않았다. 그리고 남편에게 부탁했다. 나도 자식들과 헤어지지 않고 마음 놓고 편히 키울 수 있는 세상에서 살고 싶다고, 그들처럼 사람다운 대접을 받으며 세상을 살아가고 싶다고 말했다. 남편은 운전대를 틀어쥔 채 말없이 앞만 바라보았다. 다음날 남편은 평양으로 출발했다

*

남편이 평양으로 출발한 지 보름이 되어 오던 일요일 이른 새벽, 남편에게서 전화가 왔다. 안부 인사를 몇 마디 나누고 나서 남편은 말했다.

"여보, 주혁이 바꿔줄게."

"아직 평양이에요? 오늘은 베이징에 도착할 줄 알았는데."

"아니, 여기 베이징이야."

"그럼 주혁이는요? 주혁이가 베이징에 함께 있어요? 주혁이를 데리고 나왔어요? 거짓말이지요? 한번 바꿔 봐요."

"엄마, 나 주혁이야. 나 나왔어. 지금 아버지랑 베이징에 함께 있어."

꿈에도 그립던 주혁이의 목소리였다. 그렇게 빨리 출국 수속이 마무리될 줄은 상상도 하지 못했었다. 출발하기 전 남편은 이번에 들어가 수속을 바로 시작한다고 하더라도 주혁이가 나오려면 한 달쯤은 걸릴 것이라고 말했었다.

"내일 런던에 도착할 테니 기다려. 주혁이에게 맛있는 것도 좀 만들

어 주고." 전화로 들려오는 남편의 목소리는 마치 개선장군 같았다.

베이징에 도착한 주혁이를 전화로 확인하고 나니 하늘로 날아오를 듯 기뻤다. 눈을 감고 하늘을 우러러 가슴에 십자를 그리며 분에 넘친, 기적 같은 행운을 안겨주신 하느님께 진심으로 감사의 인사를 올렸다.

도착한 이후 남편에게서 들은 말이지만 남편은 최대한 빨리 주혁이의 출국 수속 절차를 마치기 위해 아침, 저녁으로 해당 기관 담당자들의 사무실 앞을 지켰고 북한 주재 영국대사관에서 주혁이의 가족 방문 사증을 평소보다 빨리 받았다고 했다. 주혁이가 영국 사증을 빨리 받게 된 데에는 당시 북한 주재 영국대사의 도움이 컸다. 언젠가 남편은 북한 방문 비자를 받지 못해 고생하는 그의 딸을 도와준 적이 있었는데 영국 대사는 그때를 잊지 않고 그 긴박한 순간에 대사 권한으로 주혁이의 비자를 즉시 발급해 주라는 지시를 했다. 남편은 기적 같은 일을 목격하면서 '덕은 덕으로 돌아오는구나!'하고 탄복했다고 한다. 이미 성년이 된 주혁이는 가족 방문용 6개월 비자밖에 받을 수 없었지만 그래도 즐거웠다. 다음 일은 나중에 두고 볼 일이었다.

다음날 오후 남편과 주혁이가 탄 승합차가 대사관 뒷문 차고 앞에 멈춰 섰다. 그동안 주혁이에게 해주지 못한 음식을 해준다면서 아침부터 부산을 피우며 부엌에서 헤매다 차가 들어오는 소리도 듣지 못했다. 밖에서 기다리던 금혁이가 "엄마, 형님이 도착했어!" 하고 외치는 소리에 정신없이 뛰어 내려갔다. 차 짐칸에서 트렁크를 내리고 있는 주혁이의 뒷모습이 보였다. 정말 주혁이었다.

"주혁아!"

돌아서는 주혁이의 얼굴은 이전보다 수척했지만 환하게 웃고 있었다. 나름 신경 써서 맞춰 입은듯한 검은색 슈트는 금빛 나는 커다란 두 줄 배기 단추 때문인지 어딘가 촌스러워 보였다. 하지만 그것마저 즐거워 웃음이 나왔다. 자기 딴에 멋을 부린 건지 아니면 다시 엄마, 아빠 품으로 돌려보낸다고 외할머니가 정성 들여 만들어 입혔는지 아무래도 좋았다. 주혁이를 다시 끌어안으며 속삭였다. "우리 다신 헤어지지 말자."

1년 전 형님과의 이별이 아쉬워 열차가 평양을 출발한 후 여러 정거장이 지나도록 등 돌리고 앉아 서글피 울던 금혁이는 언제 그런 일이 있었던 가 싶게 형님의 짐들을 번쩍 들어 올리며 소리쳤다. "형님 가자!" 그렇게 우리 가족은 다시 함께 모였다.

'작은 공화국'

북한 대사관의 흘러가는 일상은 어딜 가나 큰 차이가 없는 것 같다. 북한 대사관에서 외교관 부인들은 주로 건물 관리, 행사 요리, 변신, 타자, 통신, 재정, 합숙 등 내부 사업을 맡게 된다. 부인들은 월급을 따로 받진 않지만, 의무적으로 대사관 내부 일을 한두 가지씩 맡아야 한다. 비밀 보장을 위해 대사 부인이 고정적으로 변신을 맡는 것을 제외하고 남편의 외교 직급이 부인들의 업무 선택에 크게 영향을 미치지 않는다. 간혹 공정성을 보장하기 위해 기한을 정해 놓고 부인들의 업무를 회전시키는 경우도 있지만 영국 주재 북한 대사관에서는 한번 맡으면 소환되어 돌아갈 때까지 거의 변동이 없었다. 누구나 하기 끔찍해 하는 합숙 식모[96]는 순번을 정하고 일정 기간 돌아가며 맡았다.

나는 대사관 타자와 재정, 그리고 혁명사적 자료실 관리를 담당했다. 타자수는 외교관들에게서 대외관계 일보, 면담 기록부, 정세 총화 보고서와 직능 총화 보고서를 넘겨받아 국가문서 규격 요건에 맞추어 다시 작성한 후 대사의 지시에 따라 대사관 기요 문건으로 등록하고 평양에 발송하는 일을 수행한다. 어떤 대표부는 김 씨 일가의 존칭을 오자로 타자해 1년 내내 지적을 받았다. 시간이 들더라도 타자한 내용

96) 북한에서 파견하는 출장성원들은 외화사정으로 외부로 나가지 못하고 북한 대사관에 체류하므로 대사관 부인들이 그들의 숙식 조건을 돌봐주고 있다.

을 꼼꼼히 체크하는 것은 필수였다. 타자는 그래도 혼자서 하는 작업이어서 재정보다는 훨씬 수월했다.

북한 대사관의 재정은 넉넉하지 않았다. 영국 주재 대사관의 일 년 유지비 규모는 평균 10만 파운드 정도였다. 예산의 대부분은 대사관 건물의 일부를 주재국 주민들에게 임대해 주고 있는 러시아, 독일, 루마니아, 폴란드 주재 대사관에서 외교행낭으로 지고 왔다. 평양에서 어느 대사관에 출장을 조직해 예산을 받아오라고 지시하면 서기관은 그 나라에서 유지비를 현금으로 가져오곤 했다. 영국에서 해외여행 시 지참할 수 있는 현금 최대 금액은 1만 유로였지만 외교관의 특전을 이용하여 3만 유로까지는 가능했다. 그보다 더 큰 문제는 유엔의 대북 제재로 현지에 대사관 계좌를 내올 수 없는 것이었다. 최대 국제 금융지인 런던에서 북한 대사관의 계좌를 개설해 주겠다는 은행은 한곳도 없었다. 쫓겨나고 쫓겨나다 나중엔 인디아계 자그마한 은행에 겨우 계좌를 열기는 했지만, 해외 전자 송금은 전혀 불가능했고 영국 내에서 대사관 관리비나 자동차 보험금과 같은 소액 규모의 이체나 진행할 수 있는 정도였다.

대사관에서 자금을 지출하려면 건당 대사의 결재를 받아야 했다. 재정원이 규정을 무시하거나 실수하여 초과 지출하는 경우, 초과금은 대사와 돈을 지출한 재정원[97]이 공동으로 변상해야 했다. 북한 대사관의 재정 집행에 관한 총화는 그 어떤 총화보다도 엄격히 진행했다. 재

97) 회계 담당자

정원은 월 말이면 수입과 지출 내역을 건 별로 재정 집행자와 대사의 사인을 받아 확인하고 재정 결의서를 제본한 후 가장 빠른 인편으로 외무성 외화 국 앞으로 발송했다.

대사관에서 부인들이 연중 수행해야 하는 가장 큰일은 김 씨 일가의 생일, 국경절, 당 창건일 등 기념일을 맞으며 대사관에서 진행하는 연회를 준비하는 것이었다. 며칠 전부터 여성들은 머리를 맞대고 메뉴를 짰다. 사실 메뉴는 매번 거의 같았다. 한두 종류 더 빼거나 더 첨부하는 경우를 제외하고 메뉴는 기본적으로 소고기구이, 새우튀김, 잡채, 시금치, 도라지, 숙주나물 무침으로 구성된 삼색나물무침, 고사리 볶음, 김밥, 김치, 디저트로는 연어를 얹은 페이스트리와 생과일로 구성되곤 했다. 특별히 주의해야 할 부분은 국가에서 승인한 연회비 한도를 초과하지 않는 것이었다. 보통 40~50명의 손님을 기준으로 1인당 14파운드 범위에서 지출할 것을 승인했다. 여기에서 위스키, 포도주와 같은 주류와 음료수 값을 제외하고 나면 실제 식재료를 구매하는 데 드는 비용은 보통 4백 파운드 정도로 줄어들었다.

늘 부족한 연회비를 초과하지 않기 위해 대사관 부인들은 식재료 구매부터 음식 메뉴까지 면밀한 계획을 세웠다. 일주일 전에 김치를 먼저 담그곤 했다. 소고기는 가장 저렴한 것을 사서 부드러운 맛을 내기 위해 기름과 힘줄 부분을 제거한 후 갖은양념에 재웠다. 신선한 식재료들은 하루 전에 본격적으로 장을 보고 행사 당일에는 새벽부터 밤까지 허리 한번 펼 새 없이 요리를 분담하여 만들었다. 제일 젊은 부인은 대사관 자녀들의 도움을 받으며 홀 서빙을 맡아야 하기에 실제로 주방에 설 여성들은 세 명밖에 되지 않았고 한 사람이 두세 종류의 요리는 맡아야 했다. 대사 부인을 비롯해 외교관 부인들이 직접 음식을 만들어 서빙까지 하는 것을 보면서 손님들은 놀라워했다.

*

대사관 부인들의 유일한 낙은 저렴하고 질이 좋은 중고 상점을 찾아다니는 것이었다. 이주민들이 밀집된 일링 시내에는 중고 상점이 많았다. 대사관에서 시내까지 거리는 2km 정도밖에 되지 않아 운동 삼아 다니기도 좋았다. 상점에서는 일주일에 한 번씩 새로운 중고품들을 보충하곤 했는데 대사관 여자들은 이날을 놓치지 않았다. 옷과 신발, 가전제품, 그릇을 비롯해 부인들을 유혹하고도 남을 좋은 물건들이 많았다. 일단 상점에 들어서면 부인들은 일체 말없이 각자 흩어져 매의 눈으로 '보물'찾기에 몰두했다. 가격 흥정은 필수였다. 처음에는 '어렵게' 사는 여인들의 처지가 딱해 보였는지 상점의 주인들은 가격 흥정에서 쉽게 양보했다. 하지만 시간이 흐르면서 그들은 매주 찾아와 적지 않은 돈을 쓰곤 하는 이 여인들이 더는 동정의 대상이 아니라는 것을 알아차렸다. 이후 그들은 단 1페니도 더는 흥정하려 하지 않았다. 오히려 중고 상점은 영리가 아니라 인도주의 차원에서 기부의 목적으로 운영된다고, 가격 흥정은 불가능하다고 딱 잘라 말하곤 했다.

나는 이미 10여 년 전 북유럽 재외공관에서 생활하면서 마약과 같은 중고품의 독성을 경험했다. 복지가 잘 되어 있는 국가일수록 중고 상점이 발달되어 있다. 코펜하겐과 스톡홀름의 중고 상점은 런던과 비교도 되지 않을 만큼 크고 상품 구성도 다양했다. 거기서도 거의 매주 전문적으로 중고 상점을 찾곤 했다. 장에 갔다 온 날은 모든 세대의 세탁기들이 풀가동했다. 대사는 전기세와 물세가 많이 나간다고 시간제와 순번제를 정할 것을 요구했지만, 효과가 없었다. 모두 한 건물에 모여 생활하기에 세대별 전기 소비량도 확인할 수 없었다. 소환장을 받고 짐을 싸보니 어느 세대나 중고품이 평양에서 상점 하나는 차릴 만큼 수십 상자가 넘었다. 상품이 부족한 평양에서 중고품 장사로 벼락부자는 아니어도 가져간 것들을 팔면서 근근이 먹고산다는 선배들도 있었다.

내 생각은 대사관 부인들과 달랐다. 평양에서 중고품을 팔면서 먹고산다는 것은 다른 사람들은 가능할지 몰라도 내 경우에는 불가능했다. 물품이 부족한 평양에는 내가 도와줘야 할 사람들이 너무 많았다. 그동안 헤어졌던 형제들과 친척들에게 품질과 크기 별로 선별하여 골고루 나눠주고 나면 장사할 만한 것이 별로 남지 않았다. 친척들에게 중고품을 몇 박스씩 주면서도 마음은 개운치 않았다. 혹시 내가 입고 쓰다 남은 것을 주는 것으로 오해받을 걱정도 있었다. 그렇다고 중고품이 저렴한 것도 아니었다. 그 돈으로 베이징에서 새 옷과 새 신발을 사서 주었더라면 시원하게 고맙다는 말이라도 들었을 텐데… 장사꾼에게 중고품을 돈으로 받고 판다는 것도 나에게는 상식 밖의 일이었다. 남은 물건들은 베란다에서 먼지만 쌓여 갔고 가소제가 나가 굳어져 얼마 안 있어 쓰레기가 되었다.

*

대부분 재외 생활을 처음 하는 런던 주재 대사관 부인들에게 나의 경험에 의한 조언은 불필요한 것이었다. 체험해 보지 않는 이상 중고품의 유혹에서 빠져나오기란 쉽지 않았고 사람마다 사는 방식은 다를 수도 있었다. 특히 얼마 되지 않는 월급을 절약하는 것보다 부피가 큰 중고품이 더 만족스러울 수도 있었다. 얼마 지나지 않아 서기관은 길드 포드에서 '카 부츠 시장'을 발견했다. 여기서는 얼마든지 가격 흥정을 할 수 있었고 영국인들이 대대로 사용하던 귀한 빈티지들도 많았다. 어떤 날은 사들인 짐이 너무 귀해 무릎 위에 소중히 모시고 돌아오는 사람도 있었다. 그날 오후가 되면 깨끗이 씻은 물건들을 말리느라 대사관 뒷마당은 상품 전시장이 되곤 했다. 대사관 부인들은 런던을 출발하는 순간까지 중고품에 푹 빠져 살았고 거의 모든 세대의 소환 짐 컨테이너는 중고품으로 넘쳐나곤 했다.

북한 외교관 부인들의 생활 단위는 여성작업반이다. 반장은 대사가 선정하곤 했다. 반장을 선출하는 데 특별한 규정은 없었지만 보통 해외 파견 직전의 직급을 참고하거나 제일 젊은 여성에게 맡긴다. 이번에는 대사관에서 나이가 제일 어린 서기관 부인이 반장을 맡고 있었다. 이전에 재외 생활을 할 때와는 달리 대사관 여성들 사이에서 말없는 기싸움이 느껴졌다. 대사관 밖에서 생활하는 타 기관의 부대표와 서기관 부인들 사이가 특별히 좋지 않았다. 처음에는 자그마한 일로 시작된 감정싸움이 쌓이고 쌓여 나중에는 골이 깊어졌다.

*

어느 날, 국제기구 사업을 담당한 부대표가 함께 일하고 있는 서기관이 사무실에서 한국 드라마를 본다고 대사와 당 비서인 남편에게 제보했다. 사무실에서 한국 드라마를 내려받아 저녁이면 가족과 함께 본다면서[98] 조직적으로 이 문제를 해결해 주지 않으면 상부에 개별적으로라도 보고하겠다고 위협했다. 그의 자세는 강경했다. 조직적 해결이란 인사 조동을 의미한다. 대사가 조국에 보고해서 처리해달라는 것이었다. 늘 그렇듯 남자들의 싸움은 여자들의 싸움으로 번져갔다. 부대표 네와 친한 반장은 대사 부인과 합세해 부대표의 편을 들었다. 사실 편이라기보다 제기된 문제를 해결하지 않으면 거꾸로 대사가 불리해질 수도 있었다. 남편은 상부에 알려지는 경우 서기관이 받을 처벌이 걱정스러워 가능한 한 이 사건을 외면했다. 나도 정확한 근거가 없으니 본인의 의견을 먼저 들어야 한다고 주장했지만, 여성작업반 성원들은 당 비서 부인인 내가 당적 원칙이 없다면서 남편을 설복해서 합세할 것을 요구했다. 여자들은 서기관을 조국으로 추방해야 한다면서 시도 때도 없이 대사 집으로 몰려갔다.

남편은 사람 문제이니 신중해야 한다면서 잘 확인해 보고 서기관이 인정하는 조건에서 보고하자고 주장했다. 한편 서기관을 조용히 만나 사실이라면 가능한 끝까지 버틸 것을 권고했다. 사실 해외에 나와 생활하면서 한국 드라마를 보지 않는 외교관이나 그 가족은 별로 없을

98) 가정 세대들에는 와이파이 설치가 금지되어 있었다.

것이고 얼마든지 이해할 수 있는 부분이었다. 하지만 한밤중에 대사는 그를 사무실로 불러 자초지종 확인하고 나서 제기된 내용을 전보로 상부에 보고했다.

결국 서기관은 평양에 불려가 검토를 받게 되었다. 다행히 서기관은 반년 후 여러 사람들의 보증으로 겨우 용서받고 다시 런던으로 돌아오긴 했지만 그 사건 이후 두 가족은 어른들은 물론 자식들까지 철천지원수가 되어 버렸다. 서기관의 아내는 화병을 만나 거의 6개월 동안 앓아누워 두문불출했다. 지금까지 대사관 생활을 하면서 경험하지 못한 사건이었다. 상부에 보고되면 그 서기관이 어떤 화를 당할 것인가를 뻔히 알면서 극단으로 몰아가는 그들을 이해할 수 없었다. 북한에서 익숙했던 집단적 폭행의 축소판이기도 했다. 소수는 집단에 복종해야 한다는 전체주의 논리는 점차 집단은 항상 옳다는 논리로, 집단은 그 어떤 행동을 해도 된다는 논리로 변해버렸다. 끼리끼리 뭉쳐 소수를 공격하는 현상은 내가 북한에서 살면서 가장 적응하기 힘들었던 부분이었다.

연회나 집체식사와 같은 행사가 끝난 후에는 꼭 대사관 성원들이 함께 하는 뒤풀이가 있었다. 모두 모여 앉아 한두 잔씩 술이 오가고 거나하게 취하게 되면 여자들은 한없이 너그러워졌고 서로 용서를 빌었다. 그럴 때면 그들의 본심은 분명 따뜻할 것이라고 믿고 싶었다. 한치 앞도 내다볼 수 없는 어두운 사회에서 사람들의 인성마저 변해가고 있었다. 지금 생각해 보면 날로 험해지는 약육강식의 생존경쟁에서 살아남기 위한 몸부림이었던 것 같다. 미래가 없는 삶 속에서 누구나 불안에 떨고 있었다. 대사관 가족들의 생활은 북한에서의 삶을 그대로 옮겨놓은 작은 복사판 같았다.

갈수록 서늘하게 느껴지는 그들을 피해 나는 집에 틀어박혀 빵을 열심히 구웠다. 많은 사람들에게는 단 한 번만이라도 와보는 것이 꿈인 런던에서 자식들과 함께 생활하고 있다는 생각 자체만으로도 나는 감사했다. 날마다 빵이나 피자를 구워 아침 식사로 내놓았다. 도넛, 팥빵, 슈크림 빵, 식빵, 많은 것들을 도전해 보았지만 고기와 채소를 다져 넣은 찐빵이 제일 인기였다. 나는 늘 얼마 남지 않은 기간에 어떻게 하면 더 열심히 살아 아이들을 훌륭하게 키울 것인가에 골몰하곤 했다.

불안한 아이들

큰 애가 런던에 도착한 후 우리 가족은 다시 즐거운 일상으로 돌아왔다. 가장 큰 걸림돌이었던 주혁이의 런던 체류비자도 주혁이가 해머스미스 콜리지 보건경영학과에 입학하면서 해결되었다. 주혁이는 보건경영학과 실습 과정으로 치매 노인들을 돌봐주는 보양사로 일했다. 얼마 지나지 않아 실습을 하고 있는 회사의 매니저로부터 사무실에서 함께 일해보자는 제안도 받았다. 어려서부터 몸이 약해 사랑을 받는 데 습관이 되어 있던 주혁이는 어느새 사람들에게 사랑을 주는 삶에 익숙해져가고 있었다. 온종일 덩치 큰 어르신들을 돌보며 궂은일, 마른일 가리지 않고 일하다 저녁에는 녹초가 되어 돌아오면서도 다음날 아침이면 구김살 한 점 없는 밝은 모습으로 출근길에 오르곤 했다. 마치 런던에서의 생활이 영원할 듯 아이들은 꿈과 희망에 부풀어있었다.

주말이면 온 가족이 함께 테니스를 치러 동네 테니스장으로 나가곤 했다. 대사관 앞 바로 길 맞은편에는 영국 어느 동네에서나 쉽게 볼 수 있는 그리 크지 않은 아담한 테니스 클럽이 있었다. 평시 아이들의 운동에 관심이 많았던 남편은 10년 전에도 주말이면 여기 클럽에서 아이들과 함께 테니스를 치곤했다. 그날의 꼬마들이 성인으로 장성해 다시 클럽에 나타나자 그때부터 안면 있던 동네 사람들과 클럽 주인은 감개무량 해했다. 그도 그럴 것이 북한 대사관이 같은 동네에 있어도 테니스에 관심을 두는 북한 외교관을 본 적이 없었고 가족 성원 모두가 다시 나타났으니 희한할 수밖에! 클럽 주인은 자신이 어릴 때부터 테니스를 가르쳐준 아이들이라 더욱 애정을 갖고 대해 주었다. 나도 남편의 고집으로 정기회원으로 등록했지만 별로 운동을 좋아하지 않는 편이라 마지못해 가끔 나가곤 했다. 대사관 다른 성원들의 눈치가 보인다는 것도 열심히 운동하지 않는 다른 하나의 구실이기도 했지만, 아무튼 '서당 개 삼 년이면 풍월을 읊는다'는 속담대로 그나마 테니스의 기본기와 서브는 어느 정도 터득할 수 있게 되었다.'

*

런던에서 큰 애의 첫 생일을 쇠고 며칠이 지난 어느 날, 오랜만에 온 가족이 저녁 식사 자리에 모여 앉았다. 큰 애는 친구들과 생일을 쇠던 이야기를 신이 나서 했다. 대학에서 함께 공부하고 있는 인디아, 방글라데시 유학생들이 주혁이를 위해 어떤 생일 케이크를 준비했고 식사비까지 마저 계산하려 하는 것을 자신이 어떻게 저지했으며 다들 아르바이트로 생활비를 마련하면서 힘들게 공부하는 친구들인데 의리심이 강하다는 등 친구 자랑을 한참 늘어놓았다. 말없이 식사하며 듣고만 있던 남편이 불쑥 둘째에게 물었다.

"금혁아, 너는 학교에 생사고락을 함께 할 만한 친구들이 없니?"

"1년 있다 조국에 들어가면 그런 애가 있었는지 누가 기억이나 하겠어요?" 시무룩해진 금혁이가 퉁명스럽게 대답했다. 뭐라고 위로해야 할지 몰라 망설이고 있는데 다행히 남편이 입을 열었다.

"네가 옥스퍼드 대학에만 붙는다면 아버지는 무슨 수를 써서라도 널 여기에 남겨둘게."

금혁이는 그 말을 믿는지, 아니면 아버지가 그저 해보는 실없는 말이라고 생각하는지 아무 대꾸도 없이 시무룩해 자기 방으로 들어가 버렸다. 사실 남편도 그리 큰 의미를 두고 한 약속은 아니었다. 남편은 애들이 혼란스러워할 것 같아 애들의 미래나 정치에 관한 이야기를 가능한 피하곤 했다.

어느 날 학교에서 돌아온 금혁이는 역사 과목을 취소해야겠다고 했다. 원인은 역사 선생님이 거짓말을 하는 것 같다는 것이었다.

"엄마, 오늘 우리 역사 선생님이 조선 전쟁은 북조선 사람들이 일으킨 전쟁이라고 해요. 그래서 선생님께 남조선에 의해 일어난 전쟁이라고 말씀드렸더니 그건 북조선 사람들의 주장이라고 했어요. 선생님이 편견으로 역사를 가르치는 것 같아 더 들을 필요가 없을 것 같아요."

옆에서 신문을 읽고 있던 남편이 대화에 끼어들었다. "그래도 들어봐. 세상 사람들이 6.25 전쟁에 대해 어떻게 얘기하는지 들어 보는 것도 필요해. 여러 사람의 목소리를 다 들어 봐야 사고의 폭이 넓어지거든. 네가 생각하는 것과 그들이 생각하는 것을 비교해서 들어 보는 것도 나쁘지 않아. 네가 역사 공부를 정말 좋아한다면 그만둘 이유가 없어."

*

어느 날은 큰 애 때문에 깜짝 놀라기도 했다. 남편이 식탁 위에 놓고 간 강연 제목을 본 나는 화가 치밀었다. 《모두 다 장군님을 목숨으로 옹호 보위하는 총 폭탄이 되자!》라는 제목이었다.

"아니, 사람을 보고 자기를 위해 총 폭탄이 되라는 게 말이 돼?"

"엄마, 늘 듣던 말인데 왜 그렇게 화를 내세요? 엄마가 외국에 와서 많이 변한 것 같아요." 주혁이의 대답이었다. 갑자기 머리를 한 대 얻어맞은 것 같았다. 어쩌면 내가 제일 잘 안다고 생각하는 우리 아들이 나와 다른 가치관을 가지고 있을지도 모른다는 생각이 들었다.

"그럼 너는 사람에게 자신을 위한 총 폭탄으로 살라는 요구가 옳다고 생각하니?"

"아니요. 옳지 않지만 그래도 엄마 네는 빨치산 가문이잖아요."

"주혁아, 엄마는 주혁이가 좀 더 솔직했으면 좋겠어. 나쁜 건 나쁘다고 당당하게 말하는 애가 되었으면 좋겠어."

"나도 솔직하게 말하고 싶지만 엄마가 그러다 화를 당할 것 같아 걱정스럽단 말이에요. 엄마가 좀 더 조심했으면 해서 한 말이었어요."

"알겠어. 그래도 엄마에게는 네 감정을 솔직하게 말해주어도 괜찮아."

애들에게서 가식적인 어른들의 세계가 보이기 시작했다. 더는 어리다고 할 수 없었다. 아이들이 세뇌당하지 않도록, 자기 것을 잃어버리지 않도록, 당당한 삶을 살 수 있도록 더 관심을 돌려야 했다.

*

그러던 어느 토요일이었다. 대사관에서는 외국이라 해도 북한에 있을 때와 꼭 같은 토요일과를 진행한다. 토요일과는 주로 대사와 당 비서인 남편이 진행했다. 그날도 남편은 만 14세 이상 자녀들을 포함한 대사관 전체 성원들 앞에서 평양에서 보내온 강연 제강을 열심히 읽고 있었다. 강연 내용은 한 마디로 김정은을 충성으로 열심히 받들어 모셔야 한다는 내용으로 일관되어 있었다. 평양에서 들을 때는 몰랐는데 들을수록 얼마나 황당한지 점점 화가 치밀어 올랐다. 그것도 내 앞에서는 김 씨 일가에 대한 비평가인 남편이 강연장에서는 열렬한 북한 정부의 옹호자가 되어 설명하고 있었다. 괜히 남편에게 짜증이 났다. 그가 점심시간에 식사하러 집에 들어온 기회에 시비를 걸었다.

"여보, 당신 어쩜 그렇게 연극을 잘해요?"

"뭘?"

"강연회 때 말이에요. 난 그렇게 이중적 행동을 못 하겠더라. 차라리 말을 하지 않으면 안 했지."

"그럼 김정은이 나쁘다고 솔직하게 말할까? 아니면 강연을 못 하겠다고 거절할까? 애들 앞에서 거짓말을 해야 하는 내 심정은 생각해 봤어? 김 씨 일가에 치를 떨면 당신보다 내가 더 하지."

말문이 막혔다. 그의 말을 듣고 생각해 보니 그는 나처럼 마음에 없는 말을 하고 싶지 않으면 입을 다물 수 있는 처지가 아니었다. 그는 가장으로 가족을 먹여 살려야 했고 그러자면 하고 싶지 않은 일도, 하고 싶지 않은 말도 해야 했다. 그의 노력으로 오늘의 내가 있었다. 그의 고생의 대가로, 그의 그늘 뒤에서 나는 가면을 쓰지 않고도 안전한 삶을 살 수 있었다. 그러면서 나는 절대 거짓말을 하지 않는다고, 거짓말을 해야 할 상황이라면 입을 닫는다고 자랑하곤 했다. 갑자기 그에게 미안하고 고마운 생각이 들었다.

그날 이후로 남편은 아이들과 정치 얘기를 나누는 횟수가 부쩍 늘어갔다. 기회가 생길 때마다 아이들과 북한과 세계정세에 관한 이야기를 더 많이 나누곤 했다. 보통 저녁식사를 마치면 북한 상황에 관한 토론을, 아니 토론이라기보다 서로 솔직한 의견을 나누는 시간을 갖곤 했다.

*

2015년 8월, 북한은 8월 15일부터 북한의 표준 시간을 한국과 일본이 쓰는 시간보다 30분 늦은 평양 시간을 사용한다고 발표했다. 당시 북한은 "일제가 강탈한 표준시를 되찾은 것은 주권국가의 권리"라고 설명했다. 남편은 아이들에게 북한이 왜 시간을 늦추는 조치를 취했는지 그 원인을 물었다. 주혁이는 반일 감정을 인식한 의식적인 차별화 조치일수도 있고 아니면 경제적 혼란을 목적으로 한 정책이라고 답했다. 남편은 일본과 차별화를 두어 주민들에게 반일 감정을 심어주기 위한 데 그 목적이 있다고 설명해 주었다.[99)]

미국의 일본에 대한 핵폭탄 투하 70돌이 되는 날이었다. 이날에는 핵폭탄 투하의 의미에 대한 논의가 벌어졌다. 원자폭탄 투하가 없었더라면 일본 군대가 2차 세계대전에서 항복했을까 하는 질문으로 시작해 꼭 원자탄 투하가 최선의 방도였을 가, 조선 사람들을 무고하게 죽인 일본에 대한 최선의 복수라고 생각해도 좋은지, 원자탄 투하로 무고한 일본인들이 수없이 죽고 몇 세대에 걸쳐 돌이킬 수 없는 피해

99) 2018년 4월 28일 남북 정상회담 이후 원래 시간으로 돌아갔다.

를 주었는데 인도주의 정신과 어긋나지 않는지, 조선의 오늘날 분단의 비극이 결국 원자탄 투하의 결과가 아닌지, 꼬리에 꼬리를 물고 열띤 논쟁을 벌였지만, 이 문제에서는 서로 의견이 엇갈렸다. 양보 없는 팽팽한 토론이었지만 우리 가족은 가장 중요한 것을 깨달았다. 서로 다른 의견이라도 피하지 않고 서로의 의견을 존중하고 이해하려고 노력하면서, 무엇보다 솔직하게 생각을 나눌 수 있는 그 과정이 중요하다는 것이었다.

당시 한국영화 《국제시장》이 한창 인기를 끌고 있었다. 큰 애가 유튜브로 영화를 내려 받아 저녁을 마친 후 온 가족이 모여 앉아 함께 보게 되었다. 영화가 끝날 때쯤 되니 모두의 눈가에 눈물이 그렁그렁 맺혔다. 비록 남한에서 만든 영화였지만 주인공들의 눈물이 우리 가족의 눈물이었고 그들이 겪은 비극이 우리 가족이 겪은 비극이었다. 조선사람 치고 왜정 때, 전쟁 때, 정전 후 그리고 현재까지 분단의 아픔을 겪지 않은 가족이 과연 몇이나 될까 하는 생각에 모두가 가슴이 먹먹했다.

*

2015년 8월, 비무장지대에서 목함 지뢰 폭발사건이 발생했다. 북한의 도발을 인지한 한국 정부는 확성기 방송을 재개했고 북한군은 한국 측 대북 확성기를 목표로 포사격을 가하면서 한반도 정세는 전쟁 직전으로 긴박하게 돌아갔다. 남북대화가 이틀째 진행되고 있었지만, 아직 이렇다 할 결실이 없었다. 뉴스를 보니 남한에서는 분쟁지역 사람들만 대피 다니느라 분주했다. 이젠 너무 빈번한 일이어서 그런지 남한 사람들은 꿈쩍도 하지 않는 분위기였다. 하지만 북한에서는 청년들이 인민군대 탄원을 지원했고 해외 주재 북한대표부들에서도 부모를 따라 나온 자녀들과 유학생들을 포함해 수천 명의 학생들이 인민군대에 탄원했다. 런던 주재 대사관에서도 우리 아이들을 포함해 대사관 전체 청년동맹원들이 군대에 탄원한다는 전보를 평양에 보냈다. 나는 탄원한 아이들을 혹시 북한으로 불러들일까 내심 걱정했지만, 남편은 지금 북한의 형편에서 어떻게 전쟁을 하냐고, 그런 일은 절대 없으니 마음을 놓으라며 장담했다.

드디어 3일 만에, 남북회담은 북한이 지뢰에 의한 사고를 유감으로 발표하는 것으로 종결되었다. 남편이 점심시간에 아이들에게 예견해준 대로 상황이 흘러가자 아이들은 아버지의 예측이 신통하다고 한참이나 웃었다. 우리 아빠가 이런 사건을 너무 다루다 보니 실력이 쌓인 건가 아니면 북한이 너무 뻔한 전술을 쓴 건가, 그것도 아니면 이젠 더 물러날 길이 없어서인가 여러 의견들을 말했지만 중요한 것은 부모와 자식 간에 솔직한 대화가 가능해졌다는 점이었다.

2015년 여름, 대학생 자녀들을 다시 북한으로 들여보내라는 지시가 내려왔다. 밤늦게까지 대사를 만나고 돌아온 남편은 대사가 자기 아들 명훈이를 평양에 내보내기로 결심했다고 했다. 명훈이는 영국에서 고등학교를 졸업한 후 적기를 놓쳐 대학공부를 하지 못하고 있었다. 대사 네는 그럴 바에는 차라리 하루라도 먼저 평양에 보내 휴학 중인 외국어대학을 졸업하고 군대에 나가는 것이 바람직하다고 타산했다. 군대 입대 나이가 달라져 25살이 넘으면 하 전사 생활이 불가능했지만 대신 무력부 산하 외화벌이를 하는 회사나 특수기관에 군관으로 취직하면 먹고사는 데는 지장이 없을 것이었다. 선군주의의 영향으로 군대에 실권이 넘어가면서 다른 사회 직장보다는 그나마 군대가 생활조건이 훨씬 좋았다. 그렇다고 하더라도 나라면 자식들을 가능한 한 데리고 있을 것 같았다. 얼마 남지 않은 기간에 더 열심히 배울 생각은 하지 않고 떠나는 것은 아무리 생각해도 잘못된 결정인 듯싶었다.

아이들이 불안해할 것 같아 내 생각을 아이들에게 이야기해 주었다. 실력만 꾸준히 쌓으면 어디에 가든 좋은 기회가 온다, 마지막까지 런던에서 열심히 공부하자, 성적이 좋으면 너희들이 평양으로 돌아가지 않고 런던에서 상급학교에 갈 수 있도록 아빠, 엄마도 돕겠다고 말했다. 사실 가능성은 전혀 없는 말이었다. 내 바람을 말해주었을 뿐이었다. 부모로서 아이들의 자유를 지키기 위해 가능한 한 마지막 날까지 최선을 다하고 싶었다. 그동안 혹시 뾰족한 수가 생길지도 모를 일이었다. 조용히 듣고 있던 금혁이는 자기에게 여기서 공부할 기회를 준다면 3~4년 안에 성공할 수 있다고 간절하게 말했다. 주혁이도 부모를 떠나 평양에 들어가 괜히 모험을 할 필요가 없다면서 어떻게 해서라도 대학 공부를 연장하겠다고 했다.

그해 9월 중순, 현학봉 대사의 아들 명훈이는 결심대로 런던을 떠났다. 대사관 모든 성원들이 히스로 공항에서 그를 바래주었다. 명훈이를 위해 잘한 결정이라고 마음을 굳게 먹고 있던 명훈이 엄마도 돌아오는 길에 끝내 눈물을 쏟고야 말았다.

자유를 향한 갈망

2015년 3월 어느 날이었다. 학교에서 돌아온 금혁이는 가방을 내려놓기 바쁘게 물었다. "엄마, 나 학교 친구들과 함께 제네바에 며칠 갔다 올 수 있어요? 학교에서 물리 과목 수학여행으로 제네바에 있는 유럽 핵연구 기구를 방문한대요. 10월 초에 학급 전체 학생들이 2박 3일 일정으로 돈을 모아 제네바에 간다는 데 나도 갈 수 있어요?" 동의를 묻는 금혁이의 눈에는 간절함이 가득했다. 나는 가능한 한 아이들에게 북한인의 제한성을 알게 하고 싶지 않았다.

"그래, 아버지가 들어오시면 한번 물어보자."

그날 저녁, 남편에게 금혁이에게서 들은 내용을 자초지종 설명했다. 남편도 평양에 잘 보고하면 승인할 것 같다고 했다. 남편은 그날 대사에게 제네바에 북한 대사관도 있으니 금혁이를 보낼 수 있게 해달라고 제기했고 대사도 동의하고 승인을 요구하는 전보를 외무성에 보냈다. 하지만 외무성에서는 거절했다.

금혁이의 실망은 컸다. 외국에서 공부한다 해도 친구들과의 수학여행이나 관광은 절대 불가능했다. 방학이 끝나고 개학하는 날이면 친구들은 여름이나 겨울 방학을 어디서 어떻게 보냈다고 여행 이야기를 풀어놓곤 했지만 오도 가도 할 수 없는 우리 아이들은 낄 수가 없어 자괴감을 느끼곤 했다. 런던 생활에 적응해갈수록 아이들은 점점 더 자유를 누리고 싶어 했다. 나는 아이들에게 북한인의 한계를 느끼게 하고 싶지 않아 뭐나 할 수 있다고 대답하곤 했지만 엄마의 약속은 나중에는 꼭 거짓말이 되곤 했다.

시간이 지나면서 아이들은 런던 생활에 점점 물들어갔다. 그중 하나가 아르바이트였다. 아이들은 런던 학생들처럼 여가시간에는 아르바이트를 하겠다고 하더니 얼마 지나지 않아 큰 애는 가까운 식당에서 저녁 시간에 서빙을, 작은 애는 새벽에 한 시간씩 먼저 일어나 동네 신문배달을 시작했다. 아이들이 한창 신이 나서 아르바이트에 재미를 붙이고 있는 와중에 갑자기 자녀들에 대한 통제를 강화하라는 지시가 떨어졌다. 대사는 각자 자녀들에게서 비정상적인 일이 없는가를 검토하고 보고할 것을 지시했다. 북한 외교관 가족으로서 아르바이트를 하는 것은 비정상적인 일이었다.

*

그러던 어느 날, 가뜩이나 애들의 아르바이트가 발각될까 걱정하고 있는데 새벽에 비를 맞으며 신문배달을 나간 금혁이가 7시 반이 지나도록 들어오지 않았다. 가슴을 조이며 기다리다 못해 전화해 보니 우편국 주인이 늦게 나와 배달 시작이 좀 늦어졌다면서 지금 대사관 정문에 들어서고 있다고 했다. 안도의 숨을 내쉬는데 옆에서 대화를 듣고 있던 남편이 말했다. 아무래도 신문배달을 그만두게 하는 게 좋을 것 같다, 토요일 조회에서 대사가 우리 애들을 겨냥해 말한 것 같다는 것이었다. 결국 그날 이후로 금혁이는 신문배달을 그만두었다.

몇 달이 지나자 금혁이는 친구들을 대상으로 인터넷 과외를 다시 시작했다. 신문배달과 달리 인터넷상으로 진행하니 누구도 모르게 할 수 있다는 것이었다. 금혁이에게는 교육자의 소질이 있었다. 언젠가 금혁이 친구는 수학선생님으로부터 수학에는 희망이 없으니 그만두라는 말을 듣고 욱해 금혁이에게 도움을 청했다. 다음 학기까지 수학 성적 B를 받겠다고 선생님에게 장담했다면서 금혁이에게 과외를 부탁했다. 금혁이는 틈틈이 그를 도와주었는데 정말 그 친구는 다음 학기에 B를 받아 수학 선생님이 놀랐다고 한다. 과외에 재미를 붙인 금혁이는 영국식 수능 제도인 A level 시험제도가 달라진 상황에서 새로운 시험공부 방법을 인터넷에 올려놓으면 시청하는 학생이 꽤 많을 거라면서 인터넷 과외를 확장할 계획까지 세우고 있었다.

어느 날, 서기관은 온라인에서 금혁이라는 이름으로 수학 과외를 소개하는 홈 페지 주소를 보았는데 혹시 금혁이가 아닌가 하고 지나가는 말로 물었다. 금혁이가 맞다면 빨리 지우는 것이 좋겠다고 넌지시 알려주었다. 나는 아닐 거라고 어물쩍 그 순간은 넘겼지만, 혹시 다른 사람들의 귀에 들어가면 어쩌나 바늘방석에 앉은 심정이었다.

대사관에서는 정세 자료를 분석해야 하는 외교관들을 제외하고 부인들과 학생들이 온라인에 접촉하는 것을 엄격히 통제하고 있었다. 그나마 학교에서 과제를 온라인으로 제출할 것을 요구하는 실정을 반영하여 어른들의 통제 하에 학교 과제를 수행할 때만 자녀들이 온라인에 접촉할 수 있도록 제한적으로 허용하고 있었다. 어느 집이나 학생이 있어 눈 감고 아웅 하는 식으로 인터넷 접촉을 허용하고 있었지만, 이 사실을 문제로 삼는다면 또 골칫거리가 될 것은 뻔했다. 특히 독일 대사관에 있는 영국대사관 담당 보위원은 일주일에 한 번꼴로 남편에게 대사관 성원들과 학생들의 생활에 대해 문의하고 있었다.

늘 우리 애들도 영국 애들처럼 자유롭게 살게 하는 것이 나의 소망이었다. 자유로운 세상에서 마음껏 공부하고 평온하게 일할 수만 있다면 더 바랄 게 없을 것 같았다. 수년 전 영국에서 공부하던 아이들을 평양으로 데리고 가 고생시켰던 나날들은 생각만 해도 끔찍했다. 아무리 생각해도 다 성장한 아이들에게 다시 북한의 무조건적인 복종과 충성을 강요하는 것은 부모로서 할 짓이 아니었다. 물론 아이들은 복종하게 될 것이고 목숨을 유지하기 위해 쥐 죽은 듯 살아가겠지만 여기서 품었던 꿈과 희망은 사라질 것이고 고민과 좌절 끝에 폐인으로 살아가게 될 것이 불을 보듯 뻔했다.

10년이 넘도록 외국에서 성장한 후 북한으로 돌아가 대학 생활을 하고 있는 조카 딸 생각이 났다. 그는 영어와 중어, 스페인어를 모국어처럼 자유롭게 구사하고 있는 수재였다. 어떻게 된 아이인지 미술, 태권도 무엇이든 손만 대면 마스터가 되곤 했다. 하지만 영혼이 자유로워 그런지 늘 사고뭉치였다. 언젠가 대학 교도장에서 일본 만화의 여주인공을 그렸다 제대군인들에게 걸려 혼쭐이 났다. 가슴이 나오고 허리가 잘록한 만화의 여주인공은 제대군인들의 눈에 거슬렸고 그들은 '퇴폐적인 서방 문화'에 젖어있는 그의 머리를 맑게 해준다며 처벌로 한 달 동안 교도장에서 야외 변소 똥 푸는 작업을 시켰다. 삼촌이 그 소식을 듣고 달려가 손이 발이 되도록 빌어서 겨우 용서받았다. 정이 가장 많이 든 조카였다. 평양에 있을 때는 그에게서 늘 우리 아이들의 모습이 겹쳐 보이곤 했다.

*

어느 날 아침, 새 옷을 입고 기분 좋게 학교로 떠났던 금혁이가 저녁 늦어 볼이 부어 돌아왔다. 기분이 많이 상해 있었다. 학교에서 상급 학교 추천이 있었는데 총 선발된 학생 여섯 명에 속하지 못했다는 것이었다. 분명 실력으로 보면 1, 2등에 속한다며 안심했던 금혁이는 안타까운 마음에 이유를 알고 싶어 부교장 선생님을 찾아갔다. 이유는 간단했다. 금혁이가 상급학교에 진학할 수 있는 가능성이 적어 누락시켰다는 것이었다. 나는 네가 북조선 학생이니 선생님이 그럴 수도 있겠다고 설명해 주었지만 금혁이는 몹시 서운해했다. 꼭 명문 대학에 가겠다고 몇 년 동안 노력하는 것을 곁에서 보아온 나도 마음이 아팠다. 지금이라도 85파운드를 내면 명단에 추가로 들어갈 수 있다는 금혁이에게 그렇게라도 하자고 했다. 그리고 금혁이에게 절대로 눈앞의 일로 실망하지 말 것을 당부했다. 꿈을 크게 갖고 꾸준히 노력하면 분명 좋은 날이 온다고 위안해 주었다. 금혁이도 샤워하고 난 후 기분이 한결 좋아졌다. 엄마 말을 듣고 곰곰이 생각해보니 항상 3~4년 주기로 떠나가곤 하는 북한 학생들을 보아온 학교에서는 얼마든지 그럴 수도 있겠다고 수긍하는 것이었다. 금혁이는 대학 신청문건을 빨리 마무리하고 학업에 더 집중하겠다면서 마음을 다잡았다.

다음날 남편은 금혁이의 반대를 한사코 물리치고 학부형 총회에 참가하겠다며 금혁이의 학교로 찾아갔다. 금혁이의 설명에 의하면 12학년을 위한 학부모 회의이므로 13학년 학부모인 아버지가 학교에 가도 선생님을 직접 만나 뵙기는 어렵다는 것이었다. 두 시간 정도 지나서 남편은 회색이 만면해서 돌아왔다. 학교에 가기 참 잘했다는 것이었다. 금혁이가 만났던 부교장 선생님도 만났다고 했다. 학부형 총회 연단에 나선 선생님들의 임기응변과 그들의 열정에 대해 탄복하는 것으로 서두를 뗀 남편은 금혁이가 상급학교 선발 대상에서 빠진 사연을 알려 주었다. 선생님은 금혁이가 옮겨간다는 말을 한 적이 있어 그를 대학 입학 유력자 명단에서 제명했다는 것이었다. 남편이 임기를 더 연기하기로 했다고 하자 선생님은 비록 인원이 제한되어 있기는 하지만 다시 넣겠다고 확답을 주었다고 했다. 아빠가 들고 온 소식을 듣고 난 금혁이의 얼굴은 다시 화색을 띠었다.

직접 말은 하지 않았지만 아이들은 모든 순간 자유를 갈망하고 있었다. 부모로서 아이들의 소원을 풀어주기 위해 뭔가 해야 했다. 먼 훗날 자유로운 세상에 남을 수 있는 기회가 있었음에도 감옥이나 다름없는 북한으로 인도한다면 아이들은 부모를 두고두고 원망할 것이었다. 남편과 나는 일단 아이들에게 상급학교에 입학만 하면 어떻게 해서든 런던에서의 대학 생활을 보장해 주겠다고 늘 장담은 했지만 사실 이렇다 할 방도는 딱히 없었다. 아이들을 실망시키고 싶지 않아 남편은 지인들을 동원하여 온갖 가능성을 알아보고 있었지만 쉽지 않았다. 아이들의 자유를 지켜주는 일은 북한인에게는 너무나 어렵고 먼 길이었다. 탈북하고 싶은 마음이 늘 떠나지 않았다. 그렇다고 평양에 있는 어머니와 형제들의 운명을 망칠 수는 없었다. 어머니와 언니, 동생들이 나로 인해 당할 불행을 생각만 해도 살이 떨렸다.

*

2015년 3월 어느 날, 또 다른 끔찍한 소식이 들려왔다. 방글라데시 주재 북한 대사관의 1등 서기관이 140만 달러어치의 금을 밀수하다 공항에서 압수당했다는 것이었다. 그는 무역성에서 오랜 기간 함께 일했던 지인이었다. 그의 어머니는 청류관 당 비서를 오래 하셨다. 그의 아버지는 '남조선혁명가'[100]로 북한에 잘 알려져 있다. 처가 식구들 모두 북한에서 유명한 탤런트 가족이었다.

방글라데시는 무역성에서 내가 일하던 6국의 1과에 속하는 무역 대표부였다. 방글라데시는 대리석이 유명한 나라다. 이전에는 북한과의 경제협조 대부분이 돌 광산 분야에서 활발했지만 지금은 진행되는 거래가 별로 없어 다른 무역 대표부들과 마찬가지로 방글라데시 대표부도 무역성에서 재촉하는 김정은을 위한 혁명자금과 각종 형태의 지원금, 대사관 유지비를 마련하느라 고생이 이만저만 아니었다. 북한 당국에서는 주재국에서 각종 불법 상적 행위에 말려들지 말라고 하지만 불법 행위를 하지 않으면 그 많은 과제를 수행할 길이 없었다. 그 실정을 잘 알기에 나는 더욱 안타까웠다.

아니나 다를까 얼마 지나지 않아 그의 사건과 관련한 전보들이 대표부로 쏟아져 나오기 시작했다. 전보로 늘 강조하지만 외교관들이 불법 상적 행위를 하지 말 것, 방글라데시에서 사고가 있었다, 그 누구라도 엄중히 처벌하겠다, 김정은의 권위를 훼손하는 행위다, 모든 대사관 및 대표부에서는 당원 별 검토를 진행하고 다시는 이런 일이 발

---

100) 북한의 남파 간첩

생하지 않도록 대책을 취하라고 지시했다.

날마다 재촉하는 혁명자금과 대표부 유지비를 마련하기 위해 그는 열심히 살았지만 결국 그의 미래는 망가지고 말았다. 외국에서 맨손으로 돈을 벌어오라는 것은 사실 외교관들을 사지로 내모는 것이나 다름이 없었다. 그 후과는 고스란히 그들 본인의 몫으로 돌아왔다. 그는 처벌로 온 가족을 데리고 지방으로 추방되거나 잘 되면 대외사업권 박탈 정도로 끝나게 될 것이다. 하지만 앞으로 해외 파견은 불가능하게 될 것이고 그러면 외교관으로서의 꿈은 영영 사라지게 된다. 북한은 아무리 열심히 살아도 미래가 없는 나라였다.

선택

2015년 10월 어느 날, 저녁 시간이 되어 식사 준비를 한창 하고 있는데 주혁이가 대학에서 온 메일을 들고 사색이 되어 방에 들어섰다. 자세히 읽어보니 대학 과정 기간이 당겨져 다음 해 6월까지로 예정했던 실습 기간을 12월 말로 완료한다는 대학 학장의 공시 메일이었다. 그렇게 된다면 주혁이는 겨우 다음 해 초까지나 런던에 체류할 수 있었다. 무슨 방도가 있을 것이라고 주혁이를 안심시키고 나서 아버지가 식사하러 들어오시면 다시 토론해 보자고 약속했다.

선택할 순간이 온 것 같았다. 그동안 남편과 자유에 대한 이야기를 거의 매일 나누었다. 남편과 나는 하루 일을 마친 저녁 시간에는 식사하기 전 한 시간 동안 대사관에서부터 일링 시내까지 운동 삼아 달리기를 진행하곤 했다. 남편을 따라 마지못해 시작했던 달리기가 나중에는 일과 중 가장 기다리는 시간이 되었다. 출발 후 목적지까지는 달렸고 돌아올 때는 천천히 걸으면서 앞으로 우리 가족의 미래에 대한 이야기를 나누곤 했다. 아이들의 교육 이야기가 나올 때면 꼭 결론은 외국에 남아야 한다는 것으로 끝나곤 했다. 먼 훗날의 이야기인 줄 알았는데 발등의 불로 떨어졌다. 아이들에게 한 그 많은 약속과 꿈을 저버릴 수 없었다. 부모를 믿고 그들이 얼마나 열심히 노력했는지 뻔히 알면서 아이들을 실망시킬 수는 없었다.

그날도 운동을 간다고 옷을 갈아입던 남편은 나에게서 자초지종 주혁이의 사정을 듣고 나서 저녁 운동을 취소했다. 옆에서 서성이고 있는 주혁이에게는 북한의 교육성과 연계해서 유학이 가능한 대학을 알아보겠다고 약속했다. 어떻게 해서든 런던에 남아서 공부를 계속할 수 있도록 노력하겠으니 입학할 수 있는 대학들을 한번 알아보라고도 했다. 주혁이가 방에서 나가자마자 남편에게 그런 방법이 확실히 있냐고 따졌다. 하지만 남편은 아이를 안심시키자면 그렇게라도 말하는 수밖에 없다고 대답했다. 하도 그럴듯해 하마터면 나도 넘어갈 뻔했다. 그렇지 않아도 시간이 얼마 남지 않은 아이에게 시간 낭비를 시킨다고 남편에게 불평을 늘어놓았다.

*

다음 순간 남편은 탈북하려는 내 결심이 확고하냐고 물었다. 이미 남편과 자유에 대한 생각을 나눈 지는 오래되었지만 정작 그의 입에서 탈북이라는 말을 듣고 나니 가슴이 철렁했다. 남편은 확인하려는 듯 재차 물었다.

"너 정말 후회하지 않을 자신 있어? 어머니가 보고 싶다고, 다시 돌아가겠다고 하지 않을 자신이 있냐고. 나는 괜찮아. 부모님은 이미 떠나가셨고 형제들은 평생 인생 막바지에서 살았으니 고생을 견뎌낼 수 있겠지만 너희 형제들은 다르잖아."

그 순간 어머니와 형제들의 얼굴이 번갈아 지나갔다. 나로 인해 하루아침에 온 가족이 지방으로 쫓겨날 생각을 하니 숨이 턱 막혔다. 순간의 선택이 사랑하는 사람들을 천당과 지옥으로 보낼 수 있는 문어귀에 서 있었다. 오늘 돌아서면 어머니와 언니, 동생들을 평생 다시 만나지 못할 수도 있었다. 과연 내가 옳은 선택을 하고 있는 걸까? 그러나 나에게는 지켜야 할 두 아들이 있다. 더는 김 씨 일가에게 아이들의 미래를 맡길 수는 없다. 이대로 북한에 돌아간다면 아이들은 분명 부모의 잘못된 선택을 원망할 것이다. 설사 모든 것을 감수하고 북한에 돌아간다고 한들 그 사회에서는 우리 가족 중 누가 언제 어떤 불행을 당하게 될지 아무것도 장담할 수 없다.

어린 딸을 잃고 평생 고생하셨던 아버지 생각도 났다. 옆에서 보아온 부모님의 삶은 자유가 얼마나 소중한가를 알려 준 교과서였다. 아버지는 사랑하는 딸을 버리면서 김 씨 일가를 선택했었다. 사랑하는 사람들을 버리면서 김 씨 일가를 위한 충성을 선택했지만 결국 불행한 인생 말년을 보내야 했다. 아버지, 어머니는 김 씨 일가에게 충성하는 길에 미래가 있다고 믿었지만 오늘날의 자식들은 자유를 잃고 노예나 다름없는 삶을 살아가고 있었다.

선택의 갈림길에서 가장 큰 영향을 준 것은 결혼 후 집을 떠나던 날 어머니가 하신 말씀이었다. "이젠 집을 잊고 남편과 애들을 잘 키워라. 물이 내리흐르듯 사랑도 내리흐른다. 어머니도 홀어머니 밑에서 온갖 사랑을 다 받으며 자랐지만 정작 결혼하니 남편과 아이들이 우선이더라. 네가 애들을 잘 키우고 잘 사는 게 어머니에게 효도하는 길이다." 어머니의 말씀대로 두 아들을 잘 키우는 것이 부모님께 효도하는 길이라고 믿고 싶었다. 그 당시에는 무심히 들었던 어머니의 말씀이 나의 선택을 결정했다. 그렇게 생각하니 아버지도 하늘나라에서 어서 떠나라고 내 등을 떠미시는 것 같았다.

"후회하지 않겠어요."

나는 이미 주혁이가 런던에 도착하는 순간부터 북한에 돌아가지 않으리라 마음을 먹고 있었다. 탈북에 관한 생각을 끊임없이 해왔고 이후 꾸준하게 남편에게 탈북에 대한 내 의지를 밝혀왔지만 남편은 늘 심사숙고하자고 했다. 선택의 기로에 서서 남편은 나의 탈북 의지를 다시 물었다. 마지막 순간까지 나와 내 가족을 걱정해 주는 그가 고마웠다. 앞으로 있을 그 어떤 위험과 고난도 그와 함께라면 꿋꿋이 이겨낼 수 있었다. 아이들의 꿈과 미래를 지켜줄 수만 있다면 그 무엇도 두려울 것이 없었다. 그날부터 북한에 남겨진 어머니와 형제들에 대한 걱정은 마음속 깊이 묻어 두기로 결심했다. 앞으로 열심히 살아서 오늘의 죄를 꼭 갚겠다는 막연한 결심과 함께 앞으로는 자유에 대한 생각만 하기로 마음먹었다.

그날 저녁 남편은 주혁이를 데리고 대사관 근처에 있는 가너즈베리 에비뉴 공원으로 저녁 산책을 나갔다. 나는 당황스러워할 주혁이가 걱정되어 속이 까매서 기다렸다. 거의 두 시간 만에 돌아온 남편과 주혁이의 모습은 밝았다. 그 순간 나의 결심이 옳았다는 확신을 갖게 되었다. 며칠 후 남편은 금혁이에게도 알려주었다. 처음엔 농담으로 이해했던 그는 우리들의 긴장한 얼굴을 보고 나서 모두가 진심이라는 것을 알아차렸다.

"그럼 조국에 있는 친척들은 어떻게 하나요?" 걱정하는 아이들의 물음에 나는 간절한 마음으로 대답했다.

"앞으로 우리가 더 열심히 살아서 친척들을 돕자."

탈북을 결심한 이후에도 사랑하는 어머니와 형제들에게 못 할 짓을 하고 있다는 자책감에 늘 마음이 무거웠다. 언젠가 책에서 읽었던 '버리는 것이 없다면 선택이 아니다.'라는 문구가 생각났다. 나를 두고 한 말 같았다. 부모 형제를 버리면서 자유를 찾은들 내가 과연 행복할 수 있을까? 평생 죄인이 되어 살아야 한다. 무서운 운명을 기다리고 있을 혈육들을 생각하니 심장이 칼에 찔린 듯 아팠다. 그렇다고 자유를 갈망하는 아이들을 데리고 북한에 다시 돌아간들 내가 후회하지 않을 수 있을까? 자신이 없었다. 하루에도 수십 번씩 마음이 무너질 때면 미국의 한 흑인 가수의 노래 《I believe I can fly》를 듣고 또 들으며 힘을 얻곤 했다. 어느 날 밤에는 다락방 창문 너머 불어오는 시원한 바람에 머리를 식히며 반짝이는 별들과 마음속 대화를 나누기도 했다. 그러다 펜을 들고 내 마음을 한 자 한 자 적어 내려갔다.

오늘도 숨 막혀
다락방 퇴창 열고
시원한 밤공기로
답답한 가슴 식혀 본다.

캄캄한 밤하늘
무심결 바라보니
반짝이는 별 무리
너는 여전히 아름답구나!

지친 엄마 등에 업혀
하나, 둘, 셋, 너를 셀 때면
금방 피어나던
함박꽃 엄마 미소

너도 보고 있었지
누가 볼까 두려워
헤어지기 아쉬워
걷고 걷던 대동강의 유보도

앓는 아들 병간호
식구 많은 시집살이
힘든 세월 모두 함께한
너는 고마운 인생의 벗

너는 그렇게 말없이
내 곁을 지켜준
인생의 희로애락 모두 함께한
너는 말없는 인생의 벗

언제부터였을까
네가 보이지 않았어

언제나 내 옆에 있었을 너인데
너를 잊고 살았구나.

아 그때부터였어.
내가 사는 이 땅이
거짓과 암흑의 세상임을
알게 된 그때부터였어

그때부터였어
눈과 입은 있어도
볼 수 없고 말할 수 없음을
알게 된 그때부터였어

그래, 지독한 교육과 훈계 속에
너를 잊고 살았어.
너는 기다림에 지쳐갔고
나는 네가 보이지 않았어.

자유 대신 들어앉은 극악한 괴물이
온몸에 칭칭 사슬처럼 휘감겨
나의 숨통 조인다.
피가 철철 흐른다.

나의 꿈이 사라지고
소중한 모든 것이 소멸한다.
이대로 참아야 할까
이렇게 쓰러져야 할까

오늘도 너를 벗삼아
내 마음 가만히 들여다본다.
아직 불씨가 꺼지지 않았다.
아직 늦지 않았다.

그래 보인다!
그동안 꽁꽁 숨겨 왔던 자유의 불씨
자유의 넋이 보인다!
너는 나에게 속삭인다.

"더 늦기 전에 찾아봐.
마음속 너의 소원, 자유의 넋
아름다운 이 세상을 느껴봐.
자유롭게 이 세상을 살아봐."

나는 간다,
모든 미련 버리고 나는 간다.

훨훨 날아가련다.

내 것을 찾아서, 영원한 자유를 찾아서

2015년 11월 30일

"별들의 속삭임"

*

수많은 고심의 나날 끝에 탈북은 현실적인 문제로 다가왔다. 어디로 갈 것인가에 대한 치열한 논쟁이 벌어졌다. 남편은 한국행을 선택했고 나는 영국에 남을 것을 고집했다. 북한에 남아있는 가족들이 그나마 피해를 덜 받자면 한국행은 가능한 피해야 했다. 경험에 의하면 북한에 남은 가족들이 받는 불이익은 유럽이나 미국보다 한국행을 택한 경우 더 가혹했다. 북한에서 평생 고위층 간부의 자녀로 살아온 나의 과거 또한 한국행으로 향하는 나의 발길을 잡았다.

그러나 남편의 생각은 나와 달랐다. 남편은 탈북을 결심하면서부터 형제들과 친척들, 자기를 믿어준 지인들은 물론 인간으로서 지나온 과거의 모든 것을 잃게 된 것을 애통해했다. 설사 형제들에게 피해가 가더라도 여생을 조용히 살 수는 없다고, 그럴 바에는 차라리 탈북을 하지 않는 편이 낫다며 한국에 가서 김정은 정권에 대항해 싸우겠다고 했다. 죽는 순간까지 북한과 가까운 한국에 가서 통일 운동을 하겠다는 것이 그의 굳은 의지였다.

결국 남편을 믿고 한국행을 선택했다. 우리 가족의 남은 소원은 남북이 통일되어 하루빨리 평양으로 돌아가 부모, 형제, 친지들을 만나는 것이었다. 한국으로 가야만 통일을 위한 일을 할 수 있다는 그의 말이 맞았다. 한국에서 북한 사람들의 인권을 위해 뭔가 할 수 있다는 그의 마지막 꿈을 지켜주고 싶었다. 나의 소원인 아이들의 교육도 한국에 가면 더 좋은 조건에서 보장할 수 있다고 약속했다.

2016년 7월 어느 날, 늦은 아침 우리 가족은 조용히 대사관 정문을 나섰다. 한 여름이었지만 런던 날씨는 선선했다. 시원한 바람이 우리의 긴장한 마음을 식혀주었다. 어머니와 언니, 동생들, 조카들의 모습이 떠올랐다. 어쩌면 그들에게 영원히 돌아갈 수 없는 길을 우리가 선택하고 있는지도 몰랐다. 그래도 계속 걸었다. 우리가 가는 길이 옳은 길임을 우리는 확신하고 있었기 때문이다.

6부

진정한 자유인

288 한국에 온 형부

293 보내지 못한 편지

300 고마운 대한민국

305 훨훨 날아라

310 모든 것이 은혜

한국에 온 형부

한국에 도착한 지 2년 만인 2018년 8월, 최고인민회의 대의원[101]이면서 북한 직업 총동맹 중앙위원회 위원장을 지내던 형부가 《남북노동자 통일 축구 대회》에 참가하기 위해 북한 대표단 단장으로 남한을 방문한다는 뉴스가 보도되었다. 남한에 도착한 이후 가족의 생사를 알 길 없어 늘 마음을 졸여 왔던 나는 건재한 형부의 소식을 듣게 되어 다소 안도했다. 어머니와 언니, 형제들도 혹시 무사하지 않을까 하는 기대마저 가져 보았다. 한달음에 달려가 인사하고 가족의 안부를 묻고 싶었지만, 행사가 진행될 상암 경기장에는 가지 않기로 결심했다. 형부가 나를 만나 주지 않을 것이 불을 보듯 뻔했기 때문이다. 나도 형부의 어려운 남한 방문에 짐이 되고 싶지 않았다. 더구나 형부는 더는 이전의 자상하고 다정한 사람이 아닐 것이었다. 괜히 소문이라도 나면 북한에 남겨둔 어머니와 형제들에게 더 큰 피해가 갈 수도 있었다. 하지만 판문점을 통과해 남한에 도착한 후 기자들과 인터뷰를 하는 형부의 얼굴을 보고서는 도저히 참을 수 없었다. 늘 담담하던 형부의 얼굴은 격정으로 이지러져 있었다. 멀찌감치 서라도 보지 않으

101) 2019년 최고인민회의 상임위원회 위원으로 재선되었으나 2021년 2월 연로 상 문제라며 해임 발표함.

면 평생의 한이 될 것 같아 결국 두 아들을 앞세우고 다음날 경기장으로 찾아갔다.

행사 조직자 측은 한국 노조와 민주노총이었다. 노조 측 간부들이 형부와 함께 주석단에 입장했다. 나는 가능한 형부가 앉은 주석단과 가장 가까운 거리에 앉아 쌍안경으로 형부의 표정과 일거일동을 주시했다. 형부는 그동안의 마음고생 때문인지 많이 늙었다. 형부의 모습에서 어머니와 언니, 형제들의 괴로워하는 모습이 보였다. 그나마 다행스러운 것은 형부는 남한 주최 측의 환대를 받고 있다는 것이었다. 사상과 이념을 떠나 인간적으로 그들이 고마웠다. 나는 남한에 온 형부에게 밥 한 끼 제대로 대접할 수 없는데 그들은 형부를 따뜻하게 맞아 주고 있었다. 긴장했던 형부의 얼굴도 행사가 흐름에 따라 조금씩 풀렸다. 상대측과 대화를 나누고 음식도 나누면서 가끔 옅은 미소를 띠기도 했다. 전날 뉴스로 형부의 힘들어하는 모습을 보고 나서 쪼그라들었던 나의 마음도 다소 편안해졌다.

경기장을 둘러보았다. 통일을 기원하고 남북 축구 경기를 환영한다는 포스터들과 플랜카드들이 곳곳에 붙어 있었다. 통일을 노래하는 남북한 노동자들의 하나 된 동포애는 경기장을 가득 메웠다. 분단의 비극과 통일의 희망을 주제로 한 판소리와 취주악단의 공연 소리가 나의 가슴을 쳤다. 분명 나도 공감하고 나도 간절히 바라던 순간이었다. 행사와 축구 경기를 지켜보면서 나도 한마음으로 응원했다.

하지만 함께라고 느꼈던 그 감정, 대회 조직자들과 참가자들에게 느꼈던 그 고마운 마음은 오래가지 못했다. 회의장에서는 북한 당국과 김정은을 찬양하는 미사여구들로 가득 한 연설문들과 축하문이 낭독되었다. 김 씨 일가에 대한 찬양을 한국의 대회장에서 버젓이 다시 듣게 될 줄은 꿈에도 상상하지 못했다. 경기는 조선직업 총동맹 건설팀과 경공업 팀의 승리로 끝났다. 예상한 결과였다. 한국 팀은 실제 노동자들로 구성된 팀이겠지만 북한 팀은 전문 선수들로 꾸려진 팀이기 때문이다. 늘 그렇듯 북한인들에게 남한과의 경기는 무조건 이겨야 할 목숨을 건 경기다. 경기에서 지는 경우 자칫 김정은의 권위와 위신을 훼손하는 행위로 비판받을 수 있었다.

그렇게 정이 많고 자상했던 형부가 처음으로 멀리 느껴졌다. 한국에 온 형부는 김정은의 하수인이었다. 형부의 현 모습은 북한에서의 내 모습이었다. 북한에서는 김정은을 칭송하는 말 외에 그 어떤 말을 할 수 없고 이를 거역할 때에는 배신자, 반역자로 몰려 처형당한다는 것을 알면서도, 북한에서 살아남자면 선택의 여지가 없다는 것을 뻔히 알면서도 형부의 모습은 낯설었다. 그리고 북한의 엘리트로 살아온 나의 지난날이 부끄러웠다.

*

나는 북한에서 살면서 어머니와 형제들과 내 마음속 심경의 변화에 관한 얘기를 나눈 적이 한 번도 없었다. 해외 생활을 시작하면서 북한 사회의 불의와 김 씨 일가의 죄행에 대해 알면 알수록 어머니와 형제들에게서는 점점 더 멀어져 갔다. 아직도 북한 정권을 굳게 믿고 있을 형제들에게 차마 실상을 알려줄 용기가 나지 않았다. 괜히 나와 같은 마음속 고민을 갖고 살게 하고 싶지 않았다. TV 속의 김여정을 보면서 어머니가 자연스럽게 '공주님'이라고 부르는 순간 나는 깜짝 놀랐다. 나는 전 국민을 노예처럼 부려 먹는 김 씨 일가가 죽도록 싫은데 어머니에게는 자연스러운 '공주님'이었다. '어린 시절 내가 기억하는 강직하고 정의감에 넘치시던 어머니는 어디 가셨을까?' 아니, 어머니는 그때나 지금이나 변함이 없을 것이었다. 어머니에게는 여전히 김 씨 일가는 우리 가문의 은인이고 우리 가족은 그를 위해 충신으로 살아야 한다는 생각뿐일 것이다. 변한 것은 나였다. 나의 점점 커지는 북한 당국에 대한 불만과 불신에 대해 형제들에게 말해 준다면 나는 아마 우리 가문 내에서 규탄을 면치 못할 수도 있었다. 설혹 나를 이해한다고 해도 평생 갈등과 고민 속에 외로운 시간을 보낼 형제들을 보는 것은 더욱 힘들었을 것이었다.

나는 언제부턴가 형제들이 권력의 자리에 오르는 것이 싫어졌다. 북한에는 '태양의 곁에 너무 가까이 가면 타죽고 너무 멀어지면 얼어 죽는다'라는 말이 있다. 나와 남편은 이 말에 충실하게 살아왔다. 적당하게 밥이나 먹을 정도가 좋다고 생각했다. 언젠가 무너질 북한 정권에서 많은 사람의 원한을 살까 걱정스러웠다. 북한 정권에 미래가 없다는 것을 알고 있기에 남편도 늘 승진보다 외국으로 나가는 길을 선택했다. 언제까지 북한의 독재 정권이 유지될지 알 수는 없지만, 영원할 수는 없다고 믿고 있었다.

오늘날의 형부는 나와 정반대의 길 위에 서 있었다. 형부는 분명 나를 저주할 것이고 이 길을 선택한 나를 영원히 이해하지 못할 수도 있다. 60년대 북한에서 김정일의 지도하에 '명작'으로 탄생한 예술영화

《최학신의 일가》가 생각났다. 6.25 전쟁 시기 서로 다른 사상과 이념으로 형제들이 서로 총부리를 겨누는 장면이 떠올랐다. 어려서는 사랑하는 사람들의 극적인 운명과 그들의 혁명성에 큰 감동을 받았던 영화였다. 그 영화가 우리 가족의 모습으로 현실에 재현될 줄은 당시에는 꿈에도 상상하지 못했었다. 아마 다른 점이라면 그때는 사상과 이념의 차이로 형제가 갈라졌다면 오늘에 와서는 김 씨 일가의 노예로 사느냐, 아니면 주어진 노예의 운명을 박차고 자유와 정의를 찾아 나서느냐 하는 갈림길일 것이다. 상암 경기장을 떠나 집으로 돌아오는 내내 마음이 무거웠다.

보내지 못한 편지

한국에 도착한 지 몇 달이 지난 2016년 겨울 어느 날, 중국 봉황 TV에 나오는 어머니를 뵌 적이 있었다. 어머니는 눈물을 흘리시면서 친척도, 아는 사람도 하나 없는 그 외진 곳에 왜 갔냐고, 어떻게 살려고 그런 결심을 했냐고 나를 꾸짖으셨다. 근심과 걱정으로 시작된 어머니의 말씀은 아버지가 살아 계셨더라면 오늘의 너를 아마 총으로 쏴 죽여 버렸을 것이라며 말씀을 마치셨다. 4년 세월 줄곧 내가 돌아올 날만을 애타게 기다리셨을 어머니의 가슴을 나는 갈기갈기 찢어 놓았다. 어머니와 형제들을 아프게 하면서 탈북한 것이 과연 '배신'일까에 대한 고민은 그날 온종일 나를 괴롭혔다.

우리 할머니는 해방 전 김일성과 우리 가족의 인연을 자주 추억하곤 하셨다. 김일성은 반일 청년들의 비밀회의를 할아버지의 집에서 자주 진행했다고 한다. 할머니는 식사 준비를 하셨고 작은할아버지는 밖에서 망을 보셨다. 젖먹이 아빠가 김일성의 무릎 위에서 권총을 만지작거리자 김일성은 조선의 어린이조차 일본군을 몰아내자고 총을 잡았다며 기뻐했다고 한다. 그렇게 시작된 김일성과 우리 가족의 인연은 3대에 걸쳐 이어졌다. 할아버지는 항일 전장에서 쓰러지셨고 아버지는 김일성, 김정일을 위해 충성했지만 평생 헤어진 딸을 그리워하시다 지방으로 좌천되어 쓸쓸한 여생을 보내셨다. 현재 어머니와 형제들의 운명은 나로 인해 어떤 처벌을 받았을지 생사를 알 길 없다.

이전에도 우리 집안과 김일성과의 만남이 인연이었을까 아니면 악연이었을까 오랫동안 생각해 본 적이 있었다. 북한인치고 누구나 누릴 수 없는 혜택을 누렸으니 당연히 인연이라고 생각하고 싶지만 내가 기억하는 아버지는 늘 자책과 그리움 속에 고독한 삶을 사셨다. 나 역시 자유가 그리울 때면 해방 후 중국 동북을 떠나 평양으로 들어오신 아버지를 원망한 적도 있었다. 아버지의 삶에 대하여 알면 알수록 나는 어떤 일이 있어도 나의 소중한 것들을 이 악연에서 지켜야겠다는 결심을 굳히곤 했다. 아버지의 한 생은 나에게 자유의 소중함을 알려준 삶의 교훈, 말 없는 유언이 되었다.

*

나는 김일성이 처음부터 사리사욕을 가지고 혁명을 시작했다고 생각하고 싶지 않다. 동지들을 찾아 밤길을 걸을 때 오늘과 같은 세습왕족으로 변한 자신의 가문을 꿈꾸지는 않았을 것이라고 믿고 싶다. 공동의 꿈과 노력이 개인의 영광과 치부로 돌려지면서 영웅이 폭군으로, 독재자로 변해버렸다. 욕심은 총칼이 되어 이전 동지들의 목숨을 앗아갔다. 자신의 치부와 독재에 거슬리거나 반하면 정치범으로 몰아 처형했고 그들 가족의 3대를 멸했다. 김일성은 정치적 적수를 제거하는 정치범 수용소를 곳곳에 만들었다면 그다음 대인 김정일과 김정은은 나라를 인간 생지옥, 하나의 커다란 교도소로 만들어 버렸다. 교도소는 범죄자를 가두는 곳이다. 범죄자는 죄를 범했기에 갇힌 생활을 하지만 북한 주민들은 아무런 죄도 없이 생존권을 박탈당한 채 3대에 걸쳐 갇힌 생활을 강요당하고 있다. 죽도록 일해도 자그마한 배조차 채울 수 없는 현대판 노예로 살아가고 있다. 나는 더 늦기 전에 이 악연을 끊어버리고 싶었다.

탈북 후 한국에서도 우리를 '배신자'로 운운하며 몰아가는 사람들이 적지 않다. 일부 민주당 국회의원은 남편을 배신자라고 자기 페이스북에 버젓이 올렸다. 자식들 앞에서 당당하고 정의로운 부모가 되고 싶은 것이 죄란 말인가? 자식들에게 빼앗긴 자유를 찾아주고 싶은 것이 죄란 말인가? 표준국어대사전에 의하면 배신이란 말 그대로 '믿음이나 의리를 저버리는 행위'라고 적혀있다. 살인자에게 믿음을 가지는 사람은 없다. 자기 뜻에 반하는 사람들을 정당한 법적 절차도 없이 3대를 멸하는 사람에게 믿음을 가질 사람은 없을 것이다. 직위 여하를 불문하고 북한 독재자의 치하에서 살고 싶은 북한 사람은 단 한 명도 없을 것이다. 누구의 입장에서 보는가가 중요하다. 북한 김 씨 일가의 편에 선다면 '배신'이고 북한 주민들의 편에 선다면 '자유'일 것이다.

본인의 의지였든, 아니면 상황에 떠밀렸든 북한을 등지고 세상 밖으로 나온 용감한 사람들이 바로 탈북민들이다. 목숨을 위협하는 노예의 계약을 깨고 살길을 찾아온 사람들을 '배신자'로 몰아가는 것은 북한의 실상에 대해 잘 모르거나 아니면 잘못된 이념이나 사상에 속은 사람들의 행위이다. 같은 논리라면 실향민도 '배신자'가 된다. 탈북민과 실향민의 차이가 있다면 북한 정권이 싫어 고향을 떠난 시기가 다를 뿐이다. 6.25 전쟁 시기 김 씨 일가를 등진 사람은 실향민이고 현시대 김 씨 일가를 등진 사람은 탈북민이다. 이름만 다를 뿐 북한에 남겨진 실향민의 가족도 현재의 탈북민의 가족과 마찬가지로 '배신자'로 낙인찍혀 몇 대째 차별을 받으며 고통을 겪고 있다. 탈북민들을 배신자라고 몰아가는 사람들 역시 자신과 소중한 가족을 단 하루도 북한에서 살게 하고 싶지는 않을 것이다.

북한에서 특권을 누리며 행운아로 살아온 내가 어떻게 감히 북한을 배신할 수 있냐고 의아해하시는 분들도 있다. 북한에는 김 씨 일가를 제외한 '특권'의 향유자는 없다. 서로 다른 위치에서 다른 형태의 노예가 되어 아슬아슬한 살얼음판을 건너며 하루하루를 견디고 있을 뿐이다.

하지만 늘 마음의 짐이 있다. 사랑하는 어머니와 형제, 친척들을 상상할 수 없는 고통 속에 몰아넣은 마음의 죄가 있다. 자유로운 대한민국에 혼자 왔다는 죄책감에 오늘의 행복이 별로 와닿지 않을 때도 있다. 하지만 북한에서 아직도 노예처럼 살고 있을 내 모습을 생각하면 더욱더 끔찍하다. 아직도 밤이면 지옥 같은 북한을 벗어나기 위해 사투를 벌이는 악몽에서 헤맨다. 꿈에서 깨어나 남한에서의 현실을 깨닫는 순간 다시 안도한다. 내 대에서 김 씨 일가와의 노예계약을 파기했기 때문이다. 자식들에게 잃어버렸던 자유를 다시 찾아주었기 때문이다. 어머니와 형제들을 힘들게 한 죄는 죽는 날까지 내 짐으로 안고 가겠다.

6년이 지나도록 보내지 못한 편지가 있다. 한국 사회에 나온 지 얼마 되지 않은 어느 날 밤, 어머니에 대한 그리움과 죄스러움에 잠들지 못하고 나의 마음을 적어보았다. 혹시 어느 고마운 독자를 통해 나의 진심이 어머니에게 전해질 수 있다면 더 바랄 것이 없겠다.

사랑하는 어머니!

혹시나 어머니가 받아 보실 수도 있지 않을까, 누군가 읽고 어머니에게 편지 내용이라도 전해드릴 수 있지 않을까 막연한 기대를 안고 저의 마음을 적어 봅니다.

어머니는 편지마다 쓰셨지요? 언제 오냐고,나를 만날 날만 손꼽아 기다린다고.

다섯 자식 어느 한 애가 다칠세라, 아플세라 몸에서 떼지 않고 금이야, 옥이야 허리가 휘도록 업어 키워주신 어머님의 그 사랑 잊지 못합니다. 매듭지고 거칠어진 어머님의 따뜻한 손길이 있어 나는 추운 줄 몰랐고 밤마다 쑤셔오는 아픔 참아가며 뛰어다니신 어머님의 로고가 있어 나는 배고픔을 몰랐습니다. 아침, 저녁 어머님이 머리에 이고 다니시던 그 책을 읽으며 세상을 알았고 꿈을 키웠고 오늘의 제가 있음을 너무도 잘 알고 있습니다.

어머님은 늘 자랑스럽게 말씀하셨지요. 우리 집안사람들은 대대로 애국심이 높고 정의감이 강하다고요. 저도 늘 자랑스러웠습니다. 조국과 민족의 아픔을 누구보다 한 몸으로 받아들이고 집을 떠나 반일운동에 나섰던 증조할아버지, 할아버지, 할머니가 늘 자랑스러웠습니다. 이 땅 위에 번영하는 사회주의,공산주의 사회를 건설한다고 밤낮없이 구슬땀을 바쳐가며 일하시던 아버지,어머니가 너무나 자랑스러웠습니다. 저희도 대대로 지켜온 이 땅을 살기 좋은 사회주의 지상낙원으로 꾸려가는 성업에 정열과 꿈을 함께 하며 살아왔습니다.

그런데 언제부턴가 자식들 앞에 떳떳해질 수가 없었습니다. 언제부턴가 순진한 애들의 질문에 옳은 답을 할 수 없었고 애들의 눈에 비겁한 부모로 비칠까 두려웠습니다. 자식들에게 재산은 남기지 못해도 당당함을 주고 싶었고 잃어버린 자유만은 찾아주고 싶었습니다.

4년 전 평양역에서 보이지 않을 때까지 손 흔들어 바래주시던,어머님의 눈물짓던 그 모습이 마지막이 될 줄은 몰랐습니다.

어머니, 죄송합니다. 우리만 떠나 죄송합니다. 함께 갈 수 없어 죄송합니다. 하지만 꼭 기다려주세요. 멀지 않았습니다. 기운 내서 살아만 주세요. 지금은 어머니와 온 일가친척들을 아프게 하고 떠나지만, 아니 죽도록 힘들게 하면서 떠나지만, 꼭 돌아가겠습니다.

언젠가 어머님의 자랑스러운 딸이 되어 돌아가겠습니다. 하늘에 계신 아버지도 늘 그랬듯 이 딸을 믿어주시리라 생각합니다. 평생을 독재 정권에 속아 살아오신 아버지, 어머니, 언니, 동생들, 조카들과 일가친척, 온 북한 주민들도 자유로운 세상에서 인간다운 삶을 누릴 수 있게 될 그날을 앞당기기 위해 있는 힘껏 투쟁할 것입니다.

사랑하는 어머니, 부디 힘을 잃지 마시고 꼭 기다려주세요.
사랑합니다.
어머니를 아프게 하여 정말 죄송합니다.
다시 만날 그날을 그려보며

서울에서 둘째 딸 혜선 올림

2017년 3월 9일

*

한국에 도착한 지 6년이라는 세월이 흘렀지만, 어느 한순간도 고향에 두고 온 어머니와 형제, 친척, 친지들을 잊은 적이 없다. 맛있는 음식을 먹어도, 따뜻한 방 창가에 앉아 펑펑 쏟아져 내리는 흰 눈을 바라보아도, 행복과 평안함에 안도하면서도 북한에 두고 온 어머니와 형제들, 조카들 생각에 마음이 시려온다. 그들은 나로 인해 인생이 더욱 각박해졌을 것이다. 나를 탓하기도 하고 부러워도 하면서 다시 만날 날을 간절히 고대하고 있을 것만 같다. 한국에 와서 아무리 자유를 찾았다고 한들, 꿈을 향해 보람찬 삶을 살고 있다고 한들, 먼 훗날 통일이 되면 형제들에게 당당한 모습으로 나설 수 있도록 열심히 살고 있다고 한들, 지금의 죄스러운 마음에서 벗어날 길이 없다는 것을 잘 알고 있다.

사랑하는 어머니, 형제들, 친구들과 함께 활짝 웃으며 눈 내리는 광화문 거리를 걸을 수 있다면, 서울의 소문난 맛집을 탐방하면서 여유로운 시간을 즐길 수 있다면, 팝콘에 콜라를 마시면서 새로 나온 영화를 관람할 수 있다면 얼마나 좋을까! 자유도 사랑하는 사람들과 함께할 때만이 완성되는 것 같다.

고마운 대한민국

북한에서 살 적에는 나를 국민으로 받아줄 대한민국이 있다는 생각을 한 번도 해본 적이 없었다. 어렸을 때 내가 생각하는 대한민국은 '한 하늘을 이고 살 수 없는 철천지원수'였고 어른이 되어서는 늘 부러운 '아랫동네'였다. 점차 해외 생활을 하게 되면서 북한 외교관의 삶이 부끄러워졌다. 세계인들의 외면을 받고 고립되어 가는 북한이 조국이라는 사실이 싫었고 시장에서 상인들이 어느 쪽 코리아에서 왔냐고 구체적으로 물을 때면 부끄러워 못 들은 척 "코리아"라고 어물쩍 넘겨버리곤 했다.

탈북을 결심하면서 탈북민 보호 관련 한국의 법들을 날이 새도록 읽어보았다. 탈북민 보호와 지원을 목적으로 한 시행령들을 따져보면서 앞으로 한국에서의 나의 처지를 그려보았다. 런던에서 살면서 이주민의 고단한 삶을 늘 봐왔기에 한국에서의 삶에 그리 큰 기대는 하지 않았다. 남편과 나는 이주민 1세대의 설움을 이겨내자고 약속했다. 아이들에게 지유를 줄 수만 있다면 그 어떤 고생도 이겨낼 자신이 있었다.

하지만 세상은 자유를 찾아가는 우리 가족의 편이었다. 한반도에 대한민국이 존재한다는 자체가 우리 가족에게는 크나큰 행운이었다. 탈북 과정은 고마움의 연속이었고 대한민국은 우리 가족이 안전하게 정착할 수 있도록 가능한 모든 도움을 아끼지 않았다. 대한민국에 도착한 첫 순간부터 우리 가족은 기대하지 못했던, 분에 넘치는 크나큰 사랑과 환대를 받았다. 어떤 분들은 우리의 모습에서 북한에 두고 온 그리운 가족들의 모습을 찾으셨고 어떤 분들은 고향을 두고 떠날 수밖에 없었던 우리의 처지를 함께 안타까워하셨다.

이후 남편이 강연을 다닐 때면 어느 교회에서는 자그마한 떡 봉지를 남편의 손에 들려 보내기도 했고 어느 지방에서는 특산물이라며 과일 상자를 차에 실어주기도 했다. 어떤 목사님은 명절이 오면 우리를 잊지 않으시고 선물을 꼭꼭 챙겨주셨다. 어떤 분은 저기 미국에서 고무의 편지와 자그마한 선물 꾸러미를 보내주셨다. 남한에서 새살림을 시작하느라 필요한 것이 많을 거라며 자그마한 생필품까지 직접 챙겨주시는 분들도 있었고 김장철이 오면 성의껏 만든 김치를 맛보라고 보내주시는 분들도 있었다. 평생 받아 본 적 없는 대한민국 국민의 관심과 사랑, 응원 속에 남편은 지칠 줄 몰랐고 바쁜 일상을 보내는 것을 사명으로 여겼다.

*

2020년 1월 어느 날, 남편은 국회의원으로 출마하면 어떻겠냐고 나에게 물었다. 처음에는 농담으로 여겼다. 실없는 농담으로 나를 자주 웃기곤 했지만 얼토당토않은 말에 조금 짜증이 났다. 언감생심이지. 탈북민으로 감히 생각도 할 수 없는 일이었다. 그런데 그의 말을 증명이나 하듯 전화가 분주히 오기 시작했다. 대충 들어도 출마에 관해 그가 한 말들이 사실이었다. 가슴이 떨렸다. 어떻게 당선된단 말인가, 괜히 헛된 꿈으로 고생만 하다 떨어지면 어떡하지. 걱정이 앞서 무작정 막았다. 절대로 하면 안 된다고. 지금처럼 사회단체나 열심히 운영하면서 통일을 위해 할 수 있는 일은 얼마든지 있다고 설복했다. 하지만 며칠 후 뉴스에 오르내리더니 정말 보수당의 강남 갑 국회의원 후보로 특별 공천을 받게 되었다.

일단 나선 바에는 끝까지 해보리라 결심했다. 아이들에게 부탁했다. 선거사무실이 어지럽다고 하니 누굴 시키겠냐. 너희들이 와서 아빠를 좀 도와달라고 했다. 주말 집으로 놀러 왔던 아이들은 작업복을 갈아입고 늦은 밤까지 선거사무실의 먼지를 닦아내느라 온종일 땀을 흘렸다. 나도 남편을 당선시키기 위해 아직 경호를 받는 신분으로 열심히 전화를 돌렸다. 나의 서툰 한국말에 어떤 분들은 "태구민[102] 후보자 사모님 본인 맞으세요? 말투를 보면 맞긴 하네. 대한민국에 와주셔서 감사합니다. 열심히 하세요." 하고 힘을 주곤 했다. 그럴 때면 주눅이 들었던 마음이 쭉 펴지고 감사함에 마음이 젖곤 했다.

대한민국을 위해 한 일이 전혀 없는 우리 가족이 이런 사랑을 받아도 되는지 늘 고맙고 죄송했다. 대한민국 경제 문화의 중심지인 강남 땅 한가운데 남편의 환히 웃는 얼굴이 새겨진 대형 현수막이 걸렸다. 선거기간 내내 사무실 맞은 켠 카페에 앉아 남편의 얼굴을 바라보며 커피를 마실 때면 감개무량했다. 설사 당선되지 못한다고 하더라도 이 영광의 순간을 영원히 마음속에 간직하리라 마음먹었다. 근데 상상만으로도 벅찬 꿈이 현실로 되었다. 남편은 상당한 격차로 상대 당 후보를 꺾고 대한민국 보수당의 강남 갑 국회의원으로 당선되었다.

---

102) 한국에 도착한 후 남편이 처음 개명했던 이름

당선 사실이 믿어지지 않아 다음날 저녁 식사를 마치고 혼자 밖으로 나와 집주변을 돌고 돌았다. 도저히 현실을 믿을 수 없었다. 북한에서 살 때도 아버지와 형부는 한국의 국회의원 격인 최고인민회의 대의원들이었다. 하지만 성격이 달랐다. 북한에서는 자신의 의지로 국회의원 출사표를 던진다는 것은 상상도 할 수 없는 일이었다. 북한의 국회의원 선거는 치열한 선거 경쟁이 아니었다. 오히려 당국이 선택한 단일 후보자를 찍지 않으면 선거권자가 처벌받는 제도였다. 개인의 자유와 인간의 권리를 가장 소중한 가치로 여기는 자유민주주의 대한민국에 왔기에 가능한 일이었다.

국회의원으로 당선된 후 지인들로부터 가장 많이 받은 질문은 "남편의 국회의원 출마에 동의했는가?"였다. 아마도 그 무리한 도전을 아내로서 쉽게 받아들였을 가하는 호기심이었을 것이다. 더구나 우리 가족은 대한민국에 발을 들여놓은 지 4년도 되지 않는 새내기였다. 당연히 남편의 결심을 몇 번이나 만류했다. 온갖 위험한 상상들로 그를 자극하기도 했고 순간에 극적인 변화를 겪은 대한민국의 유명한 정치인들의 이름도 열거해 보았다. 자유를 찾아온 아이들이 다시 자유를 뺏길 수도 있는 위험성에 대해서도 가정해 보며 하소연도 해보았다. 결국 남편의 도전에 동참하게 되었다. 대한민국 국민도 남편을 믿어주고 내세워주는 데 한 생을 함께 해온 아내가 남편을 믿지 못할 이유는 없었기 때문이었다.

대한민국은 북한 사람도 꿈을 가질 수 있는, 열정과 능력만 있다면 얼마든지 성공할 수 있는 고마운 조국임을 증명해 주었다. 대한민국의 소중함을 누구보다 잘 알고 있기에 남편은 오늘도 꾸준한 열정과 헌신으로 자신의 꿈을 실현해가고 있다. 그는 늘 하루가 너무 짧다고 한다. 하루가 48시간이었으면 좋겠다고 입버릇처럼 외운다. 지칠 줄 모르는 그의 힘과 도전의 원천은 아마도 대한민국 국민들로부터 받은 사랑과 믿음일 것이다. 언젠가 나는 남편에게 왜 그렇게 열심히 사는가 하고 물어본 적이 있다. "너를 위해 열심히 살지." 이전에는 천진한 소녀처럼 그의 말을 곧이곧대로 믿고 만족해했지만, 지금은 그 말의 의미를 안다. 나를 위해 산다는 그 말속에는 북한에 두고 온 친척들과 지인들, 북한 주민들을 향한 미안함과 함께 한국인들의 사랑과 믿음에 대한 보답, 자유로운 대한민국의 무한한 발전을 바라는 마음이 포함되어 있다.

훨훨 날아라

나는 북한 땅만 벗어나면 당연히 자유로운 삶을 살 수 있으리라고 기대했다. 북한만 아니라면 이 세상 그 어디에 가든 북한에서 살면서 가장 원했던, 열심히 일한 대가로 정상적인 삶을 누릴 수 있다고 자신했다. 북한과 같은 사회에서는 제도적으로 개인의 생산권과 소유권을 인정하지 않아 불가능했지만, 남한과 같은 개인의 자유가 보장된 사회에서는 자유로운 삶은 당연하다고 믿었다.

하지만 한국에 도착한 지 얼마 지나지 않아 진정한 자유는 정신적, 육체적 자유와 함께 경제적 자유를 포함한다는 것을 깨닫게 되었다. 그리고 경제적 자유를 얻는다는 것은 다른 그 어떤 자유를 얻는 것보다 더 어려운 일이며 자유는 누릴수록 책임이 따른다는 사실도 알게 되었다. 이전의 삶은 빼앗긴 자유를 찾기 위한 북한 당국과의 싸움이었다면 자유로운 대한민국에서는 진정한 자유를 누리기 위한 자신과의 싸움이었다.

한국 사회에 들어서자마자 가장 하고 싶은 것은 자영업이었다. 사적 소유권이 없는 북한에서 살면서 가장 원했던 일이기도 했다. 작은 카페라도 열고 싶어 강남에서 제일 잘나간다는 요리학원에 등록했다. 이왕 내친김에 제과, 제빵 수업과 덤으로 바리스타 수업까지 수강했다. 몇 달이 지나 자격증 시험에 도전했다. 필기시험은 그럭저럭 무난히 합격했으나 실기시험은 그리 호락호락하지 않았다.

매번 실기 시험장에 들어갈 때면 젊은이들 사이에 끼워 위축되곤 했지만, 오늘은 꼭 합격할 거야, 최선을 다하자, 단단히 마음먹고 들어가곤 했다. 시험문제는 무작위로 제출하다 보니 어떤 빵을 만들지는 시험장에 들어가 봐야 알 수 있었다. 첫 번째, 두 번째 시험 결과는 모두 탈락이었다. 세 번째 시험문제는 모카빵 만들기였다. 분명 확신을 가지고 완성품을 제출했다. 고르게 터 갈라진 등과 잘 익힌 럭비공 모양의 둥근 빵은 내가 알고 있는 한 최고의 작품이었다. 반죽의 단계, 온도, 성형, 발효, 굽기 온도까지 달달 외우고 있었다. 이번에는 무조건 합격이라고 확신했지만, 다시 불합격 문자가 날아왔다. 지치고 자신감마저 사라지기 시작했다. 무엇이 잘못된 것 일까, 원인을 알아야 할 텐데…. 안타까워 학원의 담당 상담자에게 짓궂은 문자만 날렸다. 혹시 내가 모르는 비법 같은 것은 없는지. 참 드물게 똑똑하고 의지가 되는 친구였지만 그에게도 신통한 묘책은 없었다. 결국 네 번째 만에 합격했다. 연이어 바리스타 자격시험도 합격했다. 그렇게 어렵게 자격증을 땄지만 정작 내가 갈 곳은 없었다. 장사의 신인 한국인들도 줄도산을 하는 판에 북한에서 고스란히 공무원 생활을 하다 온 나는 정작 그들 속에 들어갈 용기가 나지 않았다. 괜히 뛰어들었다 본전도 못 찾을 수 있었다.

*

자영업은 앞으로 더 기다려보기로 하고 다음 목표로 이화여자대학교 대학원 북한학과에 지원했다. 대학 생활은 북한과 달리 누가 통제하는 사람이 없었다. 모든 것이 자유로운, 개인의 의지에 달린 생활이었다. 그러나 열심히 공부하지 않으면 어마어마한 그 학기 등록금이 날아났다. 하루라도 빨리 졸업하자면 열심히 공부할 수밖에 없는 제도였다. 공부도 공부지만 나이가 많아 젊은 대학생들에게 다가가기가 쉽지 않았다. 모든 것을 내려놓고 모르는 것이 있으면 그들에게 도움을 청했다. 다행히 시간이 흘러 자식뻘 되는 그들이 내 한국 생활의 첫 친구가 되어주었다. 남편의 선거를 돕느라 한 해를 쉬고 반년 만에 석사학위 논문을 통과했다. 논문을 준비하면서 교수님으로부터 소중한 깨달음을 얻었다. 사회학 연구는 이념적 성향을 떠나서 중립의 관점을 가져야 더 크고 정확한 목소리를 낼 수 있다고 하셨다. 소중한 추억도 만들었다. 꽃이 만발한 봄날이면 교수님, 학우들과 함께 올랐던 남산의 둘레길 탐방을 잊을 수 없다. 산에서 내려와 맥주와 곁들여 먹었던 한국 식 족발과 태국당의 모나카 아이스크림이 어느 사이 내가 가장 좋아하는 음식이 되어 버렸다.

하지만 한국 사회에서 학력과 사회 적응은 또 다른 문제였다. 대학 동기의 많은 대학생들이 고민하는 문제이기도 했다. 자본주의 사회는 무한 자유가 주어지는 대신 무한 경쟁의 사회이다. 근면과 실력, 용기를 다 갖추어야 성공할 수 있는 사회이다. 나는 지난날 북한에서 누구보다 열심히 살아왔다고 자부했지만 북한의 기본 존재방식인 충성도에 따라 계급을 받고 그에 따른 특혜에 기생하던 기생충에 불과했다. 북한에서 자기 뼈심을 들여 열심히 실력을 쌓고 성실하게 살아온 사람은 한국 사회에도 적응하기 쉽지만, 사회와 가족의 그늘에서 비교적 쉽게 살아온 나 같은 사람은 한국 사회에 적응하기가 쉽지 않다.

나에게는 아직도 도전할 용기가 부족하다. 자유는 준비된 사람, 열심히 사는 사람, 용기를 가진 사람만이 누릴 수 있는 특혜다. 남편과 아이들은 전쟁터와 같은 현실에서 부대끼며 매일 한 걸음씩 성장하고 자유의 가치를 실감하고 있지만 나는 아직도 한국 사회의 현실이 두렵기만 하다.

자유를 향한 나의 노력은 오늘도 계속되고 있다. 베이커리, 카페, 한식, 작가, 해보고 싶은 사업의 아이템과 열정도 자주 바뀐다. 남편은 매일 새로운 꿈을 꾸는 여자라고 나를 놀린다. 그러지 말고 세상에 나가 사람들을 많이 만나라고, 그 과정이 학습이고 적응 방법이라고 충고하지만, 천성적으로 내향적인 나에게는 그마저도 쉽지 않다. 오늘도 한국 사회에 몸을 맡길 자신이 없어 책과 씨름을 하고 있다. '책 한 권에 보통 한 사람의 일생의 업적이나 깨우침이 들어있다고 하니 결국 책 열 권에 열 사람의 지혜가 들어있을 것이 아닌가!' 이렇게 자신을 위안하면서 오늘도 나는 한국 사회의 변두리에서 기웃거리고 있다.

하지만 나는 행복하다. 나는 이미 개인의 자유를 최고의 가치로 여기는 자유로운 대한민국의 품에 안겼기 때문이다. 매일 새로운 꿈을 꾸면서 자유를 향해 계속 나아가고 있기 때문이다. 나는 가끔 아이들에게 묻곤 한다.

"지금은 만족해?"
"아니요. 너무 힘들어요."

"행복하지 않아?"

"아직은 잘 모르겠어요."

"그럼 이 세상이 고마워?"

"네. 정말 고마워요."

"그럼 됐어. 세상의 고마움을 느낀다는 건 잘 살고 있다는 거야."

한국에 도착한 다음 해 아이들은 대학에 지원했다. 성장한 아이들을 보면 안심이 되고 고생한 보람도 느낀다. 나에게 엄마로 산다는 것은 늘 나의 존재와 삶의 이유, 그 가치를 끊임없이 탐구하고 깨우치는 감사하고 행복한 순간의 연속이었다. 그 험한 북한에서 아이들을 건강하게 지켜냈다는 것만으로도 고맙고 다행스러운 일이다. 남들이 가지 않은 외진 길을 너무도 오랜 시간 돌고 돌아왔지만, 감옥의 철창을 부수고 아이들에게 소중한 자유를 찾아주었다는 사실에 그저 감사하기만 하다. '얘들아, 잘 자라주어 고맙다. 무조건 부모를 믿고 잘 따라와 주어 고맙다. 너희들은 엄마의 삶의 원동력이었고 존재 이유 그 자체였어. 너희들은 엄마를 끊임없이 꿈을 꾸게 해주었고 쉴 새 없이 달려가게 해주었어. 많은 고민과 방황도 있었지만 늘 감사함과 사랑의 마음을 안고 살아가는 어른이 되어주렴. 자신감을 가지고 자유로운 이 세상을 훨훨 날아라.'

지금껏 내가 아이들을 키웠다고 생각했는데 지금에 와서 보니 아이들이 나를 성장시킨 것 같다. 나의 삶에서 아이들이 없었더라면 오늘 나의 행복도 없었을 것이다.

모든 것이 은혜

처음부터 내가 교회에 나간 것은 아니었다. 대한민국에 온 이후에도 한동안 교회에 대한 거부감이 컸다. 먼저 온 한 탈북민은 교회에 나가지 않는 게 좋다고 조언했다. 그는 교회 생활은 또 다른 방식의 조직생활이라고 했다. 북한에서 그렇게 조직생활에 시달렸는데 여기 와서도 하겠는가, 이젠 자유를 누리면서 편하게 살아라, 허전해서 뭔가 믿고 싶다면 보다 자연적인 불교를 믿으라고 말해주었다. 그럴듯한 조언이라고 생각했다. 나는 철이 들기 전부터 김일성을 숭배했고 개인숭배를 위한 조직생활이 얼마나 나쁜 것인가를 반생에 걸쳐 체험했기 때문이었다. 교회 목사님들의 극진한 사랑을 받으면서도 교회 생활을 시작할 엄두가 나지 않았다.

그러던 어느 날 이화여자대학교 강사님으로부터 '새 신자반'[103]이라는 책을 선물로 받았다. 한국인들이 주고받는 선물 중 가장 흔한 것이 책이기에 큰 의미를 두지 않았다. 나중에 그분과 작별 식사 자리를 갖게 되면서 책에 대한 호기심이 생겼다. 그렇게 밝아 보였던 그분은 누구보다 힘들게 한국 사회를 살아가고 있는 분들 중의 한 분이었다. 청춘 시절을 학업에 바치고 박사학위도 취득했지만, 그의 인생은 원하는 대로 잘 풀리지 않았다. 나이 40이 넘도록 아직도 삶에 대한 깊은

103) 이재철, 홍성사 2008년

고민과 고충을 겪고 있지만 포기하고 싶은 순간마다 하나님의 말씀이 큰 힘이 되고 있다고 한다. 하나님께 기도를 올리고 나면 다시 이 세상을 살아가야 할 이유와 힘을 얻게 된다고 했다. 그에게는 교회생활이 조직생활이 아니라 영혼의 쉼터였다.

'새 신자반'을 펼쳐 들었다. 신기하게도 그 책에는 내가 그렇게 알고 싶었던 나는 누구인가에 대한 답이 상세하게 서술되어 있었다.

> "여호와 하나님이 땅의 흙으로 사람을 지으시고 생기를 그 코에 불어 넣으시니 사람이 생령이 되니라"(창세기 2:7)

하나님은 사람의 특성을 흙에서 찾으시었다. 사람은 흙의 네 가지 특성인 '생명', '사랑', '정직', '도구'를 갖고 있다고 한다. '생명'이란 하나님께서는 사람들이 서로 생명을 나누면서 '흙 다운 사람'으로 살아가기를 바라시는 마음으로 사람을 생명의 양식인 흙으로 지으셨다고 한다. '사랑'이란 하나님께서는 그 어떤 것도 구별하지 않고 포용하고 정화시켜주는 흙처럼 사람은 사랑이 충만한 삶, '사람 중의 사람'으로 살기를 바라시기 때문이라고 한다. '정직'이란 하나님께서는 어떤 경우에도 거짓을 행하지 않는 흙처럼 정직하게 사는 '진정한 사람'이 되기를 바라시기 때문이라고 한다. '도구'란 하나님께서는 사람은 불에 타지 않는 흙처럼 그 어떤 불평이나 비교 없이 주님의 도구가 되는 것을 단념치 않고 큰 열매를 거둘 수 있는 '진리의 사람'이 되기를 바라신다고 한다.

나는 누구인가에 대한 설명도 대략 이러했다. 하나님께서는 '생명', '사랑', '정직', '도구'의 특성을 다 가졌다 해도 자기 본능과 자기 욕망을 쫓아서만 살게 된다면 짐승의 삶과 다를 바 없기에 다른 짐승들에게 와 달리 사람의 코에 생기를 불어넣어 '생령'이 되게 하셨다고 한다. '생령'은 인간의 영적인 면, 영적인 삶을 의미하며 사람은 그 어떤 장소, 그 어떤 경우에나 영적인 삶을 추구해야 한다고 한다. 더불어 사람이 어떤 삶을 사는가에 대한 평가는 자신이 아니라 하나님의 평가여야 하며 사람은 이미 범죄를 짓고 죄인이 되어버렸기 때문에 하나님은 자신을 의인이 아니라 죄인임을 통감하는 자를 구원하시려 이 땅에 오셨다고 한다. 결국 사람은 누구나 죄인이라는 것이다.

*

이전에 나는 하나님의 말씀인 성경을 읽어본 적이 없었지만, 사랑과 정직을 늘 나의 마음 한구석 잣대로 삼고 살아왔다. 늘 자신을 돌이켜보고 잘못을 뉘우치고 도덕적 기준을 넘지 않으려고 애쓰며 살았지만, 사람으로 태어날 때 벌써 죄인의 운명을 타고났다는 말씀은 나를 반성케 했다. 언젠가 금혁이가 이렇게 물어본 적이 있었다.

"엄마, 엄마는 평생 살면서 거짓말을 한 적이 없어요?"

"그럼. 없지" 깊이 생각하지 않고 대답했다.

"거짓말. 어떻게 살면서 거짓말을 하지 않고 살지? 선한 거짓말도 한 적이 없어요?"

"없다니까." 대답하면서 생각해 보니 나도 크든 작든 나의 이해관계에 따라 거짓말을 한 적이 있었다. 거짓말이 아니라고 생각하고 싶었을 뿐이었다. 하지만 그날은 곧장 우겼다. 아들이 거짓말을 하지 않고 살았으면 하는 바람이 컸던 것 같다. 금혁이가 아마 거짓말을 해야 할 일이 생겼던가, 아니면 거짓말을 하고 반성하는 순간이었을 지도 모른다. 다시 나에게 물어본다면 나는 사람은 태어날 때부터 거짓말쟁이로 태어났으니 평생 마음을 정화하기 위해 노력해야 한다고 대답하고 싶다.

책에는 또한 내가 가장 의지하고 사랑하는 가정에 대한 설명도 구체적으로 서술되어 있었다.

> "네 집 안방에 있는 네 아내는 결실한 포도나무 같으며 네 식탁에 둘러앉은 자식들은 어린 감람나무 같으리로다. 여호와를 경외하는 자는 이같이 복을 얻으리로다."
> (시편 128편 3~4절)

하나님은 교회는 큰 가정이요, 가정은 작은 교회라고 한다. 참되고 진실한 그리스도인으로 살아가는 사람은 가정생활을 바로 하는 이들이라고 한다. 부부는 결혼함으로써 비로소 상대의 실제적인 모습을 알게 되며, 상대를 있는 그대로의 모습으로 인정하고 받아들이는 것이 필요할 뿐만 아니라, 설령 배우자로 인해 고통을 겪고 있어도 피하지 말고 그대로 받아들여야 한다고 한다. 자기 몸으로 만든 자식도 바로 세울 수 없으니 상대를 '사람'으로 만들 수 있다는 착각도 버리라고 한다. 하나님께서는 남자에게서 취하신 갈빗대로 여자를 만드셨으니 아내를 사랑하는 자는 자기를 사랑하는 것이며 하나님께서 자식보다 부모를 먼저 창조하셨으니 부모에 대한 자식의 효도가 있기 전에, 자식에 대한 부모의 사랑이 먼저이고, 부모가 진리의 삶을 남기는 한, 자녀들은 절대로 무너지지 않는다고 한다. 부모는 천사도 아니고 성자도 아니기에 많은 허물을 가지고 있으므로 자식은 부모를 존경하지도 사랑하지 않아도 괜찮지만, 무조건 공경[104)]하라고 한다. 일평생 함께 살아갈 형제가 있다는 것은 큰 은혜이므로 너무 기대하지도 말고 서로를 경쟁자로 여기지 말라 한다. 형제 중 큰 사람이 먼저 섬기되 장남은 장남이기에 먼저 섬기고, 돈 많은 형제는 부유하기 때문에 먼저 섬기고, 지식이 많은 형제는 유식하므로 먼저 섬기고, 지위가 높은 형제는 높으므로 먼저 섬기라고 한다. 그리스도인의 섬김은 상대의 수준까지 내려가 주는 것이라고 한다.

*

나는 아직도 독실한 신자는 아니다. 반생을 북한 정권에 속아 살아온, 자신과 가족을 지키기 위해 믿음을 쉽게 줄 수 없었던 삶을 살아온 나에게 그 누구를 절대적으로 믿는다는 것은 쉬운 일은 아니다. 성경에 대해 모르는 것이 많고 의문도 있지만 주일이면 남편을 따라 자주 교회로 간다. 월에 한 번씩 지인들을 만나 목사님의 설교를 듣기도 한다. 처음에는 목사님의 설교가 잘 이해가 되지 않았지만, 지금은 듣고 나면 마음이 편안해진다. 언제부턴가 목사님의 설교가 지나온 나

104) 귀하게 정중하게 대한다는 뜻

의 상처와 고통을 보듬어주시는 위로의 말씀처럼 들리고 어떤 때는 내가 살면서 지녀야 할 마음가짐을 알려주시는 가르침으로 느껴진다. 찬송가를 듣기 위해 간다고 해도 과언이 아닐 정도로 듣고 부르는 것을 좋아한다. 그 많은 찬송가 중에서도 《모든 것이 은혜》를 듣고 나서는 그 감동이 사라지지 않아 집으로 돌아와 남편과 함께 몇 번이나 큰 소리로 불러보았다.

내가 누려왔던 모든 것들이
내가 지나왔던 모든 시간이
내가 걸어왔던 모든 순간이
당연한 것 아니라 은혜였소

아침 해가 뜨고 저녁의 노을
봄의 꽃향기와 가을의 열매
변하는 계절의 모든 순간이
당연한 것 아니라 은혜였소

모든 것이 은혜 은혜 은혜 한없는 은혜
내 삶에 당연한 것 하나도 없었던 것을
모든 것이 은혜 은혜였소

내가 이 땅에 태어나 사는 것

어린아이 시절과 지금까지
숨을 쉬며 살며 꿈을 꾸는 삶
당연한 것 아니라 은혜였소
내가 하나님의 자녀로 살며
오늘 찬양하고 예배하는 삶
복음을 전할 수 있는 축복이
당연한 것 아니라 은혜였소

모든 것이 은혜 은혜 은혜 한없는 은혜
내 삶에 당연한 것 하나도 없었던 것을
모든 것이 은혜 은혜였소

이 찬송가는 나에 대한 이야기인 것 같다. 나는 참 은혜를 많이 받은 몇 안 되는 사람 중의 하나라는 생각이 든다. 나에게 조건 없는 사랑을 주셨던 부모님, 믿음의 힘을 알려준 남편, 삶의 원동력과 기쁨이 되어 준 아이들, 나의 삶에 찾아온 알 수 없는 은인들과 행운들, 과연 하나님의 은혜가 없었더라면 절대로 있을 수 없는, 가능할 수 없는 삶의 연속이었다. 지금껏 살아오면서 알게 모르게 나는 늘 마음속 영적인 힘을 느끼며 살아왔던 것 같다. 자신을 돌이켜보고, 잘못된 행동을 뉘우치고, 타이름의 말씀을 듣는 과정이 없었더라면 오늘의 감사한 마음으로 살지 못했을 것이다. 나의 삶은 모든 것이 하나님의 은혜였다.

맺는말

철없던 시절에는 부모님의 극진한 사랑과 보호를 받으며 행복은 나에게 당연한 것이라고 생각했습니다. 그리고 영원할 것이라고 믿었습니다. 하지만 평양외국어학원의 학창 시절은 나에게 권력의 무서움을 알려 주었습니다. 한순간에 사라지는 친구들의 비극적 운명은 그럴만한 이유가 있는 것이라고, 나와는 상관없는 일이라고 애써 외면하면서 내 부모님은 과오를 범하지 않기를, 우리 가족에게는 그런 불행이 생기지 않기를 간절히 바라며 자랐습니다.

권력이 두려워 평범한 삶을 선택했습니다. 평범하고 성실한 남편을 만나 행복한 가정을 꾸리는 것이 꿈이었지만 현실은 너무 힘들었습니다. 다시 이전의 삶, 배를 곯지 않던 삶, 자유로웠다고 믿었던 이전의 삶을 찾아 열심히 달렸지만, 그 삶은 부모님의 희생의 대가로 세워진 신기루에 불과했습니다.

북한에서는 누구나 노예였습니다. 많은 분은 노예라고 하면 발에 쇠고랑을 차거나 노예주들의 감시 속에 목화농장에서 일하는 흑인 노예들을 떠올립니다. 21세기에 들어와 노예라고 하면 쉽게 믿지 않을 수 있겠지만 북한은 국가적 규모에서 노예 체제를 갖춘 21세기의 노예 국가라고 나는 단연코 말할 수 있습니다.

부모님의 삶은 나에게 교훈이 되었습니다. 부모님의 과거가 나의 미래가 되게 할 수는 없었습니다. 자식들만은 자유로운 세상에서 살게 하고 싶었습니다. 자신의 의지대로 살 수 있는 삶, 열심히 일하면 인간다운 삶을 누릴 수 있고 미래를 마음껏 꿈꿀 수 있는 자유로운 삶을 아이들에게 넘겨주고 싶었습니다.

은연중 기적 같은 기회가 찾아왔습니다. 아직도 믿을 수 없는, 하나님께서만이 주실 수 있는 운명의 기회가 찾아왔지만, 선뜻 잡을 수 없었습니다. 북한에서 자유는 범죄이며 북한에 남아있는 사랑하는 가족들은 '범죄자', '배신자'의 가족으로 가혹한 처벌을 면할 수 없기 때문입니다. 수많은 고민 끝에 우리 가족은 자유를 선택했고 사랑하는 가족들에게는 평생의 '죄인'이 되고 말았습니다.

현재 우리 가족은 자유로운 대한민국의 국민으로 행복한 삶을 살아가고 있습니다. 대한민국에 도착한 순간부터 상상할 수 없는, 분에 넘친 환대와 사랑, 관심을 받으며 잘 정착해가고 있습니다. 한국 생활을 시작한 지 4년 만에 남편은 한국 경제 문화의 중심지 강남에서 자유민주주의의 가치를 수호하는 보수당의 국회의원으로 당선되었습니다. 아이들은 대한민국 최고의 명문대학에서 배움의 꿈을 키워가고 있습니다. 우리 가족의 이 모든 기적 같은 현실은 고마운 대한민국의 품에 안겼기에 가능한 것이었습니다.

가끔 지인들과 만난 자리에서 북한 이야기를 들려줄 때면 그들은 신기해합니다. 상상조차 하기 힘들다고 합니다. 북한에서 살던 경험을 책으로 써보라고 권하기도 합니다. 생존자로서, 탈출에 성공한 사람으로서 다시는 북한과 같은 나라가 지구상 다른 그 어느 곳에 세워지지 않도록, 앞으로 우리 자식들이 다시는 그런 지옥에서 살지 않도록 세상에 알리는 것은 나의 의무라는 생각이 들었습니다. 아내와 엄마로 천당과 지옥을 오가면서 살아온 나의 삶에 대한 이야기가 어떤 이들에게는 자그마한 깨우침이 될 수도 있기 때문입니다. 이런 간절함을 안고 서투르지만 용기를 내어 북한에서 보낸 지난 삶과 대한민국에서 현재 보내고 있는 삶을 정리해 보았습니다.

인간은 망각의 생명체라고 합니다. 하지만 6년이 지난 오늘도 북한에서 체험했던 불행과 고통의 순간들이 가끔 꿈속의 현실로, 악몽으로 찾아와 나를 괴롭히고 있습니다. 민족의 비극의 역사가 절대로 되풀이되어서는 안 됩니다. 북한과 같은 악마의 나라, 지구상에서 가장 반인륜적인 악의 위협이 한반도 북쪽 아주 가까운 곳에 여전히 도사리고 있다는 사실을 간과해서는 안 됩니다. 그리고 북한 주민들, 아직도 김씨 일가의 폭정 하에서 노예의 삶을 살아가고 있는 수천만 북한 주민들은 불과 반세기 전에는 대한민국 국민과 한 밥상을 나누던 그대들의 부모, 형제, 자매들이였다는 사실을 잊지 말기를 간절히 소망합니다.

마지막으로, 반생을 북한의 엘리트로 살아온 우리 가족을 너그럽게 품어 준, 자유로운 삶의 터전을 마련해 준 대한민국 정부와 국민에게 우리 가족의 마음을 담아 충심으로부터의 감사한 마음을 전합니다.

조심스럽게 가족에게도 한 마디 전합니다. 사랑하는 나의 두 아들들아, 부디 자유의 소중함을 잊지 말고 고마운 대한민국의 진정한 자유인으로 성장하길 바란다. 그리고 내 인생의 영원한 은인인 남편 태영호 씨에게 고맙고 사랑한다는 말을 전합니다.

런던에서 온 평양 여자

ⓒ 오혜선 2023

초판 발행 2023년 1월 5일
2쇄 발행 2023년 1월 25일
3쇄 발행 2023년 2월 3일

지은이 오혜선
펴낸이 오송주
기획 태민우, 김도환
교정·교열 조수빈
일러스트 김민경
디자인 스튜디오 나란

펴낸곳 더미라클
출판등록 2022년 12월 5일 제 2022-0000353호
주소 서울특별시 강남구 논현로 132길 13, 4103호
전자우편 ohjane2017@gmail.com
문의전화 010-8672-6616

ISBN 979-11-981617-3-4 03300